当代教育新理论丛书

丛书主编　顾明远　鲁　洁

全国教育科学规划课题成果

教育公平的话语分析

窦卫霖　等著

江蘇鳳凰教育出版社
Phoenix Education Publishing, Ltd

图书在版编目（CIP）数据

教育公平的话语分析 / 窦卫霖等著. -- 南京 : 江苏凤凰教育出版社，2014.7
（当代教育新理论丛书）
ISBN 978-7-5499-4143-8

Ⅰ. ①教… Ⅱ. ①窦… Ⅲ. ①教育制度—研究—中国 Ⅳ. ①G522

中国版本图书馆CIP数据核字(2014)第122995号

书　　名　教育公平的话语分析
著　　者　窦卫霖等
责任编辑　赵　明
出版发行　凤凰出版传媒股份有限公司
　　　　　江苏凤凰教育出版社(南京市湖南路1号A楼　邮编210009)
苏教网址　http://www.1088.com.cn
照　　排　南京前锦排版服务有限公司
印　　刷　镇江中山印务有限公司(电话0511－86917816　86917818)
厂　　址　丹阳市朝阳路1—3号
开　　本　787毫米×1092毫米　1/16
印　　张　18
版　　次　2014年7月第1版　2014年7月第1印刷
书　　号　ISBN　978－7－5499－4143－8
定　　价　38.00元
网店地址　http://jsfhjycbs.tmall.com
新浪微博　http://e.weibo.com/jsfhjy
盗版举报　025－83658579

目　录

前言

“教育公平”一词是近十年来逐渐受到人们高度关注的词汇，并且迅速蹿升为民生热词。改革开放以后，我国有四个具有里程碑式的教育文献，一个是 1985 年《中共中央关于教育体制改革的决定》，一个是 1993 年中共中央国务院发布的《中国教育改革和发展纲要》，一个是 1999 年《中共中央国务院关于深化教育改革、全面推进素质教育的决定》，在这三个文件中，都还没有出现教育公平的概念；而在 2010 年中共中央国务院颁布的《国家中长期教育改革和发展规划纲要（2010—2020）》中，教育公平一下子成为最核心的概念之一，促进教育公平成为国家的基本教育政策。这是我国经济社会发展的客观反映。大家知道，直到 20 世纪 90 年代中期，我国义务教育还未全面普及，高中教育入学率徘徊在 40%左右，高等教育入学率还不到 10%。在一个很长的时间内，教育的首要任务是扩大规模、解决有学上的问题。随着义务教育的全面普及，高中教育基本普及，高等教育进入大众化阶段，“有学上”的矛盾基本解决，“上好学”逐渐成为社会的主要关切。由于地区差距、城乡差距和校际差距的客观存在以及优质教育资源的相对紧缺，享有公平的受教育机会，接受良好教育成为人们新的诉求。

2004年胡锦涛总书记在十六届四中全会上深刻指出:“纵观一些工业化国家发展的历程,在工业化初始阶段,农业支持工业、为工业提供积累是带有普遍性的趋向;但在工业化达到相当程度以后,工业反哺农业、城市支持农村,实现工业与农业、城市与农村协调发展,也是带有普遍性的趋向。”揭示了从部分人先富起来到共同富裕新阶段的到来。

党的十七大把教育列为以改善民生为重点的社会建设六大任务之首,强调:“教育是民族振兴的基石,教育公平是社会公平的重要基础”。教育公平作为改善民生之基成为党中央、国务院的重要议题。教育公平既是社会公平的重要方面,又是促进社会公平的重要力量。一方面通过提高受教育者的素质和能力直接影响其收入能力,受教育程度低的劳动者可以通过接受更高教育来提高收入从而缩小收入差距;另一方面通过合理配置教育资源来改善未来收入分配的状况,所有家庭的子女都拥有同等的教育水平,父母受教育程度对下一代的影响就会明显缩小。正如美国经济学家萨缪尔森所说,在走向平等的道路上,没有比免费提供公共教育更为伟大的步骤了。随着经济政策、分配政策的调整,教育政策也相应进行了调整。与此同时,教育公平不仅成为教育学研究的重要对象,也成为哲学、政治学、经济学、社会学甚至语言学研究的重要对象。

说到教育公平研究,与我有着特别的机缘。我大学本科读的是师范院校,教育学是必修课。那时教育公平虽然不是社会热词,但在教育学的学科里是一个重要的概念。我的丈夫长期从事教育公平问题的研究,他的博士论文就是专门研究关于教育公平与效益的理论及其政策选择的。在他撰写论文期间,我帮助翻译了不少关于教育公平的文献,特别是美国学者科尔曼(Coleman)关于教育公平的研究报告,给我留下了很深的印象。后来我又陆续翻译出版了多部教育学著作,如:[美]罗伯特·欧文斯的《教育组织行为学》(华东师范大学出版社 2001)、[美]斯特林·费尔德的《重建学校的大胆计划》(华东师范大学出版社,2003年)、[美]贾弗尔德·布里姆莱的《教育财政学:因应变革时代》(人民大学出版社,2007年)、[美]卡伦·霍儿奈《女性心理学》(上海译文出版社,2000 年)等,其中无不涉及到教育公平问题。这,可说是我与教育公平研究的学缘。

1987 年起,我在上海对外经贸学院工作时担任了学校民盟支委,2003 年以后,又先后担任两届北京市朝阳区政协委员、民盟区委委员及其教育专委会副主任,2012 年以来成为经过对外经济贸易大学直选产生的朝阳区第十五届人民代表。由于工作的原因,我有机会走访了很多社区,倾听了许多老百姓的声音。特别是朝阳区处于城乡结合地带,我走访过不少学校,与校长、教师、学生、家长们交流,强烈感受大家对教育公平越来越高的期待和越来越高的要求。在调研的基础上我提交了多篇有关教育和社会公平问题的提案,如:"关于进一步加强和促进朝阳区教育公平的提案"、"关于小关社区入托难情况的意见"、"关于针对城市'三无'人员的管理建议"、"关于小关社区教育用地使用情况的意见"等,为社区百姓的教育公平而建言。这,可以说是我与教育公平研究的工作之缘。

说到话语分析,其方法论意义近 30 年来受到众多学科的普遍重视。"话语"(discourse)是特定社会语境中人与人之间从事沟通的具体言语行为,即一定的说话人与受话人之间在特定社会语境中通过文本而展开的沟通活动,包括说话人、受话人、文本、沟通、语境等要素。[①] 话语分析是指对人们说什么,如何说,以及所说的话带来的社会结果的研究。话语分析是一种以语言研究为基础、进行跨学科研究的方法,自 20 世纪 60 年代末、70 年代初以来日益兴盛,方兴未艾。

当代学术研究受后现代主义(postmodernism)思潮的影响,明显地显示出两种转向,即社会科学研究的"语言学转向"和语言学研究的"社会转向"。后现代主义是 20 世纪 60 年代以来整个西方以反传统哲学为特征的社会思潮和文化思潮,也是对现代文化哲学和精神价值取向进行批判和解构

---

① 百度百科 http://baike.baidu.com/link?url=Ll_5mjiZkvEbUiZ1zd32_TcbfjBvuNBaf8nVEW1rrpSvsXKZFGeqH0lm17AUoajD (deconstruct)的一种哲学思维方法,它涉及文学、艺术、语言、历史、哲学等社会文化和意识形态的诸多领域。“语言学转向”的说法(the linguistic turn)最初出现在20世纪六十年代。这个说法是伯格曼(Bergman)创造用来表达他的一些基本主张:“语言如同它所表达的思想一样也是世界的一部分,我们可以用语言谈论世界,也可以用语言谈论语言,而谈论和关于谈论的谈论是有区别的,看不到这一点就会导致歧义,这种歧义又会导致荒谬或悖论,所以语言哲学家必须使用一种合适的语言来谈论世界”。① 另一方面,不少语言学有识之士早就意识到,语言学如果真正坚持运用基于用法的(usage based)的途径研究语言,就不能像乔姆斯基(Chomsky)那样研究高度抽象化的语言,而必须探索语言的社会层面。

话语分析的最大特点,就是紧紧结合语言的实际应用,探索语言的组织结构和作为交际工具的使用特点。上世纪70年代,话语分析开始关注语言中所表现的社会权力现象。二战以后语言学领域出现的以乔姆斯基为代表的转换生成学派,在引起语言学界轰动的同时也遭到了其他学派的批评。在对以上理论提出质疑的基础上,美国社会语言学、系统功能语言学和其他具有跨学科性质的社会科学逐步发展起来。同时,巴赫金(Bakhtin)的对话理论以及福柯(Foucault)、布迪厄(Bourdieu)和哈贝马斯(Habermas)的社会学理论也从社会意义角度为社会语言学理论和话语分析提供了理论基础。系统功能语言学注重语言与社会文化语境和情景语境的结合,旨在探索二者之间的辨证实现关系和社会意义的实现过程;与此同时期的形式主义语言学则关注讲话人的言语行为能力;美国社会语言学则致力于对语言变异、语言变化以及交际互动的结构研究、社会的等级性差异和权力关系的研究。在这一背景下,人们对话语的产生、解释以及它们与社会结构之间的关系产生了兴趣,同时在一些语言学家的努力下(例如,Kress

① Richard M. Rorty. *The Linguistic Turn*: *Essays in Philosophical Method*, Chicago, University of Chicago Press, 1967. 后来成为语言哲学经典文献。

and Hodge 1979；Fowler et al 1979；van Dijk 1985；Fairclough 1989；Wodak 1989)，批评话语分析应运而生。[①] 经过十年的发展，到上世纪 80 年代末期，批评语言学或是批评话语分析逐渐变得更加成熟，这时，批评话语分析又重新开始关注语言在机构语境中的使用问题，对批评话语分析的历史分析也开始进入批评话语分析的视野；人们对机构语言的使用也促进了批评话语分析的理论建构。1991 年 1 月在阿姆斯特丹召开的批评话语分析专题讨论会为不同学派的批评话语分析充分交流创造了条件。该会议的召开，《语言与社会》(Oiscourse and Society)杂志的创刊，以及几本重要著作的出版(《语言与权力》(Fairclough 1989)，《语言、权力与意识形态》(Wodak 1989)，《话语中的偏见》(van Dijk 1984)等)标志着批评话语分析开始形成一个系统网络逐步发展壮大起来。[②]

美国著名认知语言学家莱考夫(Lakoff)于 1996 年出版的专著《道德政治:保守派所知而自由派所不知》，把认知语言学运用于理解美国当代政治和研究美国政治的核心问题，试图客观地研究政治背后的概念隐喻，运用隐喻模型处理不同甚至矛盾的世界观。认知语言学与话语分析两大传统的融合一直是认知语言学自莱考夫以来研究社会维度的有力工具。如:查特里斯・布莱克(Charteris Black)的专著《政客与修辞:隐喻的劝导力》试图探讨隐喻如何引导我们的兴趣并促使我们关注对影响核心价值判断具有重要意义的潜在的概念化方式。该书对丘吉尔、马丁・路德・金、撒切尔夫人、克林顿、布莱尔和 G. W. 布什等人的主要演讲进行了分析，探讨演讲中隐喻使用的模式，对语料中的隐喻进行识别和分析，然后寻求其为说话者目的所做

---

① Blommaert, J. *Discourse: A Critical Introduction*. Cambridge: Cambridge University Press, 2005 p. 22.

② Fairclough 在其《话语与社会变迁》(1992)一书中，提出"话语的批评性研究方法(critical approaches to discourse)"，在同年其主编的论文集《批评语言意识》中，首次使用了"批评话语分析"这一术语，但是并没有将其缩略为 CDA，"批评话语分析"及其缩略语"CDA"在 Fairclough 的《批评话语分析》(1995)一书中正式出现，这样 Cadas-Coulthard 和 Malcolm Coulthard1996 年合编的 *Texts and Practices: Readings in Critical Discourse Analysis* 很可能是首次以 CDA 为标记的论文集。

的贡献。[①] 话语研究和话语分析正跨越应用语言学、心理学和语言哲学的范畴,成为社会科学研究的重要趋势,尤其是批评话语分析逐渐成为一种研究范式。

文化与语言关系的研究一直是我的教学领域和个人学术研究重点,话语分析和比较研究是我近 10 年来最主要的研究方法。1990 年作为访问学者我在美国弗罗里达农业与机械大学访学半年,期间开始接触到话语分析,在弗罗里达州立大学旁听了一个学期的相关硕博课程,阅读了一些相关学术书籍和期刊文章,积累了一些相关知识,并尝试把话语分析方法运用到跨文化比较研究中。2006 年我得到国家社科基金项目支持,进行了"中美官方话语的文化差异及其话语策略研究",以中美国家领导人、国家发言人以及政府白皮书话语为研究对象,通过案例研究和基于语料库的话语分析把定性和定量研究结合起来,比较分析了中美官方话语使用的表面差异和深层文化原因。2007 年至 2008 年在英国剑桥大学访学一年,参阅了大量期刊文献,考察了聚集批评话语分析大家的兰卡斯特大学,系统研读了一些原著,经常参加国际国内相关研讨,有机会向国际批评话语分析的著名学者费尔克拉夫(Fairclough)、沃达克(Ruth Wodak)、范迪克(van Dijk)、保尔·奇尔顿(Paul Chilton)等进行交流,同时与国内这一领域的知名学者们进行广泛和深入的交流,开展了一系列官方话语案例分析,形成的重要成果有,《美国总统就职演说的话语分析——从相关高频词看美国政治的延续性与时代性》(《华东师范大学学报》2009.3,《新华文摘》2009 年第 19 期全文转载);《中美国防白皮书与国家身份构建》(《华东师范大学学报》2012.3,获国务院新闻办主办的《第二届全国对外传播理论研讨会》优秀论文奖);《中美"可持续发展"官方话语分析》(《商务英语教学与研究》第三缉,2011.12,获全国商务英语学术研讨会优秀论文二等奖,);《对中美两国领导人演讲的互文性现

① Charteris Black, J. *Politicians and Rhetoric: The Persuasive Power of Metaphor* [M]. Basingstoke & New York: Palgrave Macmillan, 2005.

象的对比分析》(《外语与外语教学》,2009.10);《中美政府发言人闪避策略的对比分析——朝鲜核问题的个案研究》(《外语教学理论与实践》,2008.4);“Cross-cultural Pragmatic Analysis of Evasion Strategy at Chinese and American Regular Press Conference”(Journal of Intercultural Communication Studies, Vol. 1. Issue 3, U. S. A. 2008.9);“Translation Efficiency of Chinese Official Slogans in the Light of Skopostheorie”(US-China Foreign Language, 2013.11)等,并出版了专著《中美官方话语比较研究》(窦卫霖,2011)。

2011 年应“中国外文局对外传播研究中心”的邀请我承担了国家社科基金重大招标项目《新形势下提升国际传播能力战略研究》的子课题《政治话语及传播效果的案例分析》的研究,还承担了教育部后期资助重点项目《官方话语与对外传播研究》,运用话语分析方法做了几十个案例分析,为更好地解读西方官方话语、改进我国官方话语的对外传播提供学理依据和策略建议。

《教育公平的话语分析》研究正是在这一背景下进行的。这一课题得到了全国教育科学规划项目的支持,是我把话语分析作为理论和研究方法应用于教育研究的一种努力。最初的研究计划仅限于教育公平的学术话语分析,即学者的研究话语,因为学术话语具有抽象性、概念化的特征,具有更好的历史延续性。本研究原打算通过对《哈佛教育评论》自 1931 年创刊到 2008 年所发表的有关教育公平的文章进行实证研究,从中揭示美国教育公平研究的发展脉络,并探析其变迁的原因。在此分析研究的基础上,与我国具有代表性的教育杂志《教育研究》发表的关于教育公平的研究文章进行比较分析,探讨教育公平问题的历史性和文化差异,获得对我国教育公平研究的借鉴和启示。随着研究的深入,越来越发现,教育公平的问题与国家的经济发达程度、教育理念、基本国情等有着直接的联系,为了更全面地进行教育公平的话语分析,我的研究对象和范围在原来的计划上进行了较大的拓展,不仅重视与美国的比较研究,而且增加了世界上不同地区的具有代表性的十几个国家的比较研究;不仅注意了学术话语研究,即学者的研究话语,以论文、著作等的文本为主要对象,而且开展了政策话语和大众话语研究。

所谓政策话语,是政策相关者的言说过程、表达内容和表达形式,政策文本是主要研究对象。政策文本具有较强的操作性和实时性。关于教育公平的政策话语分析,首先是进行了对经济与合作发展组织(OECD)和联合国教科文组织(UNESCO)这两大国际组织教育公平的政策研究,其次是对比研究了中美两国对教育公平的政策话语,从官方网站上收集了两国有关教育法中关于教育公平的法律和政策文献,分别建立了中美两国官方教育公平话语的子语料库,并具体比较了两国教育政策中有关教育公平的政策法律法规,发现两国从法律的内容到范围等诸多方面都反映出中美两国的国情差异。为了更全面地进行教育公平的话语分析,研究还比较了世界上不同地区的具有代表性的十几个国家的情况。

所谓大众话语,是老百姓思想观念的表达,通常通过调查、访问、信件等获得,随着新媒体的兴起,博客、微博为获得大众话语提供了前所未有的来源。大众话语具有真实生动的特点,同时也具有比较明显的个性和感性。关于教育公平的大众话语分析,主要是通过网络语言研究和访谈调查反映民众对具体教育公平问题的观点和诉求,选择了百姓特别关注的高考、择校、自主招生中突出反映的教育公平问题为研究对象,比较研究中美媒体对高考公平关注点的差异,中美家长择校倾向的差异,以及中国官员、校长、家长、学生对高校自主招生的看法,揭示不同利益群体对教育公平的理解和期盼。

其研究成果先后在国内外核心期刊上发表,如:“对中美高考公平关注点差异的比较研究”(《教育研究》2012.9);“中美教育公平关注重点的比较研究”(《上海大学学报》2013.1,中国人民大学书报资料中心复印报刊资料《教育学》2013年第5期全文转载);“从中美家长择校倾向的差异看教育改革路向”(《比较教育研究》2013.4);“教育公平话语的积极隐喻分析——以《同在蓝天下——怎么看教育公平》为例”(《华文教学与研究》2011.3);

“OECD 教育公平政策的话语分析”(《全球教育展望》2013. 7.);“关于 UNESCO 和 OECD 教育公平的话语分析”(《华东师范大学学报》2013. 5);“推进教育公平——UNESCO 全民教育的本质”,(《全球教育展望》2013. 10)。

运用话语分析的方法研究教育公平问题,是从一个新的视角为教育学和语言学的跨学科研究进行的一种尝试。在话语分析中,从分析素材取样的对象到分析视角和方法,运用了跨学科的综合研究方法。在这些方面我们可以直接借鉴的成熟的实证研究方法以及行之有效的规范操作理论还比较缺乏。教育公平的话语分析研究还是一个开始,其理论体系尚未形成,研究方法也不完善,语料库建设空间还很大,值得深入研究的问题还很多。建立规范的学术概念系统,形成规范的研究方法,建立系统大型的语料库等,有待不断扩大和深入,从而为改进我国的教育公平政策提供更科学的依据,为深化、创新教育公平问题的研究提供有益的借鉴。

窦卫霖

2014 年 10 月

于华东师范大学

第一章
教育公平与教育公平研究

教育公平不仅具有教育本身的意义，而且具有广阔的社会意义。

公平，一直是人类的普遍理想，为了维护和实现社会公平人类坚持不懈地进行着顽强的努力和斗争。进入现代社会以后，社会公平不仅是一种美好的价值理想，更是现代社会政治、经济、文化、法律和日常生活秩序得以建立的制度追求，是保障现代社会健康、和谐、有序和可持续发展的基本条件之一。根据社会生活领域的不同，可以将社会公平区分为政治公平、经济公平、文化公平、法律公平、教育公平等不同的组成部分。教育不仅是社会公平的重要内容，而且是全社会公平的重要基础。教育在整个现代社会发展中的基础性、全局性和先导性地位，决定了教育在整个社会公平体系中具有基础性作用。教育公平的实现对于促进整个现代社会公平水平的提高、发展各项社会事业、建设社会主义和谐社会具有十分重要的意义。

一、教育公平的历史进程及其新挑战

1. 教育公平的基本内涵

“公平”基本的和首要的含义就是“平等”。恩格斯指出：“平等是正义的表现，是完善的政治制度和社会制度的原则”①。教育公平的关键，对百姓来说，是平等地享受公共教育资源；对政府来说，是合理地分配公共教育资源。其基本内涵包括以下几点：

首先，法律上人人享有同样的受教育权。公民在法律面前一律平等既是公民享有的宪法权利，也是对国家各项工作特别是制度建设、法制建设的宪法原则。人人享受平等的教育权利是这一权利在教育上的体现。这既是现代公民的基本政治权利，也是构成现代社会普遍人权的一个重要组成部分。

第二，人人享有平等受教育的机会。法律上受教育的平等权利是教育公平的基础，但它还是一种形式上的平等。平等享有公共教育资源是在制度和政策上人人享有平等受教育的机会。教育机会是最核心也是最重要的教育资源，它意味着一个人接受某种类型和阶段教育的可能性。

第三，人人平等地享有公共教育资源。平等享有公共教育资源是在教育过程中人人平等地享有公共教育物质资源，人人受到平等的教育对待。这就包括由政府通过财政拨款的方式所支持和提供的教育经费、课程资源、师资条件、教学设备、信息技术支持等等；包括学校和教师对于每个学生的态度和给与每个学生的时间、奖励等等，这些资源是公共教育事业发展和青少年素质形成的重要社会条件，是公民或儿童教育权利实现所指向的实际内容。

第四，公共教育资源向社会弱势群体倾斜。人人平等享有公共教育资源要求现阶段公共教育资源配置向社会弱势群体倾斜。平等享有公共教育资源需要建立弱势群体补偿制度，对弱势群体和个人给与一定的倾斜保护，使他们真正得到平等参与、平等发展。没有这种保护措施，他们就不能正常享有教育机会和教育资源。对弱势群体的倾斜或补偿制度是社会正义和以人为本的合理要求。

---

①《马克思恩格斯全集》20卷，人民出版社，1971年版，第668页。

第五，反对教育特权。教育公平的实现要求反对各种形式的教育特权。形形色色的教育特权是威胁与破坏教育公平、引发社会舆论公平性抱怨的现实因素，其实质是要求公共教育资源的分配违背公平正义的原则，按照权力大小、财富多少或关系远近来分配，以满足个别人或少数强势利益集团的特殊教育需求。因此，从思想上、制度上、社会舆论上加快教育民主化进程，旗帜鲜明反对和有效遏制教育特权、预防教育腐败成为维护和实现教育公平的必然要求。

综上所述，教育公平从社会心理上说是社会大多数人对教育现状的认可；从本质上说是受教育者对公共教育资源的平等享有。

2. 教育公平的发展层次

享有接受良好教育的机会，是法律赋予每个人的权利。公民在法律面前一律平等既是公民享有的宪法权利，也是国家各项工作特别是制度建设、法制建设的基本原则。人人享受平等的教育权利是这一权利在教育上的体现。依据我国宪法制定的《中华人民共和国教育法》规定："中华人民共和国公民有受教育的权利和义务。公民不分民族、种族、性别、职业、财产状况、宗教信仰等，依法享有平等的受教育机会"。"受教育者在入学、升学、就业等方面依法享有平等权利。"《中华人民共和国义务教育法》第四条规定："凡具有中华人民共和国国籍的儿童、少年，不分性别、民族、种族、家庭财产状况、宗教信仰等，依法享有平等接受义务教育的权利，并履行接受义务教育的义务。"法律上受教育的平等权利是教育公平的基础，但它还是一种形式上的平等。社会主义法制的平等原则，不仅在于满足形式意义上的平等，更重要是以法律上的平等权为基础，不断追求实质意义上的平等。教育公平包括教育机会公平、教育过程公平、教育结果公平等方面。

教育机会公平

教育机会公平是最基本也是最重要的公平，它意味着一个人接受某种类型和阶段教育的可能性。人人具有平等受教育的权利首先是人人平等地享有公共教育机会。现实社会中的种种教育不平等也首先是由于公共教育机会的不平等造成的。教育机会根据类型划分,可以分为报名机会、入学机会、录取机会等,以及获奖机会、交流机会、表达机会等;根据教育的阶段划分,可以划分为学前教育机会、初等教育机会、中等教育机会和高等教育机会。教育公平即是不同类型或阶段的教育机会在不同社会人群之间的平等分配,或是采取切实可行的措施缩小业已存在的教育机会差距。由于不同阶段教育性质的不同,机会公平的特点或表现也会不同,比如义务教育阶段,由于具有强迫性和普惠性,就更加要求均等,要求具有绝对公平的性质;而高等教育具有竞争性和选择性,就更加要求规则公平,具有相对公平的性质。对于高等教育来说,规则公平就是公平;对于义务教育来说,无差别才是公平;

教育过程公平

教育过程公平是教育机会公平的延伸,它意味着每个人在受教育过程中受到平等对待,特别是在教育过程中人人平等地享有公共教育资源。这些资源既包括由政府通过财政拨款的方式所支持和提供的教育经费、课程资源、师资条件、教学设备、信息技术支持等等;也包括学校和教师对于每个学生的态度和给与每个学生的时间、奖励等等。这些资源是公共教育事业发展和青少年素质形成的重要社会条件,是公民或儿童教育权利实现所指向的实际内容。保持教育过程公平的根本性措施在于同类学校办学条件的一致性,学校间办学条件差距巨大,校长和教师再努力其作用也有限;但教育过程公平并不仅仅体现在办学条件上,在同样的学校和课堂上,学生能否得到公平对待,又极大地取决于教师的观念和态度。

教育结果公平

教育结果公平是指每个学生都能在他自己的基础上得到最好的发展。教育结果公平并不是指所有人都得到相同的结果或成绩,那是不可能的,也是不应该的。能不能使每个受教育者都得到有利于他自己的教育,获得他自己最大限度的发展,才是最大的公平。教育结果公平就是在机会公平、过程公平的基础上,因材施教,个性发展。

3. 促进教育公平是国际关注的重要领域

联合国等重要国际组织都将教育公平作为实现全人类共同发展的重要内容。联合国作为最具权威的政府间国际组织，正是通过一系列的法律文献框架来描述和实现其教育主张和诉求的。联合国特别是通过其专门机构联合国教科文组织、联合国儿童基金会等机构为世界各国推动教育事业的发展提出了指导性意见。在联合国教科文组织关注的各类教育问题中，教育公平问题占有突出的地位。从1948年的《世界人权宣言》到21世纪的《新千年发展目标》，该组织对教育问题的关注始终是以“教育是人的基本权利”为逻辑起点的。联合国自成立以来，针对教育公平问题，一方面运用条约保障对人权的尊重，并借助联合国召开的国际会议宣言作为补充文本，另一方面，联合国教科文组织在联合国其他组织的配合下开展了一系列全球行动，如全民教育行动等，以有效地推进教育公平。

1990年，在泰国宗滴恩召开的世界全民教育大会上，联合国教科文等国际组织首次提出了“全民教育”的概念，其基本内涵是：扫除成人文盲、普及初等教育以及消除男女受教育之间的差别。自世界全民教育大会以来，世界各国采取了一系列措施，诸如每年有1 000万儿童入学；具有读写能力的成年人男性比率提高到85%，女性提高到74%，基础教育阶段入学的儿童从1990年的5亿9,900万提高到1998年的6亿8,100万；失学儿童由1亿2,700万下降到1亿1,300万。同时，仍有1亿儿童失学，仍有8亿7,500万成人文盲。2000年，联合国教科文组织世界教育论坛通过了《达喀尔行动纲领》，确认了为每个公民和社会实现全民教育的六项目标，从而使全民教育的目标更为具体化并确定了时间表。从此每年召开世界全民教育高层会议，讨论全民教育六项目标中的一项。高层会议被视为监督和指导全民教育目标的实现和发展的最主要的机制。1993年10月，联合国教科文组织大会第二十七届会议通过了将九个文盲率最高、人口最多的国家（简称“E9”）列为联合国教科文组织特别优先对象的决议，提出九个人口最多的发展中国家交流争取实现全民教育的经验，对所有国家规划和执行全民教育战略与计划均有重要价值；认为这九个国家在争取实现全民教育方面取得的进展，将使整个国际社会更接近实现宗滴恩会议全民教育的目标。同时大会还批准了召开九个人口大国全民教育高峰会议(简称“德里全民教育高峰会”)的计划。这九个人口大国是：孟加拉、巴西、中国、埃及、印度、印度尼西亚、墨西哥、尼日利亚和巴基斯坦。据联合国教科文组织1990年的统计，九国人口总和约27亿，超过世界人口总数的一半；其文盲人口占世界的72%。全世界一半以上的未入学儿童也都集中在这些国家。根据联合国教科文组织的统计，1993年这些国家共有7 000万儿童没有机会上学。

世界银行涉及教育投入、受教育机会、教育效率、教育成就等方面的发展指标以及联合国计划署(UNDP)的综合性评价指数——人类发展指数，向人们展示了每个国家存在的地区间、性别间、种族间等教育不平等的具体情况。在经济合作与发展组织(OECD)的教育指标中，也包括教育背景、教育投入、教育过程、教育结果等方面的数据，并对反映教育质量的指标进行探索。我们从这些指标中能清楚地看出，经济发展同一个国家的教育公平发展水平有着紧密的关系，教育不公平问题集中的领域和区域都与教育发展的阶段相适应。周洪宇通过对世界上九个国家教育公平的发展历程和发展模式研究后也得出：在发达国家初等教育早已普及，发展高等教育已经成为他们的主要目标，而在发展中国家，主要是普及初等教育、扩大教育机会。虽然不同国家“教育机会均等”的发展历程和实践方式各不相同，在教育机会公平、教育过程公平、教育结果公平的发展层次上存在明显的差异，但在实施教育公平的过程中，他们都非常重视教育的公益性，充分体现了义务教育应由政府举办、其费用应由政府公共经费承担的基本原则，从而能够排除各种因素对义务教育的制约和干扰，切实保证一国范围内义务教育的实际需求和均衡发展，并为每个适龄儿童接受义务教育创造较为平等的机会。①

4. 我国教育公平迈出重大步伐

① 周洪宇等：《教育公平论》，人民教育出版社，2010年版。

实现社会公平正义是中国共产党人的一贯主张，是我党执政的基本理念。新中国成立之后，《共同纲领》便确定了“民族的、科学的、大众的”新民主主义的教育方针，体现了重视教育公平的基本价值。十一届三中全会以来，一方面把解放和发展生产力作为社会主义阶段的根本任务，强调贫穷和落后不是社会主义；另一方面同时强调要按劳分配、共同致富，两极分化也不是社会主义。十七大报告把教育公平放在突出位置予以强调，充分体现了依法逐步建立以权利公平、机会公平、规则公平、分配公平为主要内容的社会公平保障体系的完整思想。在2010年发布的《国家中长期教育和发展规划纲要》中，“教育公平”首次出现在国家教育纲要中，而且出现频率高达17次之多。要求把促进教育公平作为国家基本教育政策，把“全体人民学有所教”和“人人享有接受良好教育机会”作为新时期教育工作的工作重点，把“所有的孩子都能上得起学、上好学”作为教育系统的奋斗目标。它明确提出教育公平的关键是机会公平，基本要求是保障公民依法享有受教育的权利，重点是促进义务教育均衡发展和扶持困难群体，根本措施是合理配置教育资源，向农村地区、边远贫困地区和民族地区倾斜，加快缩小教育差距。教育公平的主要责任在政府，全社会要共同促进教育公平。

近年来，我国把改善民生作为一切工作的出发点和落脚点，把教育公平看作是社会公平的重要基础。党的十七大报告把优先发展教育作为改善民生的首要任务，把促进教育公平放在五大民生问题的首位。党的十八大报告再次强调要“大力促进教育公平，合理配置教育资源，重点向农村、边远、贫困、民族地区倾斜，支持特殊教育，提高家庭经济困难学生资助水平，积极推动农民工子女平等接受教育，让每个孩子都能成为有用之才”。在改善民生和创新管理加强社会建设的工作部署中，强调的第一点就是“努力办好人民满意的教育”。促进和实现教育公平不仅是促进社会公平正义保障体系建设的内在要求，而且是实现人的发展和社会发展和谐统一的必要保证。

20世纪80年代我国开始经济体制改革以来，经济得到了快速增长，国内生产总值从1978年的3 645.2亿元增加到了2013年的568 845亿元，取得了巨大的成就。国家财政收入增加，国力增强，使得国家有财力增加对教育的投入，各级各类教育经费逐年增加；同时，对贫困地区和农村地区的投入也相应增加。为推进教育发展和教育公平奠定了必要的物质基础。

党的十六大以来，明确把教育公平作为国家基本教育政策，采取了支持中西部农村教育、实行城乡免费义务教育、促进义务教育均衡发展、解决进城农民工子女义务教育、完善经济困难学生资助体系和推进高校阳光招生政策等措施，推进教育公平不断迈上新台阶。

教育资源向农村倾斜，缩小城乡教育差距

进入新世纪后，中国政府开始实行新增教育经费主要用于农村的政策，农村教育经费大幅增长。

实施“两免一补”政策。2004 年起国家为西部农村家庭经济困难学生免除学杂费、免费提供教科书，并补助寄宿生生活费。1 000 万孩子得到免费和补助。2005 年，中央和地方加大“两免一补”工作力度，安排“两免一补”资金 72 亿元，全国享受免费教科书学生人数达到 3 400 万人，占中西部农村义务教育阶段学生总数的 32%，享受免杂费资助人数达 3 100 多万人，占中西部农村义务教育阶段学生总数的 30%，享受寄宿生生活补助人数近 600 万人，占中西部农村义务教育阶段寄宿生总数的 19%，使中西部农村地区 35 万名因贫辍学学生重返校园。

建立农村义务教育经费保障机制。2006 年起，全部免除西部农村义务教育阶段学生学杂费，惠及西部 4 880 万名学生，使约 20 万名因贫困辍学的孩子重返校园。2007 年春季起，免除学杂费的政策覆盖到全国农村所有义务教育阶段学生，近 1.5 亿学生受益。2007 年秋季起，为全国所有农村义务教育阶段学生免费提供教科书，并提高寄宿生生活补助标准。

2010 年国家向所有农村学生和城市家庭经济困难学生提供免费教科书，惠及 1.36 亿学生，受助学生占义务教育阶段学生总数的比例超过 89%。2010 年、2011 年国家两次提高中西部地区农村义务教育阶段家庭经济困难寄宿生生活费补助标准，达到小学每生每天 4 元，初中每生每天 5 元。

2006—2011 年期间，国家安排的“两免一补”资金，相当于全国农民减少支出 2 300 多亿元，平均每个小学生家庭年减负 250 元、初中生家庭年减负 390 元。

提高师资质量。2006 年启动“中西部农村中小学教师特设岗位计划”，中央财政设立专项基金，聘请城市大学生到农村任教。到 2009 年共招聘特岗教师 13 万人，覆盖 500 多个县，6 400 多所学校；鼓励不同水平学校的校长和教师交流，到 2010 年，全国逾半省份建立了中小学校长、教师交流制度。

教育资源向中西部倾斜，缩小区域教育差距

实施西部地区“两基”攻坚计划。上世纪 90 年代初，中国政府提出到 2000 年“基本普及 9 年义务教育、基本扫除青壮年文盲”的目标。2000 年大部分地区都实现了目标，但西部农村地区仍然存在很大困难。自 2004 年正式启动西部地区“两基”攻坚计划，中央安排资金 100 亿元实施西部地区农村寄宿制学校建设工程，新建和改建 8 300 多所寄宿制学校，解决学生“进得来”的问题；实施“两免一补”政策，解决学生“留得住”的问题。2003—2007 年，中央和地方共同安排资金 100 亿元，实施农村中小学现代远程教育工程，为中西部地区 3.75 万所农村初中建设计算机教室，为 38.4 万所农村小学配备卫星教学接收设备，为 11 万个小学教学点配备教学光盘播放设备和成套教学光盘。这一系列向中西部大幅增加投入的措施，使更多的中西部农村学生享受到了优质教育资源。

2008 年起，教育部实施“支援中西部地区招生协作计划”，专门用于扩大中西部地区考生入学机会，招生规模逐年扩大，到 2012 年已达到 17 万。该计划由高教资源丰富、办学条件较好的北京、天津、辽宁等 15 个支援省市承担，面向预计录取率较低、高教资源缺乏的山西、内蒙古、云南等 8 省区安排协作计划，着力缩小区域差距，促进了高等教育入学机会公平。

2010 年起实施的“中小学教师国家级培训计划”重点支持中西部农村教师培训，中央级财政划拨专项经费每年 5 000 万元，支持中小学教师示范性培训项目，推动“中西部项目”的实施和各地教师培训的开展，为提高中西部农村教师队伍素质，进而提升中西部地区整体教育发展水平发挥了重要作用。

教育资源向薄弱学校倾斜，缩小校际教育差距

由于人才紧缺和经费、师资匮乏，中国在一个较长时间里实行的是重点支持一部分学校优先发展的政策。近10年来，重点政策逐步淡化，国家制定义务教育基本办学标准和质量标准，各地方分别制定义务教育办学标准，省级政府负责统筹规划实施，县级以上政府均衡配置教育资源，进一步加大了对薄弱学校的改造力度。20多个省份制定了义务教育学校办学标准，开展学校标准化建设。同时，鼓励城镇学校教师对口支援农村学校、优质学校对口支援薄弱学校；对教师开展全员培训，建立校长教师跨校跨区定期交流机制，逐步缩小学校师资水平差距。

建立完整的教育资助体系，帮助困难人群

为了不让学生因贫辍学，按照先农村后城市、先西部后中东部的推进策略，国家初步建立起各学段家庭经济困难学生资助体系，资助范围不断扩大，标准不断提高，每年资助近1.8亿学生，确保不让一个学生因经济困难而失学。

为帮助高校家庭经济困难学生顺利完成学业，建立了国家助学贷款、国家助学金、国家奖学金、特殊困难补助、学费减免等有机结合的高校家庭经济困难学生资助政策体系。2000年国家助学贷款在全国高校全面推开。2004年教育部、财政部、银监会、中国人民银行对国家助学贷款政策和运行机制进行了重大改革，建立了以风险补偿机制为核心的新机制，确保所有提出申请且符合条件的家庭经济困难学生尤其是新生“应贷尽贷”。2010年秋季学期国家助学贷款年发放人数和金额分别突破100万人和100亿元。国家奖学金、助学金的资助面逐年加大，2011年，仅中央财政就拨付奖助学金103亿元，资助515万名学生，地方财政也安排了65亿元用于高校国家奖助学金。

实施农村义务教育学生营养改善计划，重点帮扶弱势群体。

中国虽然经济总量增长很快，但由于底子薄，基础差，按照人均每天1美元的标准，中国还有一亿多的贫困人口。这些贫困家庭生计困难，孩子营养不良。为了改善这些孩子的营养状况，2011 年秋季开始，国家启动实施农村义务教育学生营养改善计划，中央财政每年安排 160 多亿元，在集中连片特殊困难地区开展试点，按照每生每天 3 元的标准为农村义务教育阶段学生提供营养膳食补助，680 个县（市）的约 2 600 万学生吃上了放心、安全的营养餐。

5. 进一步促进教育公平面临的新挑战

教育公平是一项长期的历史任务和一个不断发展的历史过程。由于经济发展的差距和历史形成的体制、机制原因，我国教育公平的整体情况虽然不断改善，但教育不公平问题依然存在，某些方面的发展差距还有继续扩大的趋势。我国还处在社会主义初级阶段，经济发展不平衡，居民收入差距不断拉大，受教育人口众多，地区教育发展不平衡，流动教育人口压力加重，城乡间、区域间、校际间、群体间教育差距较大。基本的国情和教育实践的一些特点构成社会主义初级阶段的基本教育国情。突出表现在以下几个方面：

第一，我国教育总量还不够大，质量还不够高，条件还不够好；

第二，我国公共教育财政投入总量不足。尽管我国教育经费投入持续增长，但还是不能满足教育快速发展的需要，投入比例低于世界平均水平；

第三，我国拥有世界上最庞大的教育人口和最旺盛的高水平教育需求。我国教育经费占世界教育经费的比例不到 3%，但受教育人口超过世界教育人口的 15%，而且广大家长对子女的受教育层次都有很高的期待，无不希望自己的孩子能够有机会一直从小学读到大学、研究生；

第四，也是最突出的，是我国教育发展的不平衡，城乡之间、地区之间、校际之间存在很大差距。如：

- 城乡、区域、校际之间办学条件存在较大差距，学生不能平等享受义务教育资源
- 高中阶段教育结构不合理，发展不协调，中等职业教育发展不足；优

质资源短缺，广大群众感到上好学校困难。如：同一区域内一般高中和重点高中之间教育资源和教育质量存在很大差异。由于和高考上大学直接相联系，重点高中入学竞争十分激烈，择校现象相当普遍。广大人民群众对“以钱择校”很有意见，对“以权择校”极不满意，感到上好学校太困难。

- 高等教育资源地区差异较大，招生计划分配还不尽合理，部分省区学生入学机会偏少
- 家庭经济收入存在差距，助学体系还不完善，有的政策还不落实，家庭经济困难学生上学经济负担较重
- 城市规划和管理滞后于城镇化进程，进城农民工子女同等接受义务教育还没有得到很好解决

教育公平问题的存在，有着十分复杂的原因。

首先，教育不公平是社会发展不平衡、经济差距拉大在教育上的反映。由于历史、地理的原因，以及计划经济的影响，长期以来，我国地区经济发展不平衡，城乡二元结构明显。发展教育的任务特别是基础教育的任务主要在地方，一些地方自身财力极为有限，中央对教育的财政转移支付不足，使得这些地区教育经费短缺的困难不能得到有效解决，教育发展水平较低。因此，城乡、区域之间办学条件存在较大差距。这是我国的基本国情。加上近年来家庭收入差距拉大，家庭经济困难学生上学有着沉重的经济压力。

其次，政府教育投入不足，公共财政体制不健全，资源分配较难做到统筹兼顾。尽管各级政府不断增加对教育的投入，但国家财政性教育经费支出占GDP的比例一直较低，离满足国家现代化建设和广大人民群众对教育事业发展的需要存在很大差距。高等教育和高中教育国家财政拨款占其教育经费支出均不足50%。由于政府财政对教育投入的总量小，教育资源短缺，保障水平较低，而教育规模大、战线长、发展任务重，分配资源时很难统筹兼顾、全面考虑、通盘安排。因此，即使在同一区域内，校际之间的办学条

件也存在明显差异。目前形成的中等职业教育以收费为主,普通高中择校高收费,高等教育对学生缴费的依赖程度较高等,都与此有关。

第三,基本普及九年义务教育和实现高等教育大众化后,我国教育发展进入新阶段,但有些教育政策未能随之调整。在我国经济社会发展的不同阶段,国家制定的总体发展政策和发展重点是不同的。教育也是这样。在经济发展水平较低的情况下,国家把经济发展放在社会事业发展前面,这是完全正确的。今天,我们仍然坚持以发展为第一要务,同时,要更加注重社会事业特别是教育事业发展,更加注重社会公平和共同富裕。在教育投入很低的情况下,只能实行精英教育,相应的政策就是举办重点学校。这在当时为多出人才、快出人才发挥了重要作用,同时也使得本来有限的教育资源大量向重点学校倾斜,拉大了学校之间的差距。现在,我国教育已从精英教育进入大众化教育,人民群众对教育的需求和观念都发生了新的变化,教育政策也需要进行相应调整。在大力发展教育的同时,要更加注重教育的公平性和普惠性,保障人民群众都能享有接受良好教育的机会。

此外,随着人们经济水平的提高,生活条件的改善,对社会公平特别是教育公平的诉求也更加强烈。由于教育对社会和个人发展的作用越来越突显,就业形势严峻,独生子女时代的到来,人们对教育特别是子女的教育更重视了,对享有良好教育的愿望更强烈了。同时,公平总是相对的,人们习惯于进行横向比较,特别是与受教育情况比自己好的人进行比较。当前社会竞争激烈,许多家长不仅希望孩子上学,希望上好学校,而且希望上比别人更好乃至最好的学校,对教育公平问题更加敏感了。另外,由于支付能力的不同,同样的教育收费对不同收入家庭的相对负担是不同的,感受也就不同。

解决教育不公平的问题不可能一蹴而就,但人民群众对教育公平的诉求日益增强,维权意识日益增强,让改革开放的成果普惠大众又是社会发展的迫切要求。所以促进教育公平既要实事求是,量力而行,又要积极努力,尽力而为。

二、教育公平是历久弥新的研究课题

1. 教育公平研究 20 世纪 60 年代后快速发展

教育公平研究历来是教育研究的重要领域，但作为专门课题的研究直到 20 世纪 60 年代才凸现起来。，我国 20 世纪 90 年代以后研究开始发展起来。

被誉为“美国初等教育之父”的贺拉斯・曼（Horace Mann）在 19 世纪初期就提出了教育是促进人类平等的伟大平衡器，他的许多重要论点，如提供某一水平的免费教育；为所有儿童提供不同课程；争取公共税收的支持等，都代表着同时代美国教育改革的主要方向。

美国的丹尼尔・E・格里菲思（Griffith）对 1966 年至 1975 年 10 年中世界教育研究的成果进行了一次总结，列出了 10 项最有意义的教育研究成果，其中第一项、第二项和第十项都直接或间接同教育公平的研究有关；美国卫生、教育和福利部提出的“美国国家教育研究所的 6 个研究领域”，教育机会均等列为第二位。[①]

1966 年美国教育家科尔曼与其助手在联邦总署的授权下对 60 万名不同种族、宗教信仰和家庭背景的儿童进行了为期两年的调查，发表了《教育机会均等的概念》，被称为当代关于教育机会均等的三项最重要的研究报告之一，对此后教育实践领域内公平的发展产生了深刻影响。在他们的观点中，教育机会均等概念经历了这样的演变过程：由没有均等目标出现到创办面向劳动人民子女的义务教育，到为所有儿童提供同样的教育机会，最后发展为追求教育结果的均等。由于存在校外影响的差异性，机会均等可能只是一种接近，这种近似性不仅是由教育投入的均等来决定的，而且是由学校的影响与校外的差别性影响的相对强度来决定的。这也是现在的教育机会

① （美）班尼（Bany，M. A.），约翰逊（Tohnson，L. V.）著，邵瑞珍等译：《教育社会心理学》，昆明：云南教育出版社，1986。

均等观念的立足点，当教育机会均等观念从学校资源投入的均等演变为学校教育效果的均等时，学校的责任就从公平地增加与分配它的“均等”，转变为增加学生就业成就的均等，这正是科尔曼研究的最大贡献。[①]

1972年美国社会学家詹克斯(Jencks)等人发表的《不平等：对美国家庭和学校的影响再评估》一书，是美国关于教育与不公平等关系的最重要研究成果之一。他们从社会学角度就教育资源的分配、学生对课程的选择、遗传及环境对认知能力的影响等方面研究了学校教育在美国的影响，得出学校和教育无法达到公平的目标的结论，与贺拉斯·曼的研究结果相反。

还有，瑞典当代教育学家胡森(Gorsten Husen)[②]则认为平等就意味着每个人都有接受教育的机会，在此基础上注意到人的差异性，从而促使取得学业成就的机会均等，平等目标的达到又取决于学校内外部的各种因素。美国社会学家帕森斯(Parsons)则从功能主义角度完整地表述了关于教育与平等的思想，他在《作为社会系统的学校》一书中提出，教育革命的一个重要特点是极大地扩大了教育机会的均等，但由于存在个人能力、家庭对于教育的不同期望和态度，以及个人学业上努力的程度不同，使得教育机会上的均等必然又带来成就上的差异，所以教育产生了新形式的不平等。当代法国社会学家布迪厄(Bourdieu)从文化再生产的角度分析了教育的不平等，提出教育通过文化再生产复制代际不平等。新马克思主义代表、美国政治经济学家鲍尔斯(Samuel Bowles)在其《不平等的教育和社会分工的再生产》[③]中，用社会再生产理论阐述了有关教育平等与社会公平的观念，提出教育不公平是社会阶级作用的结果。

我国对教育公平的研究开始于20世纪90年代初。袁振国是国内较早从事教育公平研究的学者，他90年代的博士论文《论中国教育政策的转变：

---

① 转引自周洪宇：《教育公平论》，人民教育出版社，2010年，第39～41页。

② [瑞典]T. 胡森、[德]T. N. 波斯尔韦特主编：《国际教育百科全书》第3卷，贵州教育出版社1990年版，第437～439页。

③ [美]鲍尔斯(Samuel Bowles)：《不平等的教育和社会分工的再生产》，张人杰主编：《国外教育社会学基本文选》，华东师范大学出版社，1989年版。

对我国重点中学平等与效益的个案研究》于 1999 年出版，自此以后一直特别关注教育公平的政策研究，每年出版一期的《中国教育政策研究》2008 年的那期就是针对教育公平与效益的专辑。

近年来，教育公平问题已经成为教育研究的热点，特别是在 2010 年发布的《国家中长期教育和发展规划纲要》中，"教育公平"首次出现在国家教育纲要中，国内学术刊物上发表了许多论文来探讨这一话题。笔者在中文期刊数据库中检索教育公平综述文章就找到了十几篇，其中有对国内教育公平研究的文献综述，如：阳荣威用内容分析法对国内 1997—2005 年期间发表的有关教育公平的研究论文进行梳理，寻找国内教育公平研究的趋势及存在的问题，得出几点结论：1）教育公平的研究论文数量呈现不断增加的趋势。其来源也非常广泛，说明教育公平问题已成为全社会广泛关注的话题。2）研究对象主要集中在高等教育层面，这与我国实行大学收费制度与高等教育大众化政策有关，而从研究的取向来看，主要是从综合的角度探讨教育公平问题，说明我国对教育公平研究的主流仍然停留在宏大叙事阶段，还有很大挖掘空间。3）整体上讲，教育公平中"校外的"内容比"校内的"内容较多地受到我国比较教育研究人员的重视。说明学者更多的将教育公平问题作为一个社会问题来看待。4）从研究视角来看，学者们对教育公平，研究主要是从教育政策学视角和教育经济学视角来研究，说明学者们在寻找造成教育不公平现象的原因时，主要集中在经济和政策方面，自然也在这两个方面寻找解决之道。只有较少学者从教育法学视角来研究，说明学者们认为教育不公平问题的解决更主要依赖国家的政策，而不是法律，这也是我们的教育研究应当注意的。① 近期也有学者做了类似的文献综述，如：王根顺、王倩②对 2001—2010 年发表在国内核心期刊上的相关论文进行分析，从中寻找出针对教育公平问题研究的热点，并以此为基础预测今后有关教育公平

① 阳荣威：国内教育公平研究文献综述：1997—2005，《高校社科信息》2005 年第 6 期，第 38 页。

② 王根顺、王倩：国内教育公平研究的现状与趋势——基于 2000—2010 年国内核心期刊教育公平研究的文献综述，《中国电力教育》2011 年第 13 期，第 2～4 页。

研究的趋势。赵海燕[①]对2000年至2010年间关于教育公平研究的文献的叙述同样表明，高等教育公平问题是研究者最为关注的，而对学前教育、特殊教育和弱势人群教育等的教育公平问题研究的较少。同时，在研究中存在重理论轻实践以及研究视角多集中在经济学、政策学、教育和社会等问题方面。今后应加强教育公平立法、实践和比较研究等方面问题的研究。还有不少文章是对教育公平的理论进行综述，如：刘尧[②]对教育公平、教育公平观、教育公平多学科界说、教育公平的特点及其与社会公平的关系进行综述；杨艳丽[③]对教育公平基本理论研究综述；安晓敏、邬志辉[④]从多学科的观点综述教育公平研究；李金钊[⑤]基于"中国知网"五种数据库（中国期刊全文数据库、中国重要报纸全文数据库、中国重要会议全文数据库、中国优秀硕士学位论文全文数据库、中国博士学位论文全文数据库）的相关文章，对课堂教学中教育公平研究做了文献综述。可见，国内学者的研究主要集中在对相关概念的辨析或对现实问题的阐述方面。

除了众多期刊文章和一些硕博论文以外，有关教育公平的专著也逐渐多起来了。如：杨东平的《中国教育公平的理想与现实》；周洪宇的《教育公平是和谐社会的基石》；谢维和的《中国的教育公平与教育发展（1990—2005）》；史瑞杰的《从精英教育到大众教育：高等教育发展中的效率与公平问题研究》；李延平的《教育科学研究新视野·职业教育公平问题研究》；高丽的《教育公平与教育资源配置（教育科学研究新进展）》[⑥]；李廉水、吴立保的《和谐社会视野下高等教育公平的制度设计研究》[⑦]；瞿瑛的《义务教育均衡发展政策问题研究：教育公平的视角》[⑧]；曾满超、丁小浩的《效率、公平与

---

① 赵海燕：近十年我国教育公平研究综述，《教育探索》2010年第10期，第21～22页。
② 刘尧：教育公平研究综述，《交通高教研究》2002年第4期，第98～100页。
③ 杨艳丽：教育公平基本理论研究综述，《广东广播电视大学学报》2006年第2期，第76～78页。
④ 安晓敏邬志辉：教育公平研究：多学科的观点，《上海教育科研》2007年第10期。
⑤ 李金钊：课堂教学中教育公平研究，《上海教育科研》2011年08期
⑥ 高丽：《教育公平与教育资源配置（教育科学研究新进展）》，中国社会科学出版社，2009版。
⑦ 李廉水、吴立保：《和谐社会视野下高等教育公平的制度设计研究》，科学出版社，2010版。
⑧ 瞿瑛：《义务教育均衡发展政策问题研究：教育公平的视角》，浙江大学出版社，2010版。

充足:中国义务教育财政政策》[①];张珏、张振助的《中国义务教育公平推进实证研究》[②];沈有禄的《中国基础教育公平:基于区域资源配置的比较视角》;[③]李淼的《城乡二元结构下的基础教育公平问题》;[④]安晓敏的《义务教育公平指标体系研究:基于县域内义务教育校际差距的实证分析》;[⑤]张菀洺的《教育公平:政府责任与财政制度》社会科学文献出版社[⑥]等等。尤其是周洪宇于2010年出版的《教育公平论》专著,从理论、政策与实践三位一体的视角全面、深入、系统地论述了教育公平问题,不仅对国内外教育公平的现状进行了比较分析,提出了进一步促进教育公平、破解教育改革难题的政策建议和立法建议,而且介绍了作者在中小学从事教育公平实践探索的具体情况,对深化教育公平学术研究及社会实践均有一定的参考价值。

2. 教育公平的研究多学科、多层次、多方位

国内外学者和教育工作者们也从不同的角度对教育的不同层面论述探讨教育公平的问题,如在义务教育、高等教育、特殊教育、职业教育等方面探讨城乡教育均衡、教育权利、机会和资源平等、尤其在性别、种族、贫富等方面的平等,取得了丰硕的成果。教育公平问题是当今世界范围内教育理论和教育决策的一个核心问题,就像胡森说的:"若干年以来,无论在国内还是在国际上,就教育问题进行的政策讨论中,'平等'已变成一个关键词。"[⑦]

教育公平研究涉及多个学科、多个层面、多种因素。(1)伦理学视角。在伦理学上,公平更多地被理解为公正、正义,在近现代的西方思想家那里,公平概念越来越多地被专门用作评价社会制度的一种道德标准,被看作社

---

① 曾满超、丁小浩:《效率、公平与充足:中国义务教育财政政策》,北京大学出版社,2010版。

② 张珏.张振助:《中国义务教育公平推进实证研究》,教育科学出版社,2011版。

③ 沈有禄:《中国基础教育公平:基于区域资源配置的比较视角》,教育科学出版社,2011版。

④ 李淼:《城乡二元结构下的基础教育公平问题》,中国社会科学出版社,2012版。

⑤ 安晓敏:《义务教育公平指标体系研究:基于县域内义务教育校际差距的实证分析》,教育科学出版社,2012版。

⑥ 张菀洺:《教育公平:政府责任与财政制度》,社会科学文献出版社,2013版。

⑦ Torsten Husen, *The International Encyclopedia of Education: Research and Studies*. Supplementary Volume, Pergamon Press, 1989.

会制度的首要价值。在当代的公平观念研究者中，影响较大的是罗尔斯(John Rawls)，他提出了公平三原则：平等自由的原则、机会公正平等原则和差别原则。(2)法学视角。法学意义上的教育公平指的是受教育权利的平等实现。受教育权利是指由国家规定的，教育法律关系主体具有的接受教育的能力和资格。有研究表明，受教育权利的发展经历了从平等到不平等，又趋于平等的演变过程①，由一种少数人的特权转化为普遍的公民权利并受到法律的肯定和保护是现代社会才出现的现象。就目前来说，加强教育法制建设仍然是实现受教育权利平等的有效手段。受教育权利作为公民的一项法定权利，其平等实现不仅需要权利主体的积极作为，更需要政府创造条件，加强教育法规的权威性，建立健全完善的法律实施监督体系，为其提供法律和制度上的保障。(3)经济学视角。从经济学角度来说，教育公平是与教育资源的分配和享受联系在一起的。有研究表明，教育资源分配方式大体上经历了三个历史阶段：权力公平阶段、能力公平阶段、金钱公平阶段。教育公平问题讨论的本质就是社会转型所带动的经济利益转移而形成的不同利益群体对教育权利与资源分配的争夺。如：现阶段我国教育资源配置的不公，主要表现在区域间、城乡间和校际间教育资源分布上的不均等。(4)社会学的观点：社会分层与教育机会均等之间关系的研究，一直都是教育社会学研究的基本主题和传统的研究领域。早期的“教育的社会学”(Educational Sociology)关注工业化民主国家中教育机会与社会流动的关系，认为学校教育将促成高的社会流动从而对社会不公平产生有利的影响，但是，学校教育特别是学生学业成绩的差距使人们对这一研究假设产生了很大的怀疑。上文提到的20世纪60年代中期“科尔曼报告”的发表使人们注意到与学校教育质量相比，儿童的社会出身背景对学业成绩产生了更为重要的影响，从而形成了一个关于社会分层与教育获得关系的社会学研究主流，并导致了“教育社会学”(Sociology of Education)研究的产生和发展。

---

① 详见刘精明：《国家、社会阶层与教育》[M]. 北京：中国人民大学出版社，2005年版，第43页。

(5)教育学视角:创造公平的学校和教室从再生产理论的观点来看,学校和班级是社会资本和文化资本发挥作用最明显的场所之一。社会分层机制通过影响学校和班级里的社会机制,对学生在学校或班级里的机会产生重要影响。布鲁克欧及其同事在1996年研究了学校社会结构与社会环境对学生学习成绩的影响。研究结果表明:学校能够而且也确实导致了学生学习成绩的差异。目前,作为教育公平主体的教育活动本身,学术界讨论较多的主要是课程改革、教学形式和学业评价等方面,对于学校教育来说,这些方面具有很强的实践意义、理论意义和政策意义。①

近来学者提出教育过程公平研究是教育公平研究的新趋势。教育公平有宏观和微观两个层次。宏观层面的公平是资源的配置,是"物"的意义上的公平,是教育制度、政策的公平,考虑群体利益。微观层面的公平是师生交往实践上的公平,是教育过程中的公平,关注个体利益,是"人"的层面上的公平。个体的发展是宏观层次的教育公平与微观层次的教育内部公平的重要基础,因此,个体公平是教育公平的本质内涵。义务教育的普及使教育过程公平问题凸显、教育均衡发展正从外延式逐步走向内涵式发展、教师的公平意识水平有待提高等教育现状需要教育过程公平研究。我国教育公平研究将教育公平作为社会问题研究,在教育公平的宏观层面徘徊,教育过程公平研究存在问题,为教育过程公平研究留下了研究空间。②

教育公平受其外部的条件和内部的因素双重制约,教育公平是社会公平的一个子系统,社会政治制度、经济制度、文化发展、社会阶层、人口发展等外部因素严重制约着教育公平。所谓的教育公平是相对的,教育公平不等于绝对的平均,真正的教育公平必须在承认个体差异的同时允许非基本教育权利、非公共教育资源方面的不公平的存在,绝对的教育平均本身就是不公平的、也是不可能存在的;教育公平会随着时代的不断发展、社会文明

---

① 详见安晓敏、邬志辉:教育公平研究:多学科的观点,《上海教育科研》2007年第10期。

② 详见吕星宇:教育过程公平研究:教育公平研究的新趋势,《当代教育科学》2008年第15期,第3～6页。

的不断进步而有所变化。所以，教育公平是一个动态的、历史的、区域的概念，不同时期、不同地区内教育公平的范畴也是不容混淆的。

3. 教育公平研究方法不断拓展

教育公平的研究取得了丰硕的成功，但总的看研究方法还比较单一。教育公平既是一个一般性的问题，又是一个社会历史的问题；既是一个理论问题，又是一个实践性很强的问题。所以，教育公平研究要在理论演绎的基础上，走进现实的教学生活世界，通过对教育实践的研究，完善和丰富理论的建构。相应地，采用的研究方法既要有理论分析的方法，又要有实证研究的方法。

作为语言学研究者，本研究尝试研究教育公平的一个新视角，即从话语分析角度研究教育公平问题，运用中外对比研究和文本分析研究方法，以对比中美教育公平为主要研究对象，同时也考察国际主要组织如 OECD 和 UNESCO 有关教育公平的政策话语特征和变迁，为进一步推进中国教育公平的发展提供学理依据和政策参考。

三、本书的内容和框架

本研究的教育公平话语分析以中美比较为主要对象，相关国际组织和国家比较为辅助对象；对中外教育公平的比较分析从学术话语、政策话语和大众话语这三个层面进行。

关于教育公平的**学术话语**，选择了美国的《哈佛教育评论》和中国的《教育研究》为分析对象。《哈佛教育评论》自 1931 年创刊到 2008 年所发表的有关教育公平的文章组成了美国教育公平话语语料库，并对其进行了数据统计和整体分析研究，从中揭示美国教育公平研究的发展脉络，并探析其变迁的原因。我们还建立了中国公平话语研究语料库，选择了中国教育最具权威性的学术杂志《教育教育》为分析对象，收集、整理了该杂志建刊以来的全部有关教育公平研究的文章。通过运用基于语料库的话语分析手段，对这两份杂志的大量数据从发展趋势、研究主题、研究方法等宏观层面到语言的微观层面进行了对比分析。除此以外，我们还对中文同方知网（CNKI）与英文SAGE期刊收录的教育公平文章进行了比较，以文献分析法为主要方法，对比分析了中外教育公平研究的发展现状。分析在三个层面进行：研究概况、主要研究方法、研究主题。

关于教育公平的**政策话语**，本研究在建立语料库时分别建立了中美两国政策教育公平话语的子语料库，从官方网站上收集了两国有关教育法中关于教育公平的法律和政策文献，并具体比较了两国教育政策中有关教育公平的政策法律法规，发现两国从法律的内容到范围到话语等诸多方面都同样反映出中美两国的国情差异。

为了更全面地进行教育公平的话语分析，我们还对重要国际组织——OECD和UNESCO的政策话语从不同角度进行了分析。UNESCO的语料包括《全民教育全球监测报告》（Education for All Global Monitoring Report）、全球教育政策、各国教育报告、专题报告、会议文件等；OECD的语料包括《教育概览》（Education at a Glance）系列报告、国家教育政策评论系列文献、高等教育报告及PISA项目报告等专题报告。本文所采用的两个语料库是通过搜索“教育公平”关键词分别从教科文组织及经合组织的网站上收集的。通过文本分析我们发现，两个国际组织的性质定位和发展水平决定了它们在教育公平的界定上既有共同点又有些侧重点的差异。

关于教育公平的**大众话语**，我们从话语分析的角度来对媒体中反映的中美大众对两国教育公平的态度进行比较。高考和SAT（Scholastic Aptitude Test）分别是中美两国的两大全国性考试，与教育公平极为密切，且其公平性关系到上千万家庭和考生。因此，我们首先将高考和SAT作为研究中美教育公平的出发点，分别选取了新浪和纽约时报这中美两大门户网站，搜集媒体报道中有关高考和SAT同教育公平相联系的文章并作为基本分析语料。基于内容分析法和语料库分析法，从词汇、搭配、语境方面，在媒体报道中分析出中国大众对高考教育公平的态度，美国大众对SAT教育公平的态度，两国对其考试反映教育公平的异同及造成异同的教育理念差异。其次，还有对中美家长对择校倾向性的实证调查研究。择校现象在中美两国都存在，但中美家长对子女择校的倾向有差异。我们从中美家长对择校问题的调查结果分析中得出对我国深化教育改革、缓解择校现象的几点启示。再者，我们还以中美高校自主招生为选题，从批评话语分析角度对国内自主招生的教育行政官员、校长、学者和家长、学生的话语进行分析，研究结果表明：来自不同利益群体的自主招生主体由于各自在权力关系中所处位置不同，其主导意识形态和利益不同，决定了对待自主招生的视角不同，话语的关注点有显著区别，同时话语又反过来维护了现有权力位置和意识形态。

第二章
教育话语分析的理论与实践

后现代主义思潮的兴起导致了社会科学研究的“语言学转向”和语言学研究的“社会转向”，话语研究和话语方法跨越应用语言学、心理学和语言哲学的范畴，成为社会科学研究的重要趋势。研究者以话语为基础，如政治话语、科技话语、健康卫生话语、商务经济话语等，揭示语言和社会之间的关系。同时，“两种转向”也逐渐地显示在当代教育研究中。

本章讨论从话语与话语分析入手，概述对话语的界定和话语分析的基本方法，梳理话语分析的发展以及话语分析方法在教育研究中的应用情况，从而为教育公平的话语分析提供理论和实践的基础和依据。

一、话语

社会理论与语言学都使用“discourse”这一范畴。话语（discourse）与语言（langue）、言语（parole）及语篇（text）有密切的联系而又互为不同。索绪尔（Saussure）早在1916年就首先提出了“语言”与“言语”，他认为语言是抽象的概念，是说话者具备的能力（the linguistic competence of the speaker），包含一系列的构成规则和形式，而言语则是语言规则在实际使用中的具体体现(the actual phenomena or data of linguistics)。话语作为研究对象,通常是具体的动态过程,区分于语言;话语与言语比较来看,言语范围过大,包括所有发生的语言运用,话语则有一定的范围限制,可以是词、短语、小句,也可以是一首诗歌、一篇日记等作为实际的研究对象。哈里斯(Harris)把话语看成是连接的言语(speech)。派克(Pike)提出话语是社会文化语境下互动过程的产物。布朗(Brown) 和尤尔(Yule)把话语看作过程(process),语篇是话语的具体表现形式。①

然而,对于话语的界定和理解因理论和分析目的的不同而不一样。有的人把话语看作社会文化语境中的一种语言使用形式,如法律文本、公众演说。有的人认为话语指的是具体的某个会话或某篇文章。也有的人将话语视作一种交际实践或一种言语交际活动。

社会学家或批评学家对话语的界定受到法国思想家福柯的影响,认为话语是特定历史阶段所产生的与社会实践关系密切的陈述,是社会生活的重要组成部分。对话语及其外延的论述中概括出话语的三层意义。福柯首先把话语描述为所有的陈述。也就是说,所有有意义的言语或是语篇,而且能够对现实世界产生效果的话语实践都被认为是话语,这是一个比较宽泛的定义。福柯有关话语的第二个定义则是指某一群体的陈述,也就是言语的某一群体,如:女性话语、帝国主义话语等等,它们在某种程度上具有规律性,而且具有共同的连贯和力量。福柯的第三个定义可能是在许多理论家中产生共鸣最强烈的一个定义:话语是用来解释陈述的有规律的实践。他在这儿关心的不是具体的言语或是语篇,而是能够产生特定语篇或是言语的规则和结构,也就是话语背后的含义,即话语背后所蕴含的制约话语的具体语言实现的文化模型和意识形态。

批评话语分析(Critical Discourse Analysis, CDA)在借鉴以上观点的基础

① 参见杨信彰对詹姆士·保尔·吉(James Paul Gee)的《话语分析入门:理论与方法》的导读,由外语教学与研究出版社和劳特利奇出版社 2000 年出版,第 F11 页。

上,从社会实践的角度对话语做了界定。一般而言,当学者给自己的研究范式贴上“critical”这个标签时,往往表示两层意义:(1)该研究范式涉及到社会分析,特别是对社会不平等状况的分析;(2)该研究范式是与现存范式相对立而存在的,因为后者没有涉及对社会不公的分析。① 费尔克拉夫②认为,(在话语分析中)追求“critical”的目标是为了阐明意识归化的过程(即人们将意识形态的阐述看作非意识形态性的“常识”),笼统地讲,就是使话语参与者看清社会对于话语的决定作用和影响。这是“critical”话语分析与“描述性”话语分析的区别。社会实践是社会生活成分的一种构型(configuration),涉及劳动形式(forms of work)、身份确认和对现实世界的呈现三个部分,同时它又包含四个范畴:物质元素、社会元素、文化/心理元素以及抽象意义上的话语。③ 像许多语言学家一样,费尔克拉夫使用“discourse”一词指代语言的口头或文字用途,其范畴还应包括符号实践,如印刷信息和非语言交际。他认为,作为 discourse 的语言必须是一种社会实践形式,是在社会中产生、塑造或由社会因素构成的行为模式。费尔克拉夫指出,discourse 是指语言作为社会实践形式的用途,discourse analysis 是指分析文本如何在社会文化实践中发挥作用。在 discourse analysis 中,“discourse”一词有不同的使用方式。其中有两种与 CDA 相关。第一种“discourse”是抽象名词,是指示社会生活(语言和视觉符号,身体语言等)的(与其他非符号元素相对的)符号元素的范畴。第二种“discourse”是可数名词,是指展现社会生活某个特定方面的特定方式的范畴(如通常会以不同的方式区分不同的政治话语,从而表现不平等、弱势群体、贫穷、“社会排斥”等问题)。此外,费尔克拉夫极其重视法国思想家福柯的学说。在 1992 年出版的《话语与社会变化》(*Discourse and Social Change*)中,他花了整整一章的篇幅来介绍福柯的理论,在 1995 年的《批评话语分析:语言的批评研究》(*Critical Discourse Analysis: the Critical Study of Language*)中,也用了很大的篇幅来

① Billig, M., A critique of the “critical”, *Discourse & Society*, 2000, pp. 291~292.

② Fairclough, Norman. *Critical Discourse Analysis*. Boston: Addison Wesley, 1995.

③ Fairclough, Norman. *New Labour, New Language?* London: Routledge, 2000, pp. 167~168.

介绍福柯的“order of discourse”的概念，国内普遍将该术语译作“话语秩序”。费尔克拉夫(1995)使用福柯(1981)的“话语秩序”概念来指代与特定社会领域或机构相联系的话语实践的有序设置(如一学术机构开办的讲座、研讨会、咨询会和非正式对话)，及不同设置间的区别与联系，还将话语秩序分为“内在话语秩序”与“社会话语秩序”。

国内学者田海龙以汉语术语为中心，指出了英语术语“discourse”可能具备的几个汉语含义：“语言”(索绪尔和乔姆斯基)、“篇章”(哈里斯和斯塔布斯 Stubbs)、“言语”(席弗林)(Schiffrin)和“话语”(福柯)。他认为，因为 CDA 中的“discourse”包含语言运用中的权力关系、意识形态以及实施这些权力关系和再现这些意识形态的方式等内容，我们会很容易将 CDA 中的“discourse”与社会学家话语理论中的“话语”联系在一起，但是二者存在本质区别。就 CDA 的跨学科性质而言，他建议用“语篇”来表示“discourse”在 CDA 中的含义。可见，国内学者倾向于将语言学领域的 discourse 称作“语篇”，将社会学领域的 discourse 称作“话语”。

笔者通过同方知网的学术资源总库一站式检索平台搜索关键词“CDA”，共得到 957 条结果。使用同方知网的文献分析功能，对上述结果进行关键词文献分析，得出的结果如下：在关键词中使用“话语”一词的有 402 条，在关键词中使用“语篇”一词的有 248 条。可见，在 CDA 研究领域，将“discourse”称为“话语”的情况较为普遍。笔者也认为“话语”一词更加贴近费尔克拉夫所定义的“discourse”。在社会实践中，话语构成了一个重要的元素。话语是特定社会语境中人与人之间从事沟通的具体言语行为，即一定的说话人与受话人之间在特定社会语境中通过文本而展开的沟通活动，包括说话人、受话人、文本、沟通、语境等要素。[①]

---

① 百度百科 http://baike. baidu. com/link? url = Ll _ 5mjiZkvEbUiZ1zd32TcbfjBvuNBaf8nVEW1rrpSvsXKZFGeqH0lm17AUoajD

二、话语分析

话语分析是以超句结构单位的文本(language as text)作为研究的出发点,以研究语言在各种社会现实构建中的作用。所以,话语分析是一种以语言研究为基础跨学科的研究的方法,是指对人们说(叙述) 什么,如何说(叙述),以及所说的话(叙述) 带来的社会后果的研究。从目前语言文化学界话语分析的研究看,包括话语的意识形态分析、历史分析、心理分析、语用分析、跨文化交际分析等。但所有形式的话语分析,几乎都是围绕"意义"这个中心展开的,目的都是要从话语中"剥离出含指的意义",即话语字面意义上"没有说出的"、"隐含的"意义。

1. 国外话语分析的发展

话语分析的历史悠久,古希腊和古罗马时代的修辞学可以说是话语分析的前身。19 世纪前语法学关注的是语言的使用规则,而修辞学则主要研究政治、法律演说的结构和机制,研究劝说的有效性。19 世纪初出现了历史语言学和比较语言学,20 世纪出现了结构主义语言学,这些学科替代了修辞学,修辞学只用在文体学和文学研究上,对话语的研究归入传统的修辞学、文体学和文学研究的范围。20 世纪 50 年代以后,随着符号学、人类学、认知科学、人工智能、心理学、交际学、历史学、社会学的蓬勃发展,话语分析广泛吸取这些学科的研究,出现了一些跨学科的、系统的话语分析理论和方法。[①]

话语分析这一语言学分支于 20 世纪 50 年代后出现,其先驱首推哈里斯和米切尔(T. F. Mitchell)。美国语言学家哈里斯于 1952 年在杂志《语言》(Language)上发表了题为"话语分析"(Discourse Analysis)的文章,首次提出了"话语分析"这一概念,他试图提出一种分析连贯的口头语言的方法。1957 年,米切尔在题为"克尼兰的买卖语言"(The Language of Buying and

---

① 杨信彰对詹姆士的《话语分析入门:理论与方法》的导读,由外语教学与研究出版社和劳特利奇出版社 2000 年出版,第 F11～F12 页。

Selling in Cyrenaica)一文中，提出一种以语义为主的分析方法。

在 20 世纪 60 年代末 70 年代初，话语分析学科的雏形开始形成，许多关于话语分析的理论相继问世。如功能句子观(Functional Sentence)、交际动力理论(Communication Dynamism)、主位(Theme)、述位(Rheme)、过渡(Transition)、新信息(New Information)、已知信息(Known Information)等等。该研究领域里的重要人物有哈维格(Havergal)、韩礼德(Halliday)、彼多菲(Petofi)、辛克莱尔(Sinclair)、库尔哈德(kuerhade)、范代克等。如：在1977 年，库尔哈德发表了《话语分析入门》(An Introduction to Discourse Analysis) 一书，对众多的研究领域均有很大的影响，如语言教学与习得、文体学阅读与写作研究、言语病理学等等。1978 年，杂志《话语过程》(Discourse Process) 在美国创刊，这是话语分析研究发展的另一个标志，该刊侧重多学科性，选题范围十分广泛(如散文理解、对话分析、话语语法结构、交际能力的跨文化比较等)，多达 79 人的编委是不同学科学者，是一种专门刊载话语分析研究成果的专业杂志。

80 年代以来，可被看作是话语分析研究硕果累累的一个时期，学者们对话语分析作了更广泛的阐述，赋予它更丰富的意蕴。1985 年，由荷兰语言学家范代克主编的四卷本的《话语分析手册》(Handbook of Discourse Analysis)正式出版，可视为这门新的跨学科独立核自我体系形成的标志。其第 1 卷为《话语的各个学科领域》(Disciplines of Discourse)，第 2 卷为(话语的各个方面》(Dimensions of Discourse)，第 3 卷为(话语和对话) (Discourse and Dialogue)，第 4 卷为《社会中的话语分析) (Discourse Analysis in Society)。编者约请了各个领域来自不同国家的主要学者撰稿，展示了话语分析的各个层面：介绍描写的方法，研究重要的话语类型，以及其在批评社会的分析中的应用。因此，它可被看作是总结介绍话语分析研究成果的百科全书。① 话语分析以跨学科、多维度的势态不断拓展，日益受到国际语言学界的高度重视，发展成为一门

① 详见徐赳赳：话语分析二十年，《外语教学与研究》1995 年第 1 期。

较为成熟的独立学科。这一跨学科、多维度的特点与20世纪哲学、人类学、社会学、语言学等学科的一些重要发展有密切的学术渊源。这些重要发展包括英国哲学家维特根斯坦(Wittgenstein)对语言与世界关系的探讨,奥斯汀(Austin)提出的言语行为理论,法国哲学家福柯、德里达(Derrida)将话语作为社会事件的研究,以及韩礼德的系统功能语法等。这些不同学科的发展对话语分析理论与方法的演进都产生了重要影响。[①]

依据库克(Guy Cook)[②]的观点,按照不同的研究目标、研究方法、理论来源等可将 discourse analysis 分为三派:(1)英美学派(the British-American school);(2)以法国哲学家福柯的理论为基础的学派;(3)CDA(Critical Discourse Analysis,批评话语分析)学派。英美学派的研究重点是"语言"、"语言使用"、"语言功能"和"语境",是单纯的语言学研究。福柯学派重视语言、语篇、话语使用过程中所折射出的社会实践、社会事实以及与这些社会活动联系紧密的重大社会问题,探讨诸如话语秩序、意识形态、社会关系、社会联盟等与社会活动、社会事实、社会实践和社会变革紧密相关的问题。CDA 学派将语言学理论与社会学理论相结合,以社会文化实践和结构为出发点,把关注点对准社会活动中语言和语言使用,关心在语篇和话语中语言的选择如何反映说话者和听众之间的"权力关系"。

考虑到不同学派所做的不同 discourse analysis,黄国文、徐珺(2006)曾建议把英美学派所做的 discourse analysis 称为"语篇分析",把福柯学派所做的 discourse analysis 称为"话语分析",把 CDA 学派所做的研究称为"批评语篇分析"或"批评话语分析"(视个人的好尚而定)。

这里,值得注意的是当今语言学研究受后现代主义思潮的影响而逐渐显示出的"两种转向",即社会科学研究的"语言学转向"和语言学研究的"社

① 参见庞继贤、李小坤:《话语研究新进展》介绍,《外语教学与研究》2009年第1期,第77～79页。

② Johnson, D., Johnson, R. *Learning Together and Alone: Cooperative, Competitive, and Individualistic Learning*. Boston: Allyn and Bacon, 1999, pp. 99～102.

会转向”。后现代主义(postmodernism)是指20世纪60年代以来整个西方以反传统哲学为特征的社会思潮和文化思潮,也是对现代文化哲学和精神价值取向进行批判和解构(deconstruct)的一种哲学思维方式和态度,它涉及文学、艺术(包括建筑的风格等)、语言、历史、哲学等社会文化和意识形态的诸多领域。在后现代或后资本主义时代社会生活中,知识经济和新媒体技术主导社会进程,话语驱动的社会变迁日益显现,机构或组织有意识地控制语言使用实现其目标。“语言学转向”的说法(the linguistic turn)最初出现在20世纪五六十年代。这个说法是伯格曼(Bergmann)创造用来表达他的一些基本主张:“语言如同它所表达的思想一样也是世界的一部分,我们可以用语言谈论世界,也可以用语言谈论语言,而谈论和关于谈论的谈论是有区别的,看不到这一点就会导致歧义,这种歧义又会导致荒谬或悖论,所以语言哲学家必须使用一种合适的语言来谈论世界”。[①] 可以看出,语言学转向是指把语言本身的一种理性知识提升到哲学基本问题的地位,其关注的主要对象由主客体关系或意识与存在的关系转向语言和世界的关系。集中关注语言是20世纪西方哲学的一个显著特征,语言不再是传统哲学讨论中涉及的一个工具性的问题,而是成为哲学反思自身传统的一个起点和基础。

同样,不少语言学有识之士早就意识到,语言学如果真正坚持运用基于用法的(usage based)的途径研究语言,就不能像乔姆斯基那样研究高度抽象化的语言,而必须探索语言的社会层面。兰盖克(Langacker)指出,要研究概念和语法结构的动态性就必然要研究话语和社会交互的动态性。[②]早在1996年莱考夫的出版专著《道德政治:保守派所知而自由派所不知》接近批评话语分析和意识形态分析的传统。[③] 莱考夫在该书中试图把认知语言学

① 1967年,罗蒂编辑出版的后来成为语言哲学经典文献的一本论文集书名就叫 *The Linguistic Turn*。

② Langacker, R. W. *Grammar and Conceptualization*. Berlin & New York: Mouton de Gruyter, 1999, p. 376.

③ 详见 Lakoff, G. M. *Oral Politics*. *“What Conservatives Know That Liberals Don't”*. Chicago: Chicago University Press, 1996.

运用于理解美国当代政治和研究美国政治的核心问题。他试图客观地研究政治背后的概念隐喻,运用隐喻模型处理不同甚至矛盾的世界观。认知语言学与话语分析两大传统的融合一直是认知语言学自莱考夫以来研究社会维度的有力工具,进入21世纪以来更是具有进一步蓬勃发展的强劲势头。如:布莱克于2005年出版的专著《政客与修辞:隐喻的劝导力》试图探讨隐喻如何引导我们的兴趣并促使我们关注对影响核心价值判断具有重要意义的潜在的概念化方式。该书对丘吉尔、马丁·路德·金、撒切尔夫人、克林顿、布莱尔和G. W. 布什等人的主要演讲进行了分析以求探讨演讲中隐喻使用的模式,对语料中的隐喻进行识别和分析,然后寻求其为说话者目的所做的贡献。[①]再如:枸特利(Goatly)于2007年发表的《洗脑:隐喻与潜藏的意识形态》一书,试图追求认知语言学与批评话语分析的"杂交繁殖",以证明隐喻在意识形态和社会实践的心理表征形成过程中的重要性。他认为,要做到这一点需要把隐喻与当代生活的诸多方面联系起来,如医疗、法律制度、政治、种族歧视、性剥削、教育实践以及生态危机等。[②]

可见,话语分析的最大特点,就是紧紧结合语言的实际应用,探索语言的组织结构和作为交际工具的使用特点。话语分析的概念、原则和方法作为一种认知范式和方法论不断渗透到其他学科,话语研究和话语方法跨越应用语言学、心理学和语言哲学的范畴,成为社会科学研究的主流趋势。同时随着与其他学科的交叉和融合,话语分析本身的视域不断拓展,新的理论和研究途径不断涌现并交互影响。由巴迪亚(Bhatia)、弗劳尔迪(Flowerdew)和洪尼斯(Hones)三位教授主编的专著《话语研究新进展》[③]综观话语分析的种种路径,探究了话语研究诸方法之渊及其相互理论联系,展

---

① 详见 Charteris Black, J. *Politicians and Rhetoric*: "*The Persuasive Power of Metaphor*". Basingstoke & New York: Palgrave Macmillan, 2005.

② Goatly, A. *Washing the Brain* — "*Metaphor and Hidden Ideology*". Amsterdam: John Benjamins, 2007. 转引于苏晓军:认知语言学的社会转向,《外国语》2009年第9期,第47~51页。

③ 详见 Vijay Bhatia, John Flowerdew & Rodney Jones, *Advances in Discourse Studies*, London: Routledge, 2008.

示了不同视角下话语研究的新动态和发展方向。书中分章叙述了 7 个研究路径，即会话分析（Conversation analysis）、基于人种学的话语分析（Ethnographic-based discourse analysis）、基于语料库的话语分析（Corpus-based discourse analysis）、多模态话语分析（Multimodal discourse analysis）、语类分析（Genre analysis）、批评话语分析（Critical discourse analysis）、中介话语分析（Mediated discourse analysis）。这七条研究路径就是学科交叉、融合、多维度以及科内部不同方法竞争、互为补充的产物。这些路径的目的与焦点不一，但是这些不同点都可以通过两个角度来进行审视：文本/语境和符号模态。基于语料库的分析基本上是以文本作为分析数据，多模态分析则包含了除语言数据以外的其他符号数据，如身势、视觉形象、文本的版面编排等；会话分析以文本为基础，而基于人种学分析则强调语境的关键作用。语类分析、批评话语分析和中介话语分析则是多维度、多视角，考虑多种符号模态，同时又考虑社会语境，旨在揭示话语与社会的种种联系，挖掘话语背后各种深层的动因。①

会话分析（Conversation analysis）是 20 世纪 60 年代出现在美国的一种社会学研究方法。社会语言学认为会话是一个言语活动过程，其中每一步都是双方相互协商的结果，都是构成正确理解下一步的前提。会话者运用自己的语言知识以及非语言的社会文化背景只是来表达自己、理解对方。会话不仅显示出会话者的交际能力，而且还反应出社会交往的一般原则，双方由此而协调各自的目的、形象和人际关系。会话作为一种社会交往，它是由发话者和受话者积极参与并相互协作而产生的。会话分析的基本目标是要弄明白发话者想要表达什么，而受话者又是怎样理解它的意思并做出反应。会话分析包括对会话结构、会话策略、会话风格（Conversational Style）等方面的研究。②

---

① 详见庞继贤、李小坤：《话语研究新进展》介绍，《外语教学与研究》2009 年第 1 期，第 77～79 页。

② 百科百度 http://baike.baidu.com/link?url=AdYmf_HlSYWmsNlJLbEBcBSrLF3F6eKIeW0BqUmEGsqujJA1ZqzXfgqkedW88pbWSENTCj3zMUTceG0PwXx0Ua

基于人种学的话语分析(Ethnographic-based discourse analysis)不同于"会话分析"对会话作精细的"客观"分析,它侧重于会话外部的特定社会语境因素。此方法受益于美国的人类语言学、语类研究、活动理论(active theory)、批评话语分析和福柯的知识考古学。

语类分析(Genre analysis)的研究焦点是在特定语境中语言运用的规约性,考虑语篇内和语篇外因素,从跨学科、多视角、多维度进行分析。如巴迪亚从分析一份公司经理的年度报告入手,探析语篇互文性与语篇互类型,作者主张将专业人员的话语实践与职业实践相结合来揭示语类如何通过"混合"、"内嵌"、"移植"语类资源等手段来达到"个人目的"。

多模态话语分析(Multimodal discourse analysis)指语言与其他符号资源共存,共同建构意义。传统的话语分析基本上局限于语言本身,即只注意语言系统和语义结构本身及其与社会文化和心理认知之间的关系,忽视了诸如图象、声音、颜色、动漫等其他意义表现形式。20 世纪 90 年代,西方兴起的多模态话语分析,则可以在很大程度上帮助人们克服这些局限性。

中介话语分析(Mediated discourse analysis)所涉及的一种最新的话语分析路径。此方法不仅关注话语的互文性和对话性,还重视文本的体现与过去的活动与事物之间的联系,注重话语与活动的关系和话语过程的"再符号化"(resemiotization)。

下面着重介绍批评话语分析和基于语料库的话语分析方法,因本研究主要运用这两种方法。

批判性话语分析(Critical Discourse Analysis,CDA)主要把分析语言、意识形态和权力之间的关系作为自己的主要任务,旨在讨论语篇中所隐含的意识形态或权力关系,揭示意识形态对语篇的影响,语篇对意识形态的反作用,以及两者是如何源于社会结构和权力关系又如何为之服务的。这一方法论起源于英国(Fairclough, 1989),后来在澳大利亚(Luke, 1996)和美国(Gee and Green, 1997; Gee, 1999; Gogers, 2004, 2005)有所发展。大多数批判性话语分析借鉴了系统功能语言学、批判语言学和福柯的话语权力的概念，以注重解释社会和权力关系的批判分析来分析话语。尽管该学科仅有30年的发展历史，但其影响广泛。这门学科之所以能够快速发展，是因为它的研究为传授语言、分析和理解语言提供了一个全新的方法和全新的视野，即把语篇看作社会实践的组成部分，从语篇或符号学的角度来阐释社会。同时由于其自身有着较强的实用性和操作性，并以解决一些实际问题为取向，批评性语篇分析日益得到学术界的重视。作者曾对中美官方话语做对比研究，挖掘并揭露语篇背后的社会、文化、意识形态等因素的影响，这一研究目的使得批评话语分析成为其最主要的研究方法。

20世纪70年代话语分析开始关注语言中所表现的社会权力现象，其后半期，文体学研究开始由对文学语篇的结构特征研究转向对其与社会历史语境之间关系的研究，进而促进了语言批评运动的兴起。批评语言学是批评话语分析的前身，通常认为，批评语言学和批判话语分析是同一概念。[①] 沃达克指出，"批评语言学和批判话语分析是独立产生的两个术语，批评语言学和批判话语分析的实践者可能会发现两者在一些观点上不同，但是在大多数情况下，他们又具有形同的研究范式。"[②]两者都涉及语言教育、识读教育、话语分析、翻译、工作场所的语言等与语言有关领域中的批评问题。

20世纪80年代末期，批评语言学和批判话语分析变得更加成熟，费尔克拉夫、范代克、沃达克等人著作的出现便开创了批评话语分析这一领域。许多学者把系统功能语言学的理论应用到了批评话语分析的实践。1979年，福勒(Fowler)等人就在《语言与控制》(*Language and Control*)一书中把系统功能语言学和批评话语分析结合起来。费尔克拉夫在1989年的《语言与权力》(*Language and Power*)中把系统功能语言学作为分析的框架。此

---

① 详见辛斌：批评性语篇分析：问题与讨论，《外国语》2004年5期。

② Ruth Wodak & Meyor Meds. *Methods of Critical Discourse Analysis*, SAGE Publications, 2001, p. 12.

后，这方面的研究便蓬勃展开。近40年来，人们把批评语言学联系到语篇的分析，因此也叫"批评话语分析"。

国外学者对批评性话语分析有广泛的研究。批评话语分析自诞生之日起，由于其自身有着较强的实用性和操作性，并以解决一些实际问题为取向。批评性语篇分析迄今特别关注的是两个非文学领域，一个是大众语篇和官方话语，包括政府、行政管理人员、司法官员、商业组织、新闻机构等的话语；第二个是个人话语，即个人间发生的正式或非正式的交谈。第一类中的政治语篇因为来自官方，在塑造一个社会的态度、意义和意识形态上起着直接的作用，而且对于这样的语篇，普通百姓通常只是被动地接受，很少对话语的生成者直接做出反应，所以尤其适合用批评性语篇分析方法进行分析。范代克在《话语语义与意识形态》(*Discourse Semantics and Ideology*)①中主要研究意识形态与话语的关系，他认为意识形态是基本的社会认知，指导着人们的社会观念，因此间接地控制话语的形成及结构。在这篇论文中，他主要研究意识形态是怎样决定话语的句法结构的，他通过对《纽约时报》(New York Times)和《华盛顿邮报》(Washington Post)上面的文章进行研究证实意识形态对话语的句法结构有重要作用。布洛马特(Jan Blommaert)②对批评话语分析所涉及的领域做了如下总结：政治话语(Fairclough 1989，1992，2000；Chilton，Mey，and Ilyin 1998；Chilton and Schaffner 2002；Schaffner and Wenden1995)、意识形态研究(Kress and Hodge 1979；van Dijk 1998)、种族研究、与种族有关的移民话语研究、经济话语研究、广告话语与推销研究、媒介语言、性别研究、机构话语(Wodak 1997)、社会工作话语、官僚话语、教育话语等。

批评性话语分析具有一套分析方法，借助了社会理论、语言理论和语言

---

① Van Dijk. Ideological discourse analysis. New Courant (English Dept, University of Helsinki), Vol. 4 1995, pp. 135～161. Eija Ventola and Anna Solin (ed.). *Special issue Interdisciplinary approaches to Discourse Analysis*.

② Blommaert, J. *Discourse: A Critical Introduction*. London: Cambridge University Press. 2005, p. 26

分析的方法。按照费尔克拉夫和沃达克[①]的说法，世界上现在主要有八种话语批评的理论和方法：法国话语分析、批评语言学、社会符号学、社会变化和话语变化、范代克的社会认知分析方法、沃达克的话语历史的分析方法、阅读分析方法和德国杜伊斯堡学派。这些方法都是互补的，从各个不同侧面分析了错综复杂的语篇和社会的关系，阐释话语的秩序、社会参加者的实践以及他们的社会认知过程。

基于语料库的话语分析

语言研究要基于语料(linguistic data)，没有语料，人们无法对语言做出令人信服的客观描述。语料有不同的类型，威廉姆斯(Williams)[②]将语料分为系统语料(systematic data)和非系统语料(non-systematic data)。其中，系统语料包括语料库语料(corpus data)和诱发语料(elicitation data)，非系统语料包括语言学家的内省语料(linguist's introspection)和偶获语料(anecdotal evidence)。利奇(Leech)[③]的基本观点是，进行语言研究时，内省、语料库和诱发三种语料可相互支持、互为补充，但借助语料库语料我们会发现人类语言远比单靠内省所能发现的丰富和微妙得多。

语料库语料指存储于语料库(corpus)中的大量真实语言材料的集合体，反映的是语言的实际使用情况。这类语料的优势在于它能为语言研究提供可靠的量化数据，帮助人们系统了解某些语言特征在该语言中的实际使用频率，促使人们注意到大量与基于直觉所归纳出的规则不一致的例子。

语料库有手工语料库和机读语料库之别。前者指在计算机出现之前，

---

① Fairclough, N. and Wodak, R. Critical Discourse Analysis. In can Dijk, T. (ed.) *Discourse as Social Interaction*. London: Sage Publications, 1997, pp. 258～284.

② Williams, B. "The Status of Corpora as Linguistic Data". G. Knowles et al. *Working with Speech*. London: Addison Wesley Longman Ltd., 1996.

③ Leech, G. "The Value of a Corpus in English Language Research: a Reappraisal". W. Teubert & R. Krishnamurthy. *Corpus Linguistics. Vol. I.* London and New York: Routledge, 2007. pp. 324～325.

研究者个人所建立的小型语料库;后者指从20世纪60年代开始,研究者所建立的大型计算机可读语料库。肯尼迪(Kennedy)[①]概述了早期手工语料库在五个方面的应用情况:(1)《圣经》及文学研究;(2)词典编纂;(3)方言研究;(4)语言教学研究;(5)语法研究。机读语料库具有机读性(machine readability)、真实性(authenticity)和代表性(representativeness)。这些特征使得新型语料库具有早期手工语料库所无法比拟的优越性。斯塔布斯[②]将机读语料库比作语言学研究的望远镜和显微镜,因为使用它们可使语言学家看得更远,看得更细,继而发现更多的语言现象,挖掘出更多的语言事实。进行话语研究,既可采取传统的手工分析方法,也可采用基于语料库的分析方法。两种方法各有所长,可以互为补充。汤姆斯(Thomas)和威尔森(Wilson)[③]系统对比了采取人工话语分析和自动语义分析两种不同方法研究医患交谈话语的情况,结果发现两种研究方法得出的结论一致,但采取自动语义分析法进行分析快速便捷、省时省力。

基于语料库的分析方法可有广泛话语类型,例如:媒介话语、医疗话语、意识形态话语、法律话语、性别话语等。马博森教授在"语料库与基于语料库的话语研究"[④]一文中通过对三种话语的实际分析来阐明语料库语料对话语研究的无可替代的作用,即语料库语料的功能主要体现在,运用它们研究意识形态话语,有助于揭示隐藏在话语显性命题背后的意识形态;研究法律话语,有利于帮助解决现实世界中的法律问题;研究性别话语,有助于揭示当今社会所存在的性别歧视,使人们进一步认识性别、社会和语言三者之间的关系。可见,基于语料库的话语研究可揭示实质性的社

---

① Kennedy, G. *An Introduction to Corpus Linguistics*. London: Addison Wesley Longman Ltd., 1998. pp. 13~19.

② Stubbs. M. *Text and Corpus Analysis: Computer assisted Studies of Language and Culture*. Oxford and Cambridge, Mass.: Blackwell, 1996. p. 231.

③ Thomas, J. & Wilson, A. "Methodologies for studying a corpus of doctor-Patient interaction". Thomas, J. and Short, M. *Using Corpora for Language Research*. Longman: Longman Group UK Limited, 1996.

④ 马博森:语料库与基于语料库的话语研究,《外国语》2009年第5期,第28~35页。

会问题和关系。

语料库与批评语言学相结合的方法用于揭示隐藏在话语显性命题背后的意识形态。斯塔布斯[1]借助COBUILD语料库,专门研究了20多个在当代英国文化中扮演重要角色的关键词,考察这些词在大型语料库中的分布情况,分析的重点是它们的搭配行为,目的在于说明如何利用大型语料库来研究这些词语的意识形态含义。例如,斯塔布斯通过研究发现,在英语语料库(Bank of English)的BBC广播节目分库中,与抽象名词unemployment(失业)搭配的是表示地区、群体的词语(如:black spot, adults, pensioners等),此外,它还与表达数量概念的词语搭配(如:average, numbers, rate等),但不与表示个体人的词语搭配。从出现的频率来看,表示抽象概念的unemployment一词远远高于更具个体色彩的unemployed一词,前者是后者的5倍多。这意味着,谈论失业这一话题时,BBC广播节目主要是将其视为结构性经济现象,而非对失业者这些个体所造成的影响。斯塔布斯通过对语料库中许多具有文化含义的固定搭配的分析,得出结论说,如果特定搭配和固定词组在媒体和其他场合被反复使用而又不加分析,那么,久而久之人们很可能就这样认识事物了。

费尔克拉夫[2]也借助语料库技术对比分析新旧工党两个语料库中一些关键词的使用情况,目的在于说明新工党在意识形态上的变化。为了使自己的解释具有客观性,作者还运用通用语料库进行比较。研究发现,在新工党语料库中new, partnership, business, together等关键词出现的频率很高。这些关键词的反复使用表明了新工党与其前身——旧工党之间的差异:新工党致力于向前看,感兴趣的是社会不同阶层之间的合作而不是冲突,关心商业利益,不反对资本主义,这些特点与旧工党形成了鲜明对比。

---

① Stubbs. M. *Text and Corpus Analysis: Computer assisted Studies of Language and Culture*. Oxford and Cambridge, Mass.: Blackwell, 1996.

② Fairclough, N. *New Labour, New Language*. London: Routledge, 2000.

萨拉切尼(Saraceni)[①]用于研究的语料库有两个，内容为有关伊拉克战争的访谈和演讲，目的在于说明英国首相布莱尔和美国总统布什的看法在多大程度上并非人们想象的那样接近。分析表明，布莱尔和布什无论在内容还是表达方式上都存在着重要差异：布什的言辞是典型的右翼话语，而布莱尔的话语则不易捉摸，既缺少许多右翼言辞的特点，又不是典型的左翼言辞。

日本学者村田忠禧分别选用了从1949年到2002年每年《人民日报》的元旦社论和中国共产党历次党代会的大会报告作为分析文本，采用文献科学计量学的分析方法，建立了一个大样本量的中共政治话语的主题词词汇信息库和主题词出现频次统计数据库，对以上两种文本的主题词变化进行了时间序列增减变化研究。从政治文化传播变化的角度，对1949年以后中共党史与中国社会中的政治主题变迁进行了比较系统的描述性分析，从而提供了研究中华人民共和国历史变迁的一种话语实证分析案例。[②]

2. 国内话语分析研究

从20世纪80年代起，随着话语分析在国外进入了兴盛阶段，我国的话语分析也有了较快发展。朱永生教授于2003年在《话语分析五十年：回顾与展望》[③]中总结到，中国比较活跃的话语分析家有：廖秋忠、陈平、胡壮麟、沈家煊、顾曰国、任绍曾、申丹、黄国文、王福祥、张德禄、朱永生等。国内影响较大的专著有：王佐良和丁往道的《英语文体学引论》[④]，秦秀白的《文体学概论》[⑤]，黄国文的《语篇分析概论》[⑥]，程雨民的《英语语体学》[⑦]，胡壮麟的《语

---

① Saraceni, M. The strange case of Dr. Blair and Mr. Bush: counting their words to solve a mystery. *English Today*, Vol. 19, No. 3, 2003, pp. 3～13.

② 日本学者村田忠禧：从《人民日报》元旦社论看中华人民共和国历史，《中国党史研究》，2002年第3期，第78页。转引自李钢. 话语、文本、国家教育政策分析. 北京：社会科学文献出版社，2009. 第64页。

③ 朱永生：话语分析五十年：回顾与展望，《外国语》2003年第3期。

④ 王佐良：《丁往道：英语文体学引论》[C]. 北京：外语教学与研究出版社，1987年版。

⑤ 秦秀白：《文体学概论》[M]. 长沙：湖南教育出版社，1988年版。

⑥ 黄国文：《语篇分析概论》[M]. 长沙：湖南教育出版社，1988年版。

⑦ 程雨民：《英语语体学》[M]. 上海：上海外语教育出版社，1989年版。

篇的衔接与连贯》[①]，张德禄的《功能文体学》[②]，申丹的《叙述学与小说文体学研究》[③]，朱永生和严世清的《系统功能语言学多维思考》[④]等。

但根据范代克提供的信息，Text 杂志（1981 年创办的第一本话语分析领域的学术刊物）的稿源主要来自美国、西欧等各国，“最显眼的是没有第三世界的文章。”

值得肯定的是，我国学者越来越重视对话语分析的研究。根据徐珺对中国的语篇分析研究状况的分析结果表明，中国大陆最早涉及语篇分析/话语分析的文献出现在 1982 年；但截止到 1991 年止，期刊上发表的关于语篇分析/话语分析的研究论文不到 100 篇。她根据文献的检索情况，认为我国语篇分析/话语分析研究开始成气候应该是在 1992 年到 1995 年之间。之后的发表数量呈现出逐步上升发展的趋势，如 2004 年检索到的相关期刊文章 285 篇，在 2005 年共 332 篇，2006 年共 426 篇。[⑤]

近几年，我国学者在对话语分析运用及实践上给予了足够的重视。许多学者用话语分析理论对文学作品进行研究，如李迎春、解琳（2008）的《目的原则下的“了不起的盖茨比”之话语分析》；李世武（2008）所写的《“废都”话语分析》等。另外还有学者集中研究某一方面的话语，如熊德米（2010）在《司法话语分析——核定语言、彰显正义》一文中，以各种实证材料为基础用话语分析手段，分析探讨语言证据收集、话语标记识别、语言环境、控辩双方对同一语言证据材料不同理解所导致的不同审判结果等问题，旨在说明司法话语分析方法对司法实践部门准确定性法律案件有重要的指导借鉴作用。谭丽君（2009）在她的文章《赵本山经典小品的幽默话语分析》中利用会话合作的四个原则即数量、质量、方式、关联原则对赵本山的经典小品中的

① 胡壮麟：《语篇的衔接与连贯》[M]. 上海：上海外语教育出版社，1994 年版。

② 张德禄：《功能文体学》[M]. 济南：山东教育出版社，1998 年版。

③ 申丹：《叙述学与小说文体学研究》[M]. 北京：北京大学出版社，1998 年版。

④ 朱永生，严世清：《系统功能语言学多维思考》[M]. 上海：上海外语教育出版社，2001 年版。

⑤ 参见黄国文：中国的语篇分析研究——写在中国英汉语篇分析研究会成立之际，《外语教学》2007 年第 9 期。

话语进行了分析，揭示其产生幽默效果的原因。

批评性语篇分析在中国的研究起步较晚，但在我国近几年得到了很好的发展。蓝希君等[①]通过对国内53篇相关论文研究得出以下结果：国内CDA研究上升趋势明显；语言学刊物对CDA研究很重视，其中有些刊物对其关注度非常高，这表明CDA已经成为一个重要研究对象；散见在学术刊物的文章主要是新闻语篇的批评性分析，或者引进介绍外国政治话语研究成果的，或对中国政治话语进行初步解读，如田海龙（2009，2002），辛斌（2000），马博森（2009）等，呈现出一些可喜的成果。学者们从不同的切入点对其进行研究，这些研究有着很大的现实意义。施旭在《媒体话语中的文化制衡：中国理论与实证分析》[②]一文中提出了文化制衡论，指出“中国传媒的对外宣传和国际舆论斗争超越了所谓的“政治”、“经济”的要求，也超越了国家自身利益；带着中国文化的思维、历史压迫的记忆、经济崛起的自信，中国传媒的对外宣传和国际舆论斗争是世界文化中一种独特的话语形式，并正成为抵抗美国、西方霸权的国际舆论系统中的一股东方力量；由于这一股力量的作用，东西方不平等的国际舆论秩序受到了制约。”他把文化制衡理论运用到中国与西方在大众传媒中的对话的分析中去。他以人权问题为例，“中国官方报纸使用的话语对国内的受众来说，削弱了美国关于中国人权的指控。同时，通过对外宣传和舆论斗争的实践活动，中国的传媒话语自身也发生了结构和内容的变化：更积极地、正面地参与人权的讨论，促进了本土主体文化的发展和世界文化的共存。”项蕴华在《政治语篇中权力不对称性的批评性分析》中采用CDA有关语篇与权力关系的论述为理论框架和研究方法，对伊拉克战争爆发以来美国布什总统的有关讲话进行个案研究，以分析其中体现出的权力不对称性，指出有权力的发话人是如何掩饰明显的权

---

① 蓝希君、汪远琦：近5年国内批评话语分析研究现状分析——对11种语言类核心期刊论文的统计分析.《西南农业大学学报》2010年第1期第121～123页。

② 施旭：媒体话语中的文化制衡：中国理论与实证分析.《新闻与传播研究》2006年第3期第53～60页。

力不对称性的，以及他们是如何操纵语篇以达到其政治目的的。通过分析，从一个侧面证实了福勒和克雷斯(Kress)(1979)提出的论断："社会结构中对语言结构影响最大的是权力的不平等；语言不仅体现了权力不均，而且是使其得以强化的工具。"[①]浙江传媒学院钱毓芳教授的专著《〈中国日报〉和英国〈太阳报〉于9·11前后对恐怖主义的话语构建》(Discursive Constructions around Terrorism in the Peoples Daily(China) and the Sun (UK) before and after 9.11)对反恐话语进行了基于语料库的批评话语分析，用英文撰写的这本专著荣获了2012年教育部高等学校科学研究优秀成果奖(人文社会科学)。

笔者也运用批评话语分析和基于语料库的研究方法做过一些中美官方话语的对比分析研究。例如：中美政府国防白皮书与国家身份的构建[②]；中美"可持续发展"的话语分析[③]；对美国总统就职演说的话语分析[④]；对中美政府发言人闪避策略的话语分析[⑤]；对中美两国领导人演讲的互文性现象的比较分析[⑥]等，发表了专著《中美官方话语对比研究》，之后又进行了官方话语与对外传播研究，在一定程度上弥补了国内官方话语研究的不足，研究成果在国内外学术研讨会上做发言，得到了相关部门和学者的普遍认可，认为笔者从官方话语传播策略的角度研究对外传播的问题非常符合当前我国政府高度重视和激励提倡的研究导向，很有针对性，其研究成果对决策也很有作用。

相关学术研讨会的成立和召开也标志着我国话语分析研究的不断发展

---

① 项蕴华：政治语篇中权力不对称性的批评性分析.《外语学刊》2006年第2期第25～28页。

② 窦卫霖、杜海紫、苏丹：中美国防白皮书与国家身份构建，《华东师范大学学报》2012年第3期，获国务院新闻办主办的《第二届全国对外传播理论研讨会》优秀论文奖。

③ 窦卫霖、王宇婧：中美"可持续发展"官方话语分析，《商务英语教学与研究》第三缉，2011年12月，获全国商务英语学术研讨会优秀论文二等奖。

④ 窦卫霖、唐健：美国总统就职演说的话语分析——从相关高频词看美国政治的延续性与时代性，《华东师范大学学报》2009年第3期(《新华文摘》(2009年第19期)全文转载)。

⑤ 窦卫霖、张晓莹：中美政府发言人闪避策略的对比分析——朝鲜核问题的个案研究，《外语教学理论与实践》2008年第4期。

⑥ 窦卫霖、陈丹红：对中美两国领导人演讲的互文性现象的对比分析，《外语与外语教学》2009年第10期。

成熟。第一届和第二届"全国话语分析研究会"分别于1991年和1992年在杭州大学(现浙江大学)召开。2007年挂靠在一级研究会"中国英汉语比较研究会"的"中国英汉语篇分析研究会"在第10届全国功能语言学研讨会期间成立了。浙江大学成立了当代中国新话语的研究中心,定期召开国际学术会议。南开大学及天津商学院与兰卡斯特大学合作了中国当代话语研究项目,也召开了几次当代中国话语研究学术研究会。2013年10月,在古城南京召开了中国话语研究会成立大会暨第五届当代中国新话语国际学术研讨会,会议围绕八个方面展开,即:公共话语与公民意识建构、中国话语与国际关系、话语与危机管理、社会用语的批评用语分析、话语的互文性分析、当代西方话语中的中国、当代中国的网络话语、社会认知理论与批评话语,为进一步深入开展新话语研究、探索新话语在中国社会变革中的作用提供了导向。中国话语研究会设在中国修辞学会之下,中国话语研究会的成立更是高度体现了中国话语研究的时代性、国际性和民族性,必将促进中国文化、词汇和语言学的多方位发展。这些学术活动极大地推动了中国话语分析研究队伍的壮大,很好地促进了国内外学者在话语分析方面的交流与共同进步。

随着中国经济实力的迅速提高,中国政府对中国在世界政治舞台上的国家形象和中国话语权的提高给以了很高的重视,尤其是新一届中央领导集体在对外交往实践中用了很多的范例向世界说明中国,介绍中国的经济社会。他们充分认识到,在当今世界上越来越多的人期待了解中国时,我们更应该积极主动地参与国际事务,主动发声,积极表达自己。全国对外传播理论研讨会是对外传播领域最具权威和影响的高端理论研讨会,会议每两年召开一次。2013年第三届研讨会的主题为"全球传播:新趋势·新媒体·新实践"。研讨会的一个重要议题就是"中国梦的国际传播"和"中国核心政治话语传播圆桌会议"。求是杂志社和中国外文局于2013年11月在京联合举办的首届"中国政治话语传播研讨会",来自中联部、中央政策研究室、中央财办、中央外办、外交部、商务部、文化部、中央党校、中央文献研究室、党史研究室、中央编译局、人民日报、新华社、求是杂志社、环球时报及其英文版、中国日报、中国外文局及所属外宣报刊、中国译协、中国社科院、中国国际广播电台、北京大学、清华大学、北京外国语大学等从事政治话语创建、翻译和对外传播等三方面工作的专家，共同探讨了如何创新中国政治话语及其传播方式，搭建三方专家学者内部工作研讨的平台，体现跨界性、融通性和思想性特点。会议围绕习近平同志在全国宣传思想工作会议上提出的"构建融通中外的新概念新范畴新表述"这一主题，通过大会主题发言和分论坛深入交流，提供有价值的学理分析和政策建议。

中国话语分析研究在近20年间发展速度很快，取得了众多成果。然而，国内对话语分析的研究在课题上表现出一些不均衡的情况，多数学者的研究处在对国外理论的介绍阶段，而较少对理论基础和应用上的可操作性提出质疑和反思，对话语分析在一些领域的应用研究不够深入。在研究背景上，主要存在的不足是以一国文化为背景的分析多，做跨文化比较的少；以特定历史时刻为背景的研究多，历时的历史变化研究少。在研究对象上，存在的主要不足是对大众媒体语言研究多，对政治语言研究少；对语篇本身研究多，对语篇与社会的互动关系研究少；对语言研究多，对语言的使用者研究少；对单一国内话语研究多，对国际话语研究少。在研究的方法上来说，主要存在的不足是单个文本研究多，运用语料库研究少；批评话语研究多，非批评话语研究少；定性分析多，定量和定性分析结合少。

正如朱永生10年前对话语分析如何继续发展时所说的，"从理论上看，要么能有一种新的语言理论问世，对话语的性质、结构、意义、功能和理解提出全新的看法，提供全新的分析方法，从而取代现有的语言理论。要么以现有理论中的某一种作为话语分析的主要指导框架，而不是所谓的"博采众家之长"，这里抓一点，那里拿一点……从应用上看，话语分析理论可以在以下几个领域发挥更大的作用。一是语言与社会相互关系的研究，其中包括语言在立法和司法、语言障碍医治、外交事务、商务、军事等活动中的作用等课题；二是语言与教育相互关系的研究，其中包括与学校教育紧密相关的语言政策、教材编写以及教学方法等多项内容；三是语言与认知科学相互关系的研究，其中包括认知模式与语篇生成和理解之间的关系、认知语言学方法与社会文化方法的互补等课题；四是英语话语与汉语话语的对比研究。五是语言与人工智能开发研究相互关系的研究，其中包括语义的计算与表达、情景因素与文化因素对语言成分的选择和语篇的结构与组织的影响等课题。"[①]其中第二个话语分析可拓展的应用领域语言与教育相互关系的研究，与教育话语分析紧密相关。下面我们对国内外教育话语分析的研究做详细回顾。

三、教育话语分析

教育研究的话语分析并不是一个新话题。几十年来，教育研究者借用了人类学、语言学、社会学的主要概念来分析教育话语。各类话语研究成为社会科学研究的主流趋势。近年来的教育研究使用了不同类型的话语进行分析，加强了我们对校内校外教与学过程，以及对这些过程产生影响的历史、社会和政治因素的理解。教育研究者们向不同的学科借鉴理论和分析工具，检验了一系列话题和问题，包括：潜在机制如何规范互动；不同的话语共同体如何通过文字达成目标；如何在谈话中构建认同；在正式和非正式的教育教学语境下互动与学习的关系；以及文本（书面和口头的、单一模态或多模态的、个人的或集体的）中的自我展示如何受到种族、民族、性别、等级、性倾向，以及语境、情境、听众、目的、权力和政治等因素的影响。同时，近期的研究成果（不管我们将其定义为应用语言、文本与语境的关系还是话语的思想效应）也为话语分析贡献了一些新视角、新观点和新方法。

1. 国外教育话语分析

教育话语分析在国外已有几十年的历史。早在20世纪70年代初，巴兹尔·伯恩斯坦（Basil Bernstein）就将话语研究运用到教育领域，使用了"教育话语"的概念。

上海外语教育出版社引进出版的《国际教育学大百科》（第3版，2010

---

① 朱永生：话语分析五十年：回顾与展望，《外国语》2003年第3期，第47页。

年出版)，其范畴、内容都发生了重大而深刻的变化，对我们了解国际教育科学前沿、把握教育科学走势具有十分现实的意义。全套百科全书共8卷本，按字母表分卷，收录了926篇精华论文，涵括了教育学领域的近40个重要主题。其中第3卷为《语篇与教育》，第10卷为《语言与教育中的研究方法》，收录了多篇最具代表性的论文，回顾了教育语篇的最新研究前沿和发展。

虽然话语分析已广泛运用于双语教育和第二语言学习的研究，多里斯·沃里纳(Doris Warriner)①对教育研究的话语分析的回顾重点仍然放在与第一语言研究相关的话语分析。他指出，几十年来，教育研究者借用了人类学、语言学、语言人类学、社会学和社会语言学的主要概念来分析话语。同时，近期的研究成果(不管我们将其定义为应用语言、文本与语境的关系还是话语的思想效应)也为话语分析贡献了一些新视角、新观点和新方法。近年来的教育研究使用了不同类型的话语进行分析，加强了我们对校内校外教与学过程，以及对这些过程产生影响的历史、社会和政治因素的理解。

教育研究者们都认可"话语"和"话语分析"这两个术语可以用来研究不同的事物(一些强调其语言学定义，而另一些却明显地抵制语言学定义)，因此"教育研究的话语分析"就应该被看作是一套折中的，关于话语应用语言、语境和语境化、以及权力问题的理论和方法论。正如布洛马特所指出的，"话语分析的一个重要的方法论问题是在特定的语境选择中建造话语，二者的相关性是由研究者建立的，但不作为考察对象。"②在话语分析的过程中，语境不仅是理论构建，同时也是研究者要发现、分析或创造的对象。同样，如果文本外的事物也会影响语境，那么文本就创造了语境。因此，国外教育话语分析研究中出现有大量各不相同的话语分析理论和方法论。在多里斯

---

① Doris Warriner, Discourse Analysis in Education Research. K. A. King and N. H. Hornberger (eds), *Encyclopedia of Language and Education*, 2nd Edition, Vol. 10: *Research Methods in Language and Education*, 2008, pp. 203～315. Springer Science + Business Media LLC.

② Blommaert. J. Context is/as critique, *Critique of Anthropology*, Vol. 21. No. 2, 2001, p. 15.

·沃里纳的综述文章中举例说明了早期研究中出现的会话分析、交际民族志（ethnography of communication）和语境化理论（theory of contextualization）以及近期的多模态话语分析等方法，作者认为教育研究的话语分析的主要贡献是话语的人类学调查、叙事分析、话语自然史和批评话语分析等。

会话分析（Conversation Analysis） 萨克斯（Sacks）、谢格洛夫（Scheglof）和杰弗逊（Jefferson）[①]检验了对话中的话轮转换机制。辛克莱（Sinclair）和库尔塔德（Coultard）[②]调查了师生如何以"发起-回应-评估"（initiation-response-evaluation）的顺序在课堂进行互动。这些研究也成为后来所谓的对话分析的主要概念，而对话分析对于我们理解在对话中逐步构建的话语和互动有着很大的贡献。近来学者用此方法来研究各种职场行为、计算机的人机交互等。

话语的人类学调查（Anthropological Investigations of Discourse） 海姆斯（Hymes）[③]提出用基于民族志分析的方法来研究应用语言。同样，教育人类学家也在进行交际民族志研究，以明确在同一学习区域内，来自不同种族、等级和文化背景的学生所采用的不同的说话方式，大多数课堂语境所重视的交际实践和参与结构的种类，以及这些"不匹配"对于非主流背景学生产生的后果，这三者之间的差距。这项研究有广泛的参与观察，强调并优先解决相关语境和文化的问题，很好地补充了语言学数据分析。

对于理解个人如何通过谈话构建认同，说话者和听者如何相互传达意义，以及日常互动如何构成"自我展示"，早在1959年，社会学家埃尔温·戈

---

① Sacks, Harvey, Emanuel A. Scheglofand Gail Jefferson. A simplest systematic for the organization of turn-taking for conversation, *Language*. Vol. 50, 1974, pp. 696～735.

② Sinclair, J. and Coultard, R. *Towards an Analysis of Discourse*. London: Oxford University Press. 1975.

③ Hymes, D. *Foundations in Sociolinguistics: An Ethnographic Approach*, University of Pennsylvania Press, Philadelphia, 1974.

夫曼(Erving Goffman)就强调过研究面对面互动的重要性。[①] 十几年后,在《课堂语言功能》[②]中,学者开始重视语言和交际的跨文化因素。早期的交际民族志研究[③]既是对《课堂语言功能》的延续,又是转变,主要通过分析课堂外部的语境来扩充课堂内部可能出现的和令人满意的概念。过去的 35 年间,这一方法影响了一批关于(正式或非正式)教育设置中的谈话和互动(特别是教育人类学领域的)民族志研究。

叙事分析(Narrative Inquiry)　一些教育研究者对于另一种方法论很感兴趣,这就是叙事分析,或叙事研究。叙事者的个人定位方式十分复杂——有的叙述者在谈话中会给故事中的角色创造特定的声音,有的会为自己构建并表达特定的认同,有的会批判机构或社会对个人处境的限制,叙事研究的方法就能够检验这些方式。教育研究者须依赖大量教育研究以外的体系来进行叙事研究(如 Ochs and Capps,1996[④]; Schiffrin, 1996[⑤])。他们还借用了戴维斯(Davies)和哈勒(Harre)[⑥]的"话语中的定位"这一概念。"定位"一词不仅体现在向他人讲故事或叙述的过程中,个人如何定位他人,还体现个人如何自我定位。奥雷亚纳(Orellana)[⑦]对其拉丁文写作课堂上一至三年级的学生进行了研究,该研究显示,故事叙述为构建认同提供了空间,而叙述人也能够比对他人来定位自己。沃瑟姆(Wortham)在 2001 出版的《行为

---

① Goffman, E. *The Presentation of Self in Everyday Life*, Anchor Books, New York, 1959。

② Courtney C., John, V.. and Hymes, D. (eds.) *Functions of Language in the Classroom*, Teachers College Press. New York, 1972.

③ Heath, S. B. *Ways with Words: Language, Life, and Work in Communities and Classrooms*, Cambridge University Press, New York, 1983; Philips, S. U. *The Invisible Culture*, Longman, New York, 1983.

④ Ochs, E. and Capps, L.: Narrating the self, *Annual Review of Anthropology*, No. 25, 1996, pp. 19～43.

⑤ Schiffrin, D. Storytelling as self-portrait: Sociolinguistic constructions of identity, *Language in Society*, No. 25, 1996, pp. 167～203.

⑥ Davies, B. and Harre, R.: Positioning: The discursive production of selves, *Journal for the Theory of Social Behavior*, 1990, Vol. 20, pp. 43～63.

⑦ Orellana, M. Good guys and "bad" girls: Identity construction by Latina and Latino students writers, in M. Bucholtz, A. C. Liang, and L. A. Sutton (eds.), *Reinventing Identity: The Gendered Self in Discourse*, Oxford University Press, New York, 1999, pp. 64～82.

中的叙事》[1]详细论述了该分析方法在教育研究中的使用。

话语自然史(Natural Histories of Discourse)　“话语自然史”的方法(Silverstein and Urban,1996)起源于语言、话语和权力的人类学分析,将语言人类学的民族志分析方法与话语权力和定位分析相结合。使用该方法的学者依靠长期参与观察收集的信息来解释文本或话语的意义。此外,他们提出“语境角度”(contextual perspective)的概念(即考察文本与语境的关系)来研究权力问题。这样,该方法就与较早的人类学研究(如交际民族志)区别开来。

该方法取得了丰富的成果,但笔者只选取了一些明确地以教育为对象的研究作为本文的重点。例如,柯林斯(Collins)[2]从“话语自然史”的视角进行了校园语境下实际书面文本(及关于该文本的语言实践)间关系的多层次分析。柯林斯认为意识的传播方式影响人们解释文本和实践的方式。他发现,阅读、识字和学习的训练是一套分层读写系统的结果和组成部分,因此阅读能力差的人和阅读能力强的人对于解码文本的目的有着截然不同的认识。他还进一步提出,虽然阅读能力差的人对于课堂的控制和权力机制有着更加现实的理解,但是他们始终不明白如何运用增长的知识。柯林斯关于“大规模的意识形成和机构实践”与“社会与文本的相互作用”之间关系的分析[3],显示了如何将话语自然史的方法有效地运用于教育研究的重大问题。

多模态话语分析(Multimodal discourse analysis)　随着通讯技术的进步,产生了更多形式的文本、谈话和话语,也就需要使用新方法和新模式来分

---

① Wortham, S. *Narrative in Action*, Teachers College Press, New York, 2001.

② Collins, J.: Socialization to text: Structure and contradiction in schooled literacy, in M. Silverstein and G. Urban (eds.), *Natural Histories of Discourse*, University of Chicago Press, Chicago, Illinois, 1996, pp. 203～228.; Collins, J.: Selling the Market: Educational Standards, discourse ad social inequality, *Critique of Anthropology* Vol. 21. No. 2, 2001, pp. 143～163.

③ Collins, J. Socialization to text: Structure and contradiction in schooled literacy, in M. Silverstein and G. Urban (eds.), *Natural Histories of Discourse*, University of Chicago Press, Chicago, Illinois, 1996, p. 225.

析。例如：杨(Young)[①]使用CDA分析了一份于19世纪中叶由非裔美国人设计的文件，被称为《自由民的火炬之光》(Freedman's Torchlight)。他使用多模态分析了该文件的体裁、框架、遗漏、背景、前景和文本呈现的视觉效果。杨的一个主要论点是使用设计概念。他特别注意文本的种族构建、生产、消费发行，以及文本的设计和再设计方法。他的研究指出了需要对非裔美国人生产的相关文本、教学法和教学技术作更进一步的批判性话语分析。

尼克尔斯(Nichols)[②]提供了一个使用批判性话语分析研究网络文本的知识流动的例子。她将新读写教学研究(New Literacy Study)框架与活动理论(Activity Theory)相结合。她记录了"思维读写"(thinking literacies)在澳大利亚小学课堂的使用，将新型教育软件称作"六个思维帽子"(Six Thinking Hats)。她的研究跨越了社会空间和网络数字空间。"六个思维帽子"的设计用于通过网络和社会空间创造思维知识工作者。尼克尔斯分析了澳大利亚一二年级课堂的老师如何获取全球化知识，及其课堂上的网络空间和社会空间有何异同。她同时也检验了网络文本，探寻其所谓的线上线下的"网络效应"。她将这一方法比作三个层面的批判性话语分析(Failclough,1993,2003)——文本、互动和话语。目前，鲜有研究将批判性话语分析与超文本和数字读写多模态检验相结合，尼克尔斯的研究是其中之一。

最近关于多模态和表现方式问题的研究[③]提出了一个重要问题：哪些

---

① Young, P. Roads to travel: A historical look at The Freedman's torchlight-An African American contribution to 19th century instruction technologies, *Journal of Black Studies*, Vol. 31. No. 5, 2001, pp. 671～698.

② Nichols, S. From boardroom to classroom: Tacking a globalised discourse on thinking through internet texts and teaching practice, in K. Pahl and J. Rowells (eds.) *Travel Notes from the New Literacy Studies*, Multiingual Matters, Ltd., Canada, 2006, pp. 173～194.

③ Gee, J. What Video Games Have to teach Us about Learning and Literacy, Palgrave Macmillan, New York, 2004; Hull, G. and Nelson, M. Locating the semiotic power of multimodality, *Written Communication*, Vol. 22. No. 2, 2004, pp. 224～261; Leander, K. and Sheehy, M. (eds.) *Spatializing Literacy Research and Practice*, *New Literacies and Digital Epistemologies*, No. 15, 2004, Peter Lang, New York.

新的交际模式需要使用新的研究方法和表现方式？上述教育研究领域的新方向无疑将影响语境、文本定义和话语概念等问题的研究。理论和方法的进步要求继续再检验“文本”与“语境”的关系和权力维度（不仅影响研究视角，还影响数据分析和解释的发言权）。这样的再检验将帮助我们把“校内外交际模式和学习者学习过程之间的联系”的研究上升到理论的高度。

批评话语分析（Critical Discourse Analysis） 20世纪90年代初，随着话语分析出现的“批判”方法论，教育也成为批评话语分析的研究热点之一。罗杰斯（Rogers）的《教育的批判性话语分析》（Critical Discourse Analysis in Education）[①]更加详细地综述了教育研究中的批判性话语分析，指出：最近教育研究的批判性话语分析主要在批判种族理论和政策研究等领域进行。有的研究融入了重要的社会行为或批判语言元素，有的教师研究者还在自己的课堂上开展研究。此阶段的研究也包括在小学进行的调查。

越来越多的教育研究者开始用批判的眼光进行话语分析，主要原因是批判的方法能够在文本分析（或文本关系分析）中，明确地将权力、霸权、主体、互文性等问题优先化。教育是社会关系再生的主要途径，比如表述能力（representation）、认同（identity）和可变化性（possibilities of change）都是通过教育形成的。[②] 费尔克拉夫及其助手提出了批评语言意识（CLA：critical language awareness）的研究方法，建议通过教学话语和教导的方式来激发学生的批评意识[③]。吉的《话语分析导论：理论和方法》[④]是为教育研究者广泛认可和引用的著作，他在该文中详细地描述了话语分析的理论基础、分析工

---

① Rebecca Rogers，Critical Discourse Analysis in Education，in M. Martin-Jones，A. M. de Mejia and N. H. Hornberger (eds)，*Encyclopedia of Language and Eduaction*，2nd edition，No. 3，2008，*Discourse and Education*，pp. 53～68，Springer Science ＋ Business Media LLC.

② Jan Blommaert and Chris Bulcaen：Critical Discourse Analysis，*Annual Review of Anthropology*，Vol. 29，2000，pp. 447～466.

③ Fairclough，N. (ed.)：1992，Critical Language Awareness，Longman Group，UK.

④ Gee，J. P.：1999，*An Introduction to Discourse Analysis*：*Theory and Method*，*Routledge*，*New York*.

具和批判性方法论未来可能取得的成果。泰勒[①]认为，批评话语分析特别适合教育政策分析，因为它允许具体地调查话语与其他社会过程的关系，检查话语如何作用于权力关系。卢克(Luke)[②]认为，对于教育研究而言，批判方法的价值在于，把破坏文本和批判文本作为瓦解常识的手段。部分破坏可能涉及"特定的文本和话语为谁的物质利益服务"，"清晰发音如何影响读者、听者、以及改变日常生活话语的策略"等问题的分析。这对于批判课堂读写也是一项可行而又实际的议题。

《教育的批评研究》(*Critical Studies in Education*，原名《墨尔本教育研究》)2005 年第 2 期推出专刊，主题为"话语分析与新空间下的教育研究"，旨在说明话语分析在教育研究中既是理论又是方法，展示了如何在新型话语和社会实践中应用话语分析，研究对象包括教师职业身份的话语建构、海外求学儿童事件、计算机辅助交际、高等教育的全球化氛围、中学科学课堂教学等，话语类型包括政策文件、访谈数据、课堂话语、媒体话语等。此外，特殊需求儿童教育、高中教育选择、教育政策变化等也是话语分析的对象。

下面重点举例说明批评话语分析在教育政策和机构管理的话语分析中的运用。

教育政策分析主要包括政策内容分析、政策过程分析、政策环境分析、政策价值分析。话语分析属于教育政策内容分析，旨在描述、理解和解释语言是怎样在社会交际中工作，以及揭示语言在社会活动中所起的重要作用。作为一种研究范式，话语分析流派众多，没有统一的理论和方法，研究方法包括主题分析、文本分析、内容分析、叙事分析等。鉴于话语及话语方法在教育政策研究中的作用，话语分析可被作为解读和研究国家教育政策的一种认识论实验工具。

---

① Taylor, S. Researching education policy and change in 'new times': using critical discourse analysis. *Journal of Education Policy*, 2004, Vol. 4.

② Luke, A. Text and discourse in education: An introduction to critical discourse analysis, *Review of Research in Education*, 1995/1996, 21, p. 20

瑞典在教育公平方面走在世界的前列。然而，托马斯·英格伦（Tomas Englund）在“瑞典教育政策中的公平话语”[①]一文中指出：在过去几十年中，公平的概念在瑞典教育政策中扮演着越来越重要的角色，同时，公平的真实含义也存在不同的官方解释。这一概念意义所经历的改变体现在两个方面，首先是它所具备的社会力量，其次是对语言“现实构成”力量的清晰表述。20世纪70年代及80年代初，公平指普遍适用的课程设置以及公平分配的资源，确保所有学生都拥有共享且平等的教育经历。20世纪80年代末及90年代，公平的这一含义受到另一概念的冲击：一种新形式的课程安排和资源分配，这一新概念的重点在于允许学生和家长拥有教育的自由选择权，并且提供一系列课程，根据学生和家长的兴趣而自由变化。从公平的含义受到挑战的视角来看，呈现出一个问题：之前共享式的参考标准对逐渐加强的个人自由的支持明显不足，在新形势下，这种不足对于通过教育而进行的社会塑造会有何影响。

批评话语分析主张的话语与社会实践之间的辩证关系表明，理解教育政策文本意味着理解政策产生的环境，在后资本主义语境下话语如何表征社会变迁的过程是批评话语分析的重要任务。基于这种认识，外国学者研究教育政策话语的变迁产生出一些重要学术成果。

英国学者斯蒂芬·鲍尔（Stephen Ball）在《政治与教育政策制定——政策社会学探索》一书中，运用话语分析的方法，试图描绘撒切尔夫人执政的10年间，英国教育政策变迁及其形成的图景。[②] 作者描述了从20世纪70年代到80年代后期英格兰教育政策制定和执行过程中，来自政治家、行政官僚、专业人员三方面的呼吁行为特征，各方的话语作用和影响，从而揭示了幕后对政策变化起着举足轻重作用的关键人物所拥有的话语优先权，以及

---

① Tomas Englund, The discourse on equivalence in Swedish education policy, *Journal of Education Policy*, 2005, Vol. 20, No. 1, pp. 39~57.

② 斯蒂芬·鲍尔（Stephen Ball, 1997）在《政治与教育政策制定——政策社会学探索》，华东师范大学出版社，2003。转引自李钢. 话语、文本、国家教育政策分析. 北京：社会科学文献出版社，2009，第66页。

他们在教育决策的意识形态体系中的地位和权势。这是一个典型的教育政策话语分析案例研究，展示的是一个定性研究或人种学研究的话语分析方法，对后来的研究产生了影响。

若曼·费尔克拉夫 1976 年在《话语与社会变迁》一书中，对教育文本话语现象的文化意义进行了语法学和语用学意义上的判别。他把经济全球化和教育市场化作为社会变迁的宏大语境，认为“学校教科书以及其他形式的教育话语，起到了把主体建构成消费者的作用，而这个教育过程除了有其他功能以外，看来还在教育读者阅读‘广告’。”[①]“他的话语分析方法特色在于，以最令人敬佩的清晰方式，就教育这种性质非常复杂的话题进行了叙事式的文化批评解析，这种教育叙事的分析方式，其方法视角无疑是具有开创性的。”[②]

马德里格(Mulderrig)[③]探索了教育政策话语如何作为“透镜”展示政治经济背景的变化所引起的教育政策制定的发展变化。马德里格的研究文本为英国政府 1972 年至 2005 年的政策咨询文件或白皮书。马德里格使用语料库方法开展定量分析，并融合政治经济学、教育社会学、新马克思主义等社会理论开展批评话语分析，实现定量与定性相结合。该研究重点探讨如下两个问题：政府使用何种语言策略表征其社会身份及其作用；不同时期的教育政策话语如何显示社会政治经济状况的变迁。马德里格的研究结果表明，新工党教育政策话语中显著的趋势是“人物化”和“管理化”。首先，根据语料库技术统计，新工党政府教育政策话语中多使用第一人称复数代词“我们”(2654 次)来指代政府，而先前政府很少使用该代词。“我们”包括政策话语的读者，隐含英国老百姓也参与了政策制定和政府管理过程，使得话语更加体现了参与性民主，消除了政府和人民之间的隔阂。此外，这也说明“印

① 若曼·费尔克拉夫：《话语语社会变迁》，华夏出版社，2003，第 122 页。

② 若曼·费尔克拉夫：《话语语社会变迁》，华夏出版社，2003，第 1 页。

③ Mulderrig，J. *The* Language *of* Education *Policy*：*from Thatcher to Blair*. Saarbucken：VDM Dr Muller Verlag，2009.

象管理”对政府的商业和政治利益越来越重要，政府需要策略性的设计和展示沟通技巧。其次，政府的身份逐渐从传统的控制角色转变为更具管理性的机构角色。使用语料库技术分析发现“我们”的搭配词多为表达“管理行为”的词语，这些词语依据强制性程度高低分别建构了政府的三种管理角色：监督者（如“确保”）、领导者（如“要求”、“展望”）和推进者（如“支持”、“提供”）。马德里格的统计研究结果还表明，撒切尔、梅杰和布莱尔三位首相执政时教育政策文本的代表性主题词分别为“表现”、“竞争力”和“技能”。20世纪80年代后期英国的体制改革引发了教育危机，教育问题包括教师的工作表现不佳、教育质量下滑，摆在撒切尔面前的任务是管理，因此这个时期的话语主要为“管理式话语”。梅杰时期除了要继续解决英国国内问题，还需应对全球化战略，因而该时期的教育政策是以提高“竞争力”为核心的“经济话语”。布莱尔时期提出了更具体的操作性措施，即掌握技能促进经济发展和社会融合，这个时期的话语是以技能为基础的“劳动力市场话语”。三个时期的教育政策话语隐藏着英国政府宏观政治策略的渐进发展：从撒切尔时期危机后的教育管理问题，到梅杰时期面向未来的竞争策略，直至布莱尔时期的具体措施，体现了“问题——愿景——计划”。

康博（Comber）[①]调查了在澳大利亚南部社会经济条件较差的学校中读写课程如何受政策、媒体和教师课程决策的影响。在宏观层面，马德里格聚焦澳大利亚政府1983到1993年的读写议程（literacy agenda）背后的历史、政治和经济动力。她利用报纸文本和政策文件记录了（由追求经济利益的公司建立的）测试制度的出现以及对于学校、教师和学生造成的后果。在微观层面，康博研究了学校的相关文本（如招生广告）、教师的教学观察、采访和当地评估文件。她将批判性话语分析作为询问这些形式的谈话和文本所构建和反映的标准教育话语的方法，同样也是反对和抵制话语产生的方法，

① Comber, B. Managerial discourses: Tracking the local effects on teachers' and students' work in literacy lessons, *Discourse: Studies in the Cultural Politics of Education*, 1997, Vol. 18, No. 3, pp. 389～407.

以此来展现微观和宏观的联系。类似的还有伍德赛德·基隆(Woodside-Jiron)[①]将批判性话语分析作为公共政策的批判分析工具。伍德赛德·基隆详细分析了加利福尼亚1995到1997年间的政策变化和近期美国联邦政府的"不让一个孩子掉队"法案("No Child Left Behind")。她将伯恩斯坦(Berstein)的社会理论与话语分析相结合,具体来说就是将语言学的衔接性和互文性与政策霸权构建相联系。伍德赛德·基隆展示了如何通过构建政策文本来确保一致的解释。她的结论对于政策发展、政策交流和政策实施都有所启发。

阿纳斯塔西娅·利亚斯多(Anastasia Liasidou)的"批判话语分析及包容性教育政策"研究针对塞浦路斯对包容性教育政策的立法转向出现分化和矛盾,指出表面上看似更加包容的政策文件,其文本的混杂性阻碍了包容性话语的实现。批判话语分析此处被用于揭示权利/知识框架及其主导属性,记录于两份官方立法文件中。目的是回答以下问题:立法文件如何创建并维持不对称的权力关系?有特殊教育需求的孩子是如何被构建并安置的?孩子的人权是如何被扼杀的?从而证明,批判话语分析作为一种解放性的研究工具,能够动摇教育政策议题中专制话语的根基,从而促进包容性在语言及概念层面的恢复,明确支持保护有特殊教育需求的孩子的人权。[②]

教育话语探究作为一种**机构话语**研究,不仅关注机构成员说了什么,还关注他们为什么说了所说的话,为什么有时候保持沉默,以及他们如何共同建构一个被所有成员接受的机构模式。这种视角有助于为机构的管理和发展提供借鉴。如费尔克拉夫在《政治话语分析与公共话语的市场化——大学》(Political Discourse Analysis and the Marketization of Public Discourse:

---

① Woodside-Jiron. Language, power, and participation: Using critical discourse analysis to make sense of public policy, in R. Roger (ed.) *An Introduction to Critical Discourse analysis in Education*, Lawrence Erlbaum Associates, Maheah, NJ. 2004, pp. 173～206.

② Anastasia Liasidou, Critical discourse analysis and inclusive educational policies: the power to exclude, *Journal of Education Policy*, 2008, Vol. 23, No. 5.

Universities)①一文中阐述了话语分析观点，并从话语视角对当代英国，特别是其高等教育领域、公共话语市场化进行分析，对其话语分析方法进行例证。文中包括批评话语分析理论的简要陈述，分析话语事件的理论框架，对资本主义社会末期话语实践(包括其市场化)的讨论以及对高等教育领域话语样本的分析。本文最终探讨了批评话语分析，作为社会科学研究方法以及社会斗争资源的价值所在。

斯特赖克(Strike)和 泰勒(Taylor)②从英国的 6 所高等教育机构抽取了 21 名高校教师进行访谈，了解他们个人职业发展的经历和对机构管理的观点，结果发现，控制国家和机构管理话语的相关政策问题与高校教师关注的问题并不一致。国家和机构关注的是诸如薪资、工作条件、聘用期限等问题，而高校教师关注的则是职业稳定性、职称评定以及服务年资问题。由此可见，国家需要调整相关政策，认识到不同高等教育机构之间的差异，以使不同机构发挥不同的功用，而高等教育机构在制定政策时则需要考虑高校教师的年龄、性别、族别构成等等的多样性，以及教师的职业生涯发展规划和工作量问题，以创造能够提供恰当的薪资水平、工作条件及能够充分尊重高校教师自主性和多样性的环境。如果国家和机构现行的评定薪水和工作条件的相关政策不做出有效的调整，这将会影响高校教师的职业选择，进而影响整个高等教育机构的发展。

随着教育语言和话语研究的不断繁荣发展，教育话语研究已经成为一项动态发展的跨学科研究，目前已有很多专著和论文出版。有两部作品极具影响力，一是《读写能力习得》③，该文将校内外读写教学的民族志研究与

① Fairclough, Political Discourse Analysis and the Marketization of Public Discourse: Universities, *Discourse & Society*, 1993, No. 4, pp. 133.

② Strike, T. & Taylor, J. The career perceptions of academic staff and human resource discourses in English Higher Education. *Higher Education Quarterly*, 2009, No. 2, pp. 177～195. 转引自孙咏梅：机构话语研究述评：研究现状、研究意义与展望，《北京科技大学学报》2013 年第 2 期，第 40～46 页。

③ Schieffelin and Gilmore, *The Acquisition of Literacy*, Norwood, N. J: Ablex Pub. Corp. 1986.

互动研究相结合，解释在不同语境下读写教学、学习过程和文化的关系。另一部是《读写能力的社会构建》[①]，该文将教与学看成机构意识指导下的互动过程。在《话语、学习与学校教育》[②]中，作者探索了“话语如何从文化和认知上调节社会语境下的学习”，“学习的社会认知理论”，“语言的社会文化理论”和“知识构建的社会维度的影响”。而《儿童谈话：幼年晚期的策略使用》[③]的作者则验证了儿童的“策略语言使用”（对朋友、在学校或工作中）使情景学习理论和“发展进步”更加复杂化了。上述全部著作中，对语言学数据系统的分析为语言、读写教学和文化进步，以及机构结构下的学习实践研究提供了支持。

在《话语与社会》（*Discourse & Society*）期刊上有一组讨论，强调对话分析与批判性话语分析的关系。[④] 讨论提出的问题是：解释互动（除去互动的此时此刻）需要多少语境。批判性话语分析关注宏观和微观层面的语境，并且如2005年的综述所显示，典型的分析都被植入了民族志语境。综述包含的所有实证研究都使用了某种形式的民族志方法，包括现场记录的参与观察、文件收集、汇报、小组讨论或采访。当然，这些研究的深度、关于现场工作提供的描述、数据收集和参与者都各不相同。这些研究本身所处的语境也具有多样性。综述发现，这些研究涵盖的语境范围广泛，包括科学课、社会研究课；文学课、课后辅导、家庭教育经历、采访、特殊教育会议和书面文件。综述中近66%的实证研究使用了互动型数据（如口头语言分析和/或口头和书面语言分析），而教育领域之外的批判性话语分析研究则侧重于书面文本。有趣的是，85%的研究都是在初中、高中或大学里进行。只有15%

---

① Cook-Gumperz, *The Social Construction of Literacy* (2nd. Ed.), Cambridge University Press, New York, 2006.

② Hicks, D. *Discourse, Learning and Schooling*, Cambridge University Press, New York, 1996.

③ Hoyle, S. and Adger, C. T. (eds.) *Kids Talk: Strategic Use in Later Childhood*, Oxford University Press, New York, 1998.

④ Billig, M. Conversation analysis and the claims of naivety, *Discourse & Society*, 1999, Vol. 10, No. 4, pp. 572～576; Schegloff, "Schegloff's texts" as "Billig's Data": A critical reply, *Discourse and Society*, 1999, Vol. 10, No. 4, pp. 558～873.

(4/26)的研究对象为小学或10岁以下的儿童。最后,综述也指出有20%的文献(8/39)没有交待其分析过程的细节,这是一个问题。因为有的批判性话语分析研究把意识形态作为数据,在社会理论和语言学理论间造成不平衡,因此受到抨击。相关批评指出不重视分析过程就好像只是摆明政治立场,而不做研究。刘易斯(Lewis)也认为带有明显的意识形态议程的研究者应避免使用批判性话语分析,也要避免以CDA为研究的目的和结果,因为CDA只是为研究问题和目标服务的一个方法。①

我们从上面的综述中可以清楚地看出,研究者出于不同的原因进行系统的话语分析。有的人看到了研究两人或多人在互动中逐渐构建谈话、认同和定位的价值;有的人乐于将个人实践与历史结构作用相结合,关注语言如何调节二者的关系;还有的人希望为"所有关系都是权力关系"这一论点寻求根据,并提出必须将权力作为分析重点。目前,有越来越多的研究者将话语分析的不同理论和方法论元素相结合,因为这样能够帮助研究者建立新的数据模型,在现成的框架下提出新的研究问题。②

2. 国内教育话语分析

在中国,近年来话语分析也开始进入教育研究者的视线,国内学者也逐渐意识到话语分析在教育研究中的作用。直到20世纪90年代末,国内才开始使用"教育话语"这一术语。较早讨论教育话语的文献,是刘铁芳的《教育学话语的现代性转向与生成》一文。③ 他批判了1949年以来中国教育公共话语的空疏,提出了从植入性话语向生成性话语转向的命题。2000年后,通过介绍伯恩斯坦等人的教育话语理论,教育话语研究开始逐步兴起。应该说,在语言学研究领域,借助课堂话语开展话语分析,并不算新鲜事。因此,

---

① Lewis, C. What's discourse got to do with it? A mediation on critical discourse analysis in literacy research, *Research in the Teaching of English*, 2006, Vol. 40, No. 3, p. 356.

② Bucholtz, M. Theories if discourse as theories of gender: Discourse analysis in language and gender studies, in J. Holmes and M. Meyerhoff (eds.), *The Handbook of Language and Gender*, Blackwell Publishing, Malden. MA. 2003, p. 64.

③ 刘铁芳:教育学话语的现代性转向与生成》.《高等师范教育研究》,1998年第5期,第38页。

教育话语研究，大致也可以看作是语言学领域和相关人文社会科学领域的话语研究，同步向教育领域的一种延伸。也许，可以理解的一点是，学校教育活动主要以文本、口语、交往等互动形式开展，其相对固定的场所，如教室、报告厅等；较为一致的话语行为，如演讲、课堂讲授、提问与回答等。在教育领域运用话语分析，解构教育活动内容因素所隐含的话语意义，显得更为直接，更具场景化的意蕴。不过，教育话语研究不能等同于对教育事实的研究。有学者就指出，“纯粹客观的教育事实是我们无法直接把握或不可言说的——一旦言说即成言语、话语或文本，我们所能把握的只是作为人们关于这种客观事实的外部表达的教育现象、教育话语或教育文本。这些关于教育的现象、话语和文本并不仅仅是客观教育事实的某种附属物，而是我们人所能把握和言说的教育事实本身。但是，教育科学对教育话语和文本的解释并不是主观的臆造，它仍然要回到与历史的联系当中去，要在各种教育现象、教育话语和教育文本的相互联系中才能对其做出解释。”①

尽管如此，使用话语分析方法开展教育研究的国内学者还为数不多，运用批评话语分析的方法研究教育问题的学者从理论阐述说明批评话语分析是当代教育研究的新视角，能够提供以往的社会研究模式无法提供的新视野。如王熙的《批评性话语分析对教育研究的意义 》一文重点介绍了诺曼·费尔克拉夫创立的以文本为中心的批判性话语分析体系，并在此基础上以自己的一项研究设计为例，详细说明如何在研究的各个环节上搭建起语言与社会之桥。② 王攀峰也以批判性话语分析为理论基础，从批判性话语分析的视角来审视教育研究问题，提出批判性话语分析的方法会促进当代教育研究在研究性质、研究主题与研究条件等方面发生一系列转变。③ 散见在期刊上的为数不多的文章涉及到国家教育政策话语、高校质量评估、中国对外

① 项贤明：比较教育：话语与权力.《高等教育研究》，2002 年第 3 期第 95 页。转引自荀渊：话语、教育话语及近代中国教育话语的形成，《大学》(学术版) 2011 年第 8 期，第 43～48 页。

② 王熙：批评性话语分析对教育研究的意义.《教育研究》2010 期第 2 期。

③ 王攀峰：批判性话语分析：当代教育研究的一个新视角.《首都师范大学学报》(社会科学版)，2008 期第 5 期。

发展孔子学院的宣传、国际学校师生跨文化交往、教师发展、综合评介等话题。其中对国家教育政策话语分析的研究成果较为丰富。

教育政策话语，就是政策相关者的言说过程、表达内容和表达形式。有关教育政策话语及其传播的研究成果以李钢于2009年发表的《话语、文本、国家教育政策分析》专著[①]最为突出。作者采用话语分析和文本分析方法，研究中国教育政策有关话题的群众来信、政协提案以及教育部政报。该研究得出以下主要结论：一是通过对全国教育工作会议进行叙事分析，证实了在政策制定形成阶段，领导话语文本是教育政策战略行动的核心话语。国家教育政策从总体变化上遵循着“渐进层递”的修补机制运行。二、政协委员的提案是站在国家和组织所赋予的话语权利基础上，就教育政策的设计和决策中的问题进行有针对性的参政议政。他们关注的是教育政策制定与其自身所代表的组织利益之间的关系、政策执行当中涉及群体利益的调整问题，其提案建议本身就带有社会阶层的政治价值倾向。三、群众来信按其自发机制提出政策祈求，其知识背景是一种不完全政策信息环境中的低语境状态。他们关注教育政策的具体执行问题与其自身利益之间的关系，群众来信的话语成为检验教育政策传播和执行情况变化的“晴雨表”。在此基础上作者试图总结出一种针对大数量的有关教育政策文本精确判定整个文本集合主题话语分布范围的定性归纳和定量统计相结合的综合分析方法，并用此方法分析展示出社会各界别的人群对于国家教育政策的不同话语祈求图景。

徐志勇、张力在“当前中国教育政策问题的媒介话语空间”[②]一文中，以《中国教育报》、《中国青年报》和“搜狐网站教育论坛”三家媒体关于“教育乱收费”及治理政策的报道为案例，对政策议题在媒介中展现的话语形态进行框架分析，发现教育政策相关群体的媒介分布格局及接近权呈现出差异；不同类型媒介反映教育政策议题时的话语特征存在着系统性修辞基调差异；政策动员、政

---

① 李钢：《话语、文本、国家教育政策分析》. 北京：社会科学文献出版社，2009.

② 徐志勇、张力：当前中国教育政策问题的媒介话语空间，《教育研究》2007年10期。

策论辩与诉求表达三种话语形态分别在平面媒介与网络媒介中得以展现。教育政策的媒介话语空间呈现出多元性，在成为政策信息传播通道的同时，也在一定程度上构成了公共意见领域。政策话语与媒介话语的沟通及网络进入媒介后的影响，尚待深入探讨。

国内学者也对国外的教育政策话语进行研究。如《美国公民教育研究方法新探——批评性话语分析》①一文从研究目的、研究范围和研究方法三个方面阐述其对美国公民教育研究的重要方法论意义，并用批评性话语分析的方法，通过对《公民学与政府国家标准》中情态动词的分析，挖掘背后隐含的意识形态倾向。对《标准》中的情态动词“should”的词汇选择进行微观层面的分析，以探索其词汇选择背后所隐含的意识形态与权势关系，作为将批评性话语分析方法应用于美国公民教育研究的初步尝试。作者经统计发现本语篇 420 个使用“should”的句子中，328 个句子的主语为“students”，317 个 should 后面使用了“be able to”结构，其背后隐含的强制性、导向性表现在两个方面：一是该结构的大量使用表现出对美国中小学生在《公民学与政府》课程中必须要学习的内容（包括知识、技能等）的强制性、导向性要求；二是对《标准》的使用者和参考者（包括州政府、学校、老师等）无形中施加了强制性、导向性的影响，使后者在制定具体标准，实施教学活动的过程中应当按照《标准》所规定的内容从事实践活动，也反映出标准制定者处于权势关系中强势的一方。通过对特定情态动词及其前后搭配的全面分析可以发现，语篇在情态动词的选择上，并非完全如《标准》序言中表述的“此标准是非强制性，各州、教育中心可以根据实际情况自行制定标准”。在本文中隐藏着标准制定者在话语中强势的地位，也隐含着与《标准》序言表述含义不一致的意图。从文本的情态动词话语意义的构建上，可以得知其中隐含的意识形态取向是服务于美国主流价值观和意识形态的，与培养合格的美国公民的公民教育目标相符合。

① 束永睿、傅安洲、聂迎娉：美国公民教育研究方法新探——批评性话语分析，《学校党建与思想教育》，2013 期第 3 期，第 90～93 页。

还有一些文章是对国际组织教育政策话语进行解读。如:《OECD国家推进教育公平的典范—韩国和芬兰》[①]、《国际组织推进教育公平的不懈努力》[②]、《OECD促进教育公平的策略》[③]、《走进OECD教育公平政策的视野》[④]、《OECD视野下的高等教育国际化政策分析—基于跨境高等教育的视角》[⑤]、《国际组织文本中的教育公平问题分析》[⑥]、《价值理性与工具理性的抉择—联合国教科文组织教育政策的话语演变》[⑦]、《OECD和UNESCO高等教育国际化政策的比较研究》[⑧]等。

其他方面的教育话语分析研究内容将在关于期刊文章的研究现状部分中进行阐述。

国内教育话语分析的研究现状——基于期刊论文的量化分析

期刊论文是科研成果的主要且及时的呈现方式,是科研工作的结晶,从期刊论文的计量分析角度在一定程度上可以描述研究现状。了解前人所做的基础性工作,有助于新的研究者站在更高的起点上开展工作。为了调查国内教育话语分析的研究现状,课题组成员采用文献研究法,从期刊论文的计量分析,包括“谁在做研究”、“做了什么研究”和“怎么做研究”三大方面,并在此基础上对研究走向做出基本判断。

(1) 研究成果总体趋势:论文数量和来源数据

选择CNKI学术资源总库一站式检索平台作为研究样本采集数据库,在CNKI学术资源总库一站式检索平台上检索“主题”为“话语分析”并含

① 皮拥军:OECD国家推进教育公平的典范—韩国和芬兰,《比较教育研究》2007年第2期。

② 赵萍:国际组织推进教育公平的不懈努力,《比较教育研究》2007年第2期。

③ 高静:OECD促进教育公平的策略,《江西教育》2008年第9期。

④ 戴云:走进OECD教育公平政策的视野,《外国教育研究》2008年第10期。

⑤ 尹玉玲:OECD视野下的高等教育国际化政策分析—基于跨境高等教育的视角,《中国高教研究》2011期第11期。

⑥ 王素:国际组织文本中的教育公平问题分析,《小学时代》(教育研究)2011年第1期。

⑦ 滕珺:价值理性与工具理性的抉择—联合国教科文组织教育政策的话语演变,《教育研究》2011年第5期。

⑧ 周晨琛:OECD和UNESCO高等教育国际化政策的比较研究,《洛阳师范学院学报》2013年第3期。

“教育”的论文，检索结果为 327 条论文记录(截止 2013.04.28)。经筛选，其中有 234 条记录符合“教育话语分析”主题。这些论文的年度分布情况如图 2.1 所示。可见，有关教育话语分析的论文数量在总体上呈逐年上升趋势，且增速在 2004 年和 2010 年明显加快，年论文发表量在 2011 年达到顶峰。可见，教育话语分析越来越受到中国研究者的重视，成为教育研究的热点。

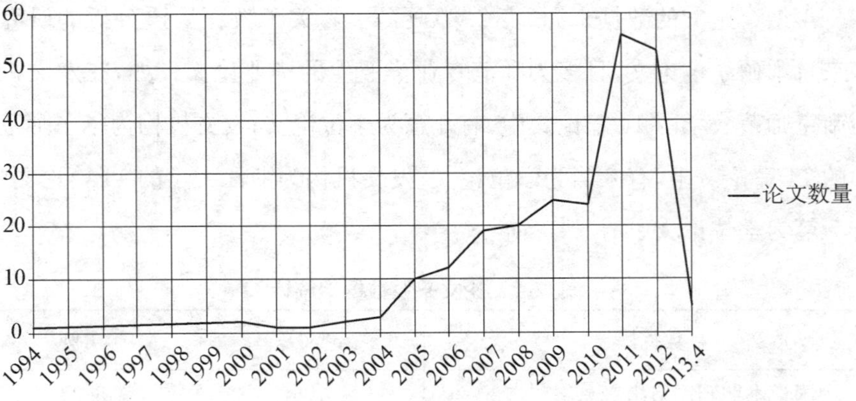

图 2.1　中国教育话语分析的论文数量年度分布

我们还统计了刊载“教育话语分析”的主要期刊，发现 115 篇论文刊载于 94 种期刊上。其中有 45 篇来自于核心期刊(共 33 种)，占论文总数的 39%，其余 70 篇均来自非核心期刊。可见，该领域的论文质量不够高，还未入主流研究的行列。

作者对 234 篇关于教育话语分析的发文量、作者数等基本情况进行统计，其结果见表 2.1。

表 2.1　研究样本基本情况

统计量	统计值	统计量	统计值
刊载论文量	234	合著率	0.16
作者数	264	基金资助论文数	17
作者频次	281	基金论文率	7%

从表 2.1 的数据可见，近 20 年有关教育话语分析的刊载论文量总量较

小,仅为200多篇,说明话语分析的研究方法并不是当前教育研究的主流方法;而关于教育话语分析的研究合著率很低,说明该领域的绝大多数研究者倾向于独立研究分析,合作研究程度不高。此外,教育话语分析研究得到基金资助的比例也比较低,仅为7%,说明使用话语分析的研究方法在教育研究领域还处在相对边缘的位置,未受到教育科研机构的重视。

再结合论文的数据来源(表2.2),可发现,关于教育话语分析的研究大多来自本硕学位论文,且多为师范专业毕业生的毕业论文。如,在发文机构为南京师范大学的14篇论文中,有9篇为学位论文;发文机构为华东师范大学的14篇论文中,有8篇为学位论文;发文机构为浙江大学的14篇论文中,有7篇为学位论文。

表2.2 论文来源数据库统计

数据库	论文量	比例
中国学术期刊网络出版总库	106	45.3%
中国优秀硕士学位论文全文数据库	104	44.4%
特色期刊	14	6.0%
中国博士学位论文全文数据库	13	5.6%
中国学术辑刊全文数据库	2	0.9%
国际会议论文全文数据库	1	0.4%

从刊载"教育话语分析"研究论文的主要期刊,我们可以进一步感知我国教育话语分析的特点,看出教育话语分析在教育学术研究领域所处的位置。上文提到,教育话语分析论文中104篇来自师范院校的硕士学位论文,另有少数中国学术期刊网络出版总库中的文章也是学位论文,此类论文比较典型的题目包括:《××教师对课堂话语的认知》、《从××课堂教师(或师生)的话语看×××》、《××话语分析理论在××课堂教学中的应用》、《××课堂中××的个案

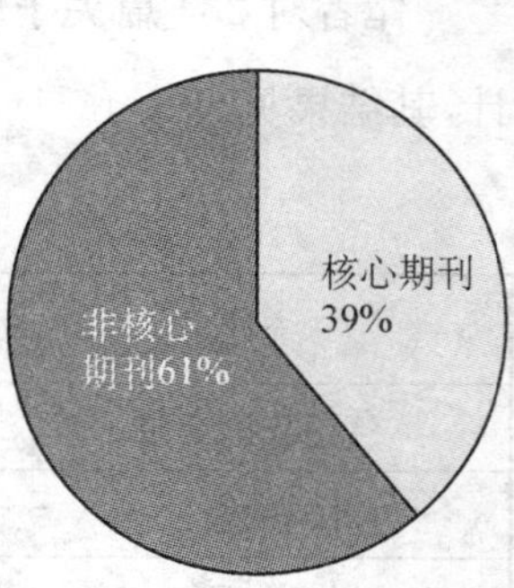

图2.2 核心/非核心期刊刊载论文比例

研究》等,因此带有明显的实践性特点。而其余 115 篇论文刊载于 94 种期刊上。其中有 45 篇来自于核心期刊(共 33 种),占论文总数的 39%,其余 70 篇均来自非核心期刊(如图 2.2 所示)。表 2.3 统计了刊载“教育话语分析”的主要期刊(仅列举了刊载量大于 1 篇的期刊)。可见国内关于教育话语分析的大部分文章都发表在非核心期刊上,说明该领域的论文质量不高,并且还未进入主流研究的行列。

表 2.3　刊登相关论文的主要期刊统计

期刊	论文量	期刊	论文量
中国电化教育	5	教育研究与实验	2
现代教育技术	3	科技信息(学术研究)	2
远程教育杂志	3	宁波大学学报(教育科学版)	2
大家	2	清华大学教育研究	2
东北师大学报(哲学社会科学版)	2	全球教育展望	2
公共管理评论	2	首都师范大学学报(社会科学版)	2
黑龙江教育学院学报	2	外语教学理论与实践	2
教育研究	2	学校党建与思想教育	2

(2) 谁在做研究:机构和作者发文情况调查

从发表论文数排名来看,全部 44 个发文机构中超过一半(23 所)是师范高校,排名前十的发文机构中有七所师范大学,说明进行教育话语分析研究的机构主要为师范类高校,此类机构的研究往往与教育教学实践密切相关,强调研究的实用性、技术性,如《小语教科书边疆意识教育要素及其呈现方式研究》、《初中英语教师课堂话语分析个案研究》、《合作学习小组互动的话语分析》、《英语课堂教学中教师多重身份的话语建构》等,因此师范类高校的教育话语分析研究大多停留在微观的实践层面,而缺乏学术意义上的理论观念的创新,因而研究层次较低。

表 2.4　机构发文量统计

发文机构	论文量	发文机构	论文量
浙江师范大学	16	上海外国语大学	11
南京师范大学	14	首都师范大学	11
浙江大学	14	西南大学	10
华东师范大学	14	华中师范大学	10
北京师范大学	13	曲阜师范大学	7
东北师范大学	6	福建师范大学	3
江西师范大学	5	河北师范大学	3
华南师范大学	5	上海师范大学	3
北京大学	4	陕西师范大学	3
山东大学	5	山东师范大学	3
中国海洋大学	5	吉林大学	3
四川师范大学	4	西北师范大学	3
湖南师范大学	4	温州大学	3
黑龙江大学	4	福建教育学院	3
东北财经大学	4	湖南大学	2
苏州大学	4	太原理工大学	2
上海师范大学	4	清华大学	2
漳州师范学院	4	西安交通大学	2
兰州大学	3	甘肃民族师范学院	2
对外经济贸易大学	3	兰州理工大学	2
广西师范大学	3	郑州大学	2
厦门大学	3	浙江警官职业学院	2

从作者发文量的角度来看，发文量最多的为 3 篇，共 2 人；发文量 2 篇的为 13 人；其余作者的发文量均为 1 篇。这说明教育的话语分析研究尚未形成规模，研究缺乏可持续性，也没有出现具有代表性的研究者。据统计，关于教育话语分析的研究大多来自本硕学位论文，所以，相关研究者中还有相

当比例的学生，尤其是师范专业的毕业生。

（3）做了什么研究：研究内容调查

通过关键词、摘要等信息可对论文内容进行进一步分析，包括研究主题、研究主体、研究科目、研究教育阶段、研究地域、研究方法及话语类型等。

表 2.5　作者发文量统计

作者	论文数	作者	论文数	作者	论文数
何安平	3	李润洲	2	王平	2
李钢	3	李宪伦	2	杨开城	2
戴军	2	逄超	2	詹艺	2
胡云飞	2	孙亚	2	张静	2
姜蕴	2	王攀峰	2	张润芝	2

● 学科分布情况

依据 CNKI 文献分类目录，获知有关教育话语分析的期刊论文研究所属的学科，排名前十位的学科及其占论文总数的比例如表 2.6 和图 2.3 所示。

表 2.6　论文学科分布统计

学科	论文量	比例	学科	论文量	比例
外国语言文学	100	35%	初等教育	10	4%
教育理论与教育管理	63	22%	新闻与传媒	3	1%
中等教育	38	13%	计算机软件及计算机应用	3	1%
高等教育	26	9%	伦理学	3	1%
中国语言文学	22	8%	思想政治教育	3	1%

从排名靠前的学科领域看，外国语言文学（如：《探析多模态话语分析理论在成人英语教育中的应用》、《基于语料库的英语教师话语分析》、《英语学习者阅读立场之批评话语分析及其启示》等）；教育理论与教育管理（如：《OECD 教育公平政策的话语分析》、《地方教育规划中决策者和研究者互动

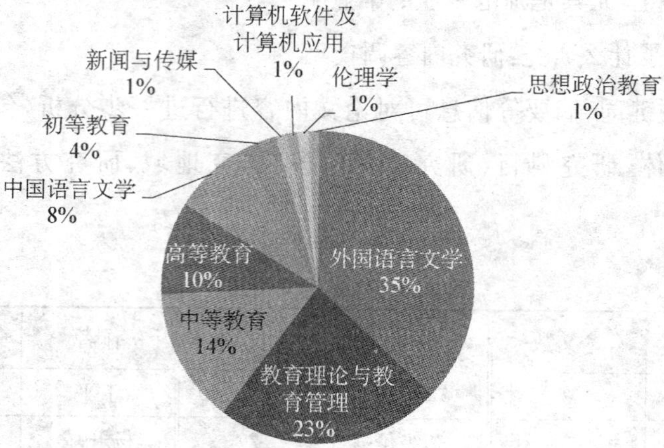

图 2.3　论文学科分布比例

话语分析》、《新课程改革理论论争的话语分析》等）；及中国语言文学（如：《教育博客中意义构建的多模态话语分析》、《高等教育话语的批评话语分析综述》、《话语分析理论对预科口语教学的启示》等）是教育话语分析的重要研究领域，可见国内使用话语分析方法的教育研究者大多将此方法运用于语言教育分析及教育理论研究。

● 研究教育阶段分析

我们对教育话语分析所涉及的教育阶段进行了分类，分类结果与各类论文所占比例见表 2.7 与图 2.4 所示。

表 2.7　教育阶段分布统计

教育阶段	论文量	比例	教育阶段	论文量	比例
高等教育	59	53%	继续教育	4	4%
中等教育	31	28%	学前教育	4	4%
初等教育	13	12%			

分析可见，国内教育话语分析所涉及的教育阶段分布也具有不平衡性。所有研究中有一半都关注高等教育的教育话语（如：《话语分析与高等教育研究》、《学习如何教：拓宽课程设计的视角——香港大学教育学院师范生教育实习反思话语分析》、《当代美国教育理论多元化格局形成的文本和话语

分析》等)；排在随后的分别为中等教育(如:《基础教育改革话语分析》、《话语分析与中小学英语教师职业自主发展研究》、《新课程背景下高中英语教师课堂教学行为研究》等)；初等教育(如:《小学低年级英语言语技能教育的课堂话语分析——基于说英语地区的相关研究成果》等)、基础教育(如:《基础教育改革话语分析》等)、成人教育(如:《探析多模态话语分析理论在成人英语教育中的应用》等)、

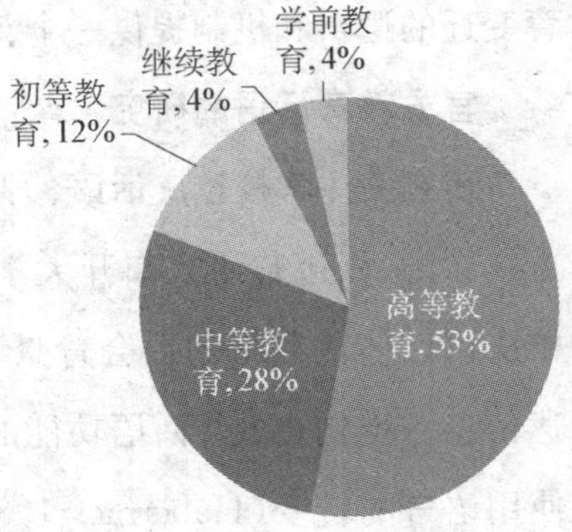

图 2.4　教育阶段分布比例

学前教育(如:《教师的游戏观与儿童的自由——城乡学前教育比较中获得的启示》等)。研究呈现这样一种趋势:教育程度越高,其话语分析研究越多。这可能与研究者大多为高校教师的身份有着直接的关系。

例如:陈群对高等教育话语的批评话语分析进行了综述。[①]张灵芝在《话语分析与高等教育研究》[②]一文中指出,高等教育话语作为我们所能把握的教育言说的事实本身,其话语的内容和形式及其背后的社会关系都深深影响着高等教育的发展。作者列举了大量词汇阐述不同时期的不同话语反映了不同的高等教育思想,从而导致不同的教育实践,如捐资办学、基金会、大学拨款委员会、学分制、中国出现的院校合并、收费并轨、毕业生双向选择、独立学院、高校贷款、精品课程建设、创业教育、教育股市、成本分担、银校合作、营利性大学等等。经济的转型对大学的基本功能产生了巨大的影响。大学承担的任务呈现多样化,出现了回归教育、终身学习、远程教育等新的话语。这些话语上的变化反映了经济和社会全球化中的问题和需求。研究证明:将话语分析的概念引入高等教育领域不仅可以进一步揭示高等教育与社会政治、经济、文化等因素之间的关系及规律，厘清高等教育发展历史、

① 陈群:高等教育话语的批评话语分析综述,《湖北函授大学学报》,2011 年第 6 期,第 27～28 页。
② 张灵芝:话语分析与高等教育研究,《江苏高教》,2010 年第 5 期,第 32～35 页。

现状与发展趋势，探讨高等教育领域的特殊规律，也能为我们理解高等教育变迁的逻辑和机制提供一个新视角。

官方教育话语的研究

还有关注学校校庆话语、学校招生话语、学校质量评估话语等的研究。

徐涛、张迈曾研究南开大学校长在1979年和1999年校庆讲话，发现校庆讲话体裁在新的社会背景下从传统的“传达信息—宣传教育”向“传达信息—推销自我”话语功能的转变，也就是从交际性使用语言到策略性使用语言的转变(Habermas 1984)。面对当前充满激烈竞争的教育市场，高校作为法人实体，其身上更多体现的是创业家的风范。在促销文化的影响下，它们已不再扮演默默无闻的社会角色，而是积极构建并宣传自我形象。[①]

也有研究国外学校官方话语的。如刘晓晓[②]以批评话语分析学家费尔克拉夫的话语三维框架为理论，借助韩礼德系统功能语言学的元功能概念，试图从语篇、话语实践和社会实践三方面，对英国两所典型的公立大学2009年大学生招生简章进行综合分析，以揭示高等教育市场化这一趋势使得高等教育话语被促销体裁或广告体裁所殖民化。即它大量采用了广告和其他促销体裁的特点，这种新型体裁的性质是半信息性、半促销性，重新建构了大学和潜在学生两者的关系。这说明高等教育话语秩序被促销体裁或广告体裁的话语秩序殖民化，而这些变化正是英国高等教育在整个社会文化、历史大环境下开始市场化的结果。

- 研究主题分析

根据论文的关键词和摘要，笔者对所有论文的主题进行了细分，在本文中展示排名前10位的研究主题(见表2.8)，各类研究主题占论文总量的比

---

① 徐涛、张迈曾：高等教育话语的新变迁—机构身份再构建的跨学科研究，《河北大学学报》(哲学社会科学版)2004年第29卷第3期，第108～110页。

② 刘晓晓：高等教育话语实践市场化的批评话语分析——以大学招生简章为例，《吉林省教育学院学报》，2011年第7期，第5～6页。

例见图 2.5。

表 2.8　研究主题分布统计

主题	论文量	主题	论文量
教师认知	53	二语习得	10
教学理念	51	教材设置	8
教育理论研究	28	教育技术	8
教育政策	23	教育传播	7
教师培养	17	道德教育	5

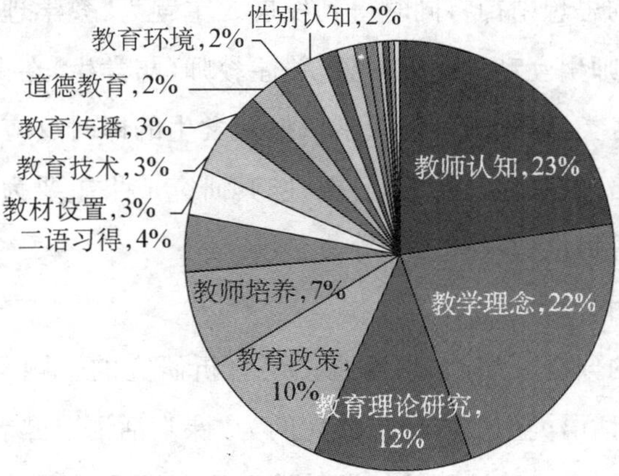

图 2.5　研究主题分布比例

从研究主题看,教师认知与教学理念两项占了最大比重。主题为“教师认知”的论文通常以教师为研究对象,关注教师在影响各类教育话语时所扮演的角色,研究目的大多是帮助教师建立正确的身份认同或自我认知,研究成果主要是为教师建立正确的自我认知提供指导和建议。例如:何永成的《机构话语视阈中的教师自主发展》[①]一文尝试着眼于我国教师的职业发展,并借鉴机构实践层面的分析视阈,来探讨造成教师“沉默”的话语条件以及制约教师自主的机构因素。指出教师自主是教师发展的关键前提,构建教师自主就是要让教师成为自身职业实践的活动主体,并在机构交往中获取特定的话语权。这种话语权必须通过公平、探究的话语互动来实现。再如

① 何永成:机构话语视阈中的教师自主发展[J].《学术界》,2007 年第 2 期,第 81～87 页

吴宗杰①认为，致力于教师和学生自主发展的外语课程并不能脱离特定的文化和社会背景的限制。抑制自主性发展的形式恰恰就是课堂和学校的交往方式。而这种交往方式又是与学校各学科的课程分类及其关系密切相关，而根本的是受制于包括来自西方在内各种话语的影响。该文对这些话语是如何转变为课程"文本"(交流)，成为抑制自主性的具体语言形式进行考察。作者认为教师应该通过批判性解读课程文本来认识这些话语的本质，以达到自我发展的目的。这将为教师打开"理想语言情境"之道，在那里自主性、语言学习和人的思想精神将同时得到发展。主题为"教学理念"的论文大多以教师、学生或师生互动为研究对象，关注教师(与学生)在课堂(内外)教学实践中产生的各类话语、教师的教学风格及学生的即时反应，研究目的是探讨各类教学风格存在的合理性及必要性，其研究成果主要为教师有效教学、教学风格创新等提供建议和指导等。

- 研究科目分析

通过以上的分析已知，国内教育话语分析研究的主题所占比重最大的为"教师认知"，话语类型所占比重最大的为"课堂话语"，二者都与课堂教学密切相关，而这些课堂所涉及的教学科目也具有很明显的不平衡性。表 2.9 与图 2.6 分别总结了教学科目的分布与所占比例情况。

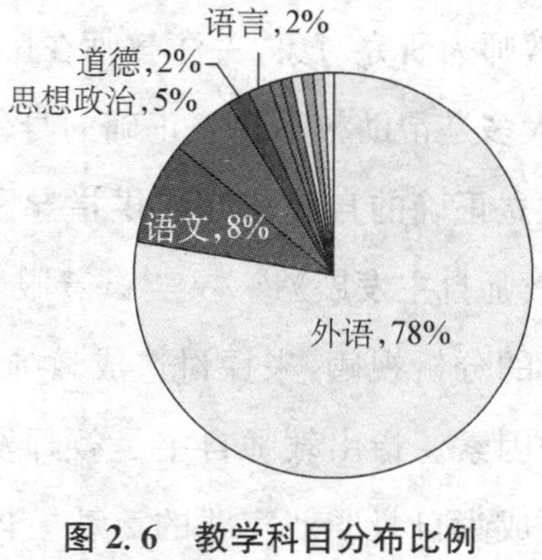

图 2.6　教学科目分布比例

① 吴宗杰：抑制课程自主性的控制符号——教师发展的话语权，《外语与外语教学》，2004 年第 6 期，第 32 页。

表 2.9　教学科目分布统计

科目	论文量	比例	科目	论文量	比例
外语	87	78%	公民教育	1	1%
语文	9	8%	计算机	1	1%
思想政治	6	5%	科学	1	1%
道德	2	2%	医学	1	1%
语言	2	2%	艺术	1	1%
对外汉语	1	1%			

通过分析可见，课堂教学话语分析涉及的科目呈现“一边倒”的状况，绝大多数研究都以外语教学话语为样本，探讨外语教学的方法和技巧，这与我国庞大的外语教师队伍有直接关系。一些学者利用话语分析理论对英语课堂学生口语进行研究，如熊有生、张月英[①]在《英语口语课堂话语分析及其启示》一文中，对一节小学英语口语课堂分析了师生课堂话语时间及单词总量与比例、师生话语中简单句复合句及总句量与每句平均含词量、师生话语的句型及比例、师生引起话轮替换数量及比例。通过这些数据分析，得出“该堂英语口语很好地体现了英语新课程标准所倡导的教学理念”的结论。张琳[②]在《大学英语口语课堂中的多模态话语分析》一文中从多模态话语分析理论角度，对大学英语口语课堂中的多模态符号进行微观层面的探析，梳理了大学英语口语课堂中包含的多模态因素，提出要通过协调多模态话语因素，最大化教学效果，促进大学英语口语教学的发展。排在其次的语文教学也属于语言类教学，说明教学话语分析的研究者偏好将语言教学话语作为研究对象，可能是因为语言本身也具备话语的特点。而研究涉及的其他科目也比较有限，并未涵盖当前教育涉及的所有科目，说明当前研究的视野比较狭窄，没有意识到其他科目课堂话语的研究价值。

① 熊有生、张月英：英语口语课堂话语分析及其启示，《江西科技学院学报》2008 年第 2 期。

② 张琳：大学英语口语课堂中的多模态话语分析，《重庆科技学院学报(社会科学版)》2010 年 13 期。

(3) 怎么做研究:研究方法与研究话语类型分析

● 研究方法分析

根据论文的内容,笔者对所有论文的研究方法进行了分类,分布情况见附表 2.10。其中,使用了具体的话语分析方法的研究标记为其具体的方法名称,而没有使用某一具体方法的研究则标记为话语分析综合方法。各类研究方法占论文总量的比例见图 2.7。

表 2.10 教育公平研究方法分布统计

研究方法	论文量	比例	研究方法	论文量	比例
话语分析综合方法	66	29%	文本分析	19	8%
实证	43	19%	语料库	12	5%
批评性话语分析	38	16%	互动分析	3	1%
多模态	21	9%	叙事分析	3	1%
语用学	3	1%	民族志	2	1%
PDA	2	1%	评价分析	2	1%
话轮转换	2	1%	谱系学	2	1%
话语权	2	1%			

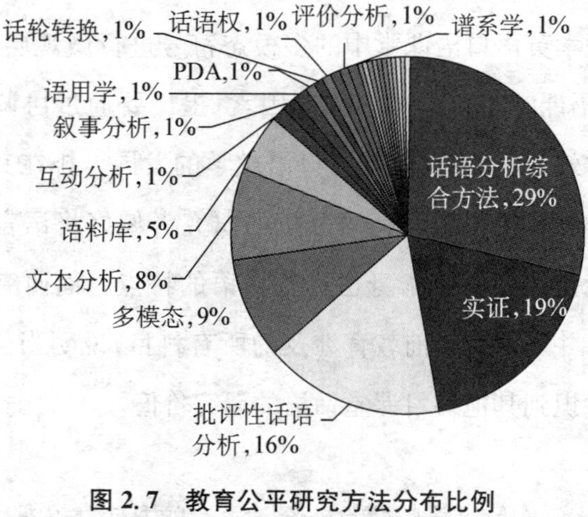

图 2.7 教育公平研究方法分布比例

从研究方法分布情况来看,话语分析综合方法、实证研究以及批评性话语分析这三种研究方法所占比重最高。话语分析综合方法指使用宏观的、笼统的、不加区别的方法进行话语分析。话语分析是一个综合的概念，它包含很多具体的研究方法（如叙事分析、文本分析、多模态话语分析、互文性分析等），研究者应根据研究目的和被研究对象与话语的差异来选择适合的具体方法进行话语分析。而这种不加区别、只采用话语分析综合方法的做法反映出国内的教育话语分析研究程度不高，还处在初级阶段，研究者还没有形成将研究方法细分的意识。实证研究是以真实的教学案例或调查问卷及访谈文本为研究对象，考察实践中的教育话语。实证研究中所占比例较高的是个案分析，即研究者根据对一个或多个课堂教学实践案例进行观察，运用话语分析方法对课堂话语进行分析，总结课堂教学实践过程中的经验与教训，为同类的课堂教学实践提供借鉴。此类研究绝大多数都来自师范高校的学位论文。实证研究的高比例说明话语分析与实证性分析的契合度较高，研究者在研究过程中会自然地想到运用实证方法；另外一方面，实证方法也是获得有效的教育话语的最便捷的方法之一。此外，批评性话语分析也是教育话语分析的一个热门研究方法，主要被研究者用来考察教育话语与教育现状的关系，比如：《批判性话语分析对教育研究的意义》、《英语学习者阅读立场之批评话语分析及其启示》、《批判性话语分析：当代教育研究的一个新视角》、《教育价值判断批判和话语批判——远程教育中的精英教育话语分析》等。值得关注的一点是，在来自核心期刊的45篇论文中，有10篇都使用了CDA的研究方法，是核心期刊中除话语分析综合方法以外所占比例最高（22%）的研究方法，可见学术界对于CDA研究方法的关注与认可。

● 研究话语类型分析

上文提到，不同研究目的与不同的研究对象，所对应的研究方法也是不同的，因此笔者对教育相关的话语分析所研究的话语类型进行了细分，各类型文本论文数的分布与所占论文总量的比例分别见附表2.11和图2.8。分析表明，国内的教育话语分析研究最多的话语为课堂话语，即课堂范围内的教师话语、学生话语和师生互动话语。这也验证了该领域研究的实践特征。

排在其次的话语类型为教育理论研究，这说明除了课堂实践之外，教育话语研究者也意识到了研究教育理论话语的重要性，不过研究层次还有望提高。

表 2.11　教育话语类型分布统计

话语类型	论文量	比例	话语类型	论文量	比例
课堂话语	68	30%	学生话语	10	4%
教育理论话语	33	15%	教学话语	9	4%
政策话语	21	9%	招生简章	7	3%
教材话语	14	6%	教育机构话语	6	3%
教师认知话语	13	6%			

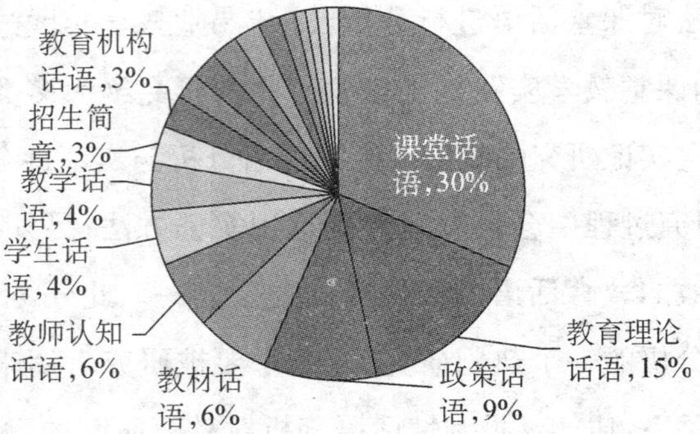

图 2.8　教育话语类型分布比例

排在第三位的话语类型是教育政策话语，如：《基础教育改革话语分析》、《中国校外教育政策三十年变迁》等，其研究主体基本集中在政府政策话语，说明国内教育政策话语研究带有较强的官方话语分析色彩。

基于以上数据分析，我们可以得出国内教育话语研究现状中存在的三个问题：一是研究者群体非常集中，但研究素质不高；二是研究内容较狭窄，实践性明显多于理论性研究；三是研究方法过于简单笼统。因此，我国的教育研究者应不断扩宽视野，适当关注教育学以外的语言学、社会学、人类学甚至是历史学等与教育相关的社会科学，借鉴其中对于教育研究有利用价值的理论和方法，更好地分析我国目前存在的教育问题。

四、教育公平话语分析

关于教育公平的话语分析，虽然并不构成系统，尚未形成结构性框架，但运用话语分析理论和方法探讨教育问题的文章和著作成上升趋势，尤其是运用批判话语分析对教育公平的研究不乏精妙之作。

其实，上面综述的教育话语分析研究成果中有不少话题都与教育公平有关。在前面提到的《课堂语言功能》中，学者开始重视语言和交际的跨文化因素。语言学和文化人类学的理论和方法开始被用来解决教育公平、机会和使用权等问题。同时，交际能力对于解决文化和语境问题的重要性也大大提高。本著重点研究关于正确的谈话（或写作）方法的假设和期望如何影响来自美国的传统意义上的边缘群体的学生的教育经验，重塑了语言在教育、学习话语和交际文化上的作用。

为了聚焦教育公平话语分析的研究现状，我们在西文期刊数据库 SAGE 中对文章标题或关键词用 discourse analysis 加 education/education equity/education equality 进行搜索，结果共有 27 篇期刊文章。用同样的方法，在中文期刊数据库同方知网用“话语分析”加“教育公平”对文章标题或关键词进行搜索，共发现包括本研究在内的几篇文章。通览这些文章，我们发现，上面综述的教育话语分析研究成果中有不少话题都与教育公平有关。有些从宏观角度研究语言、社会与教育公平问题，有些从微观视角分析教育过程中的种种不公平现象。

宏观研究主要涉及语言和社会的关系及教育公平、教育政策的公平话语、不同种族、等级和文化背景的学生的身份认同与构建、弱势群体的教育公平等方面。

语言和社会的关系及教育公平

在过去的十年里，许多教育研究者将批判性话语分析作为回答语言和社会的关系及教育公平这一问题的方法。罗杰斯（Rogers）、贝克斯

(Berkes)、莫斯利(Mosley)、慧(Hui)和欧·盖罗(O-Garro)[①]利用1980年到2003年社会科学的五个数据库,搜索"critical discourse analysis"这一词组,进行了一项教育批判性话语分析综述研究。综述包含在正式教学场所和非正式教学场所(博物馆、家庭、课后辅导)进行的研究,以及关于不同类型文本(政策文件、课本)的生产、翻译和使用的研究。一共找到40篇使用"批判性话语分析"研究教育语境的文章,并从参考文献中又找到6篇相关文献。这项综述仅限于明确将其理论和分析定义为批判性话语分析的期刊论文,著作和学术演讲也不在综述范围内。这项2005年的综述发现,为探究广泛的问题,教育的批判性话语分析进行了大量实证研究。综述的46篇文献中,有39篇实证研究,只有7篇是理论研究。理论文献则呈现了概念性的成果、批评和特定领域如读写研究的发展方向。实证研究中就包括了课本中的意识形态[②],学习过程中的性别构建[③],特殊教育委员会如何在会议上达成一致[④]等,这些研究都从不同侧面反映了教育过程中的公平问题。

《教育语言人类学》[⑤]一书明确地将语言人类学领域与教育领域相联系。作者展示了如何用互动过程的民族志分析来解决教育公平研究的关键问题和过程(如情景学习、语言社会化、能力习得及语言和读写意识)。之后,兰普顿(Rampton)在《晚期现代性语言:城市学校中的互动》[⑥]中展示了互动与长期参与观察和文件收集相结合的方法对于学习过程的研究有很大的价

---

① Rogers、Berkes、Mosley、Hui & O-Garro. Critical Discourse Analysis in Education: A review of the literature, *Review of Education Research*, Vol. 75, No. 3, 2005, pp. 365~416.

② Heberle, V. Critical reading: Integrating principles of critical discourse analysis and gender studies, Illhado Desterro: *A Journal of Language and Literature*, 2000, 38, pp. 115~138.

③ Young, J. P. Boys talk: Critical literacy and masculinities, *Reading Research Quarterly*, Vol. 35, No. 3, 2000, pp. 312~337.

④ Rogers, R. *A Critical Discourse Analysis of Family Literacy Practices: Power in and out of Print*, Lawrence Erlbaum, Mahwah, NJ. 2003.

⑤ Wortham, S. and Rymes, B. (eds.) *Linguistic Anthropology of Education*, Praeger, Westport, CT. 2003.

⑥ Rampton, B. *Language in Late Modernity: Interaction in an Urban School (Studies in Interactional Sociolinguistics)*, Cambridge University Press, New York, 2006.

值。通过对于课堂对话与语境关系问题的生动分析，他指出研究社会等级、学校中的传统权威关系、大众媒体文化和在校学习经历的重要作用。兰普顿(Rampton)检验了大量文字记录，将它们作为三个案例分析的一部分，探索了学校语境下的边缘化学生的认同、不安全因素、与谈话组织的交集。

教育政策话语的公平分析

批评话语分析自问世起就致力于揭露和最终摧毁不平等的控制与从属关系，以及权力滥用造成的不公平和不平等，从而提倡变革话语实践和社会实践。从研究意义上说，它是促进社会变迁的解放性工具。利阿斯多(Liasidou)① 以此为基点考察塞浦路斯针对有**特殊教育**需要儿童的教育政策，研究对象为该国 21 世纪初相继颁布的特殊教育法和法律实施纲要，研究问题包括：如何建构和定位特殊教育需要儿童的身份；官方文件如何建构和维持不对称的权力关系；特殊教育需要儿童的权力如何被压制。以下话语节选自塞浦路斯特殊教育法文本。

- 帮助特殊教育需要儿童在各个方面的全面发展，尤其是心理、社会和教育，还包括教导他们日常生活，如自我照顾、个人卫生、行动、语言发展和交际……
- 特殊教育需要儿童指由于身体(包括情感)、智力或其他认知缺陷造成的严重学习困难或功能性障碍的儿童，有必要给他们特殊教育。
- 特殊教育需要儿童与同龄大多数儿童相比在学习和接受知识方面有很大的困难，由于自身能力有限无法使用学校为同龄儿童提供的教育设施。

利阿斯多认为，上述话语中将“教育”、“语言发展和交际”置于儿童各种需求的末位，表明该法律文本传递了根深蒂固的态度倾向，即这些儿童身体虚弱、无力照顾自己、无法承担自身健康责任，是人们同情和怜悯的对

---

① Liasidou, A. Critical discourse analysis and inclusive education policies: the power to exclude. *Journal of Education Policy*, 2008, (6).

象。此外,关于特殊教育需要儿童的定义也预设了这些儿童的各种缺陷,这些无法克服的缺陷使他们无法接受正常教育。利阿斯多认为,特殊教育法文本中的话语表述方式在一定程度上歪曲或诋毁了特殊教育需要儿童的形象,使得他们边缘化或“他者化”。一方面,该法的主旨是保障特殊教育需要儿童能与同龄人一样在主流环境中享受教育。另一方面,话语使用却排斥这些儿童。这也反映了融合教育在当前政策下存在困难和障碍。批评话语分析虽揭露了排斥和轻视特殊教育需要儿童的传统话语方式,但更憧憬公平、公正的社会。利阿斯多期望通过批评话语分析促进特殊教育需要儿童教育政策的变化,在更大程度上实现教育公平。

在“新时代”中批评话语分析的主要任务是记录政策文本中的多元性话语,描述政策执行过程中的话语转换,维护边缘化的话语,积极促成话语驱动的社会变迁。2004 年泰勒①发表了以澳大利亚昆士兰教育改革政策执行过程中的公平问题为例说明批评话语分析在教育政策分析中的作用的研究成果。研究文本节选自昆士兰教育改革政策的主要文件,如《2010 昆士兰州教育》。泰勒主要考察该政策文件的互文性。例如:

- 在步入知识取代信息、技术改变时空关系的时代,昆士兰教育面临新挑战。这个时代正转变为学习型社会,那些能适应这个全球化时代的人才会受到青睐。关键资源不仅是物质资源,更是人力资本。
- 财富分配、文化差异和地域差异造成学生受教育的机会存在差距。若无公平原则赋予每个学生获得相同结果的受教育机会,这种状况将愈演愈烈。公平是政府的义务。

如上面第一个例子所示,昆士兰教育政策话语吸收了“新自由主义”话语,说明教育改革的必要性。20 世纪初,新自由主义成为美英国际垄断资本推行全球一体化理论体系的重要组成部分,强调经济全球化是人类社会发

① Taylor, S. Researching education policy and change in ‘new times’: using critical discourse analysis. *Journal of Education Policy*, 2004,(4).

展的必然趋势和自然历史过程，在此进程中竞争是主旋律，因此如何建设学习型社会、提高受教育者的适应性和竞争力是全球化背景下教育政策的必要条件。然而，第二个例子则代表了与“新自由主义”话语相悖的“社会民主”话语。“新自由主义”强调政府不干预的自由市场竞争，而“社会民主”则要求一定的社会控制以避免过度的社会不公平，追求社会、政治与经济公平，支持逐渐进行政治改革和社会变化，民主决策的内容是解决社会和经济不公平的重新分配政策。

泰勒认为，上述批评话语分析的意义在于记录了教育政策话语中的多元话语，甚至是相互对抗的话语，也发现了“社会民主”话语虽然存在但逐渐被边缘化。由此，政策积极分子在发现这种趋势后，会利用话语干预的空间或采取行动，避免在政策执行过程中社会民主被忽视或压制。

不同种族、等级和文化背景的学生的身份认同与构建

研究者使用了人类学的方法来研究语言和话语，展示了将民族志数据收集方法（如长期参与观察、文件收集和个人访谈）与话语分析相结合的重要性，为研究“机构和社会过程（官僚、社会、经济、政治）如何与个人认同构建或表现相联系”提供坚实而精确的解释。这些方法成立的前提是“语境与互动是调节机构意识与个人认同的关系的本地实践”，为研究话语、学习和认同的关系提供了重要见解。

语言人类学家意识到应把语言分析作为民族志研究项目的一部分，特别要注意来自不同种族、等级和文化背景的儿童的个人认同表现的流动性、情境性和变化性。摩根（Morgan）[①]详细地分析了美国非裔女童的互动实践，并发现在与同龄人的互动中，她们的认同与构建“冷酷的社会表情”（the construction of a cool social face）相关联。而古德温（Goodwin）[②]对其最初

---

① Morgan, M.: No woman, no cry: Claiming African American women's place, *Reinventing Identities: The Gendered Self in Discourse*, Oxford University Press, New York, 1999, p. 41.

② Goodwin, M. H. He-Said-She-Said: Talk as Social Organization among Black Children, Indiana University Press, Bloomington, 1999. p. 389.

(1990)关于美国非裔女童谈话的研究进行了再检验,将语言、民族和认同之间的关系问题化,并且为“人们如何调动语言资源来完成其互动项目目的”这一问题寻求一个更加语境化的解释。门多萨·登顿(Mendoza-Denton)[①]描述了拉丁儿童如何在其谈话中互相对齐或偏离,而由此呈现出产生“冲突证据”(conflictive corroboration)的立场。埃凯特(Eckert)[②]以社会等级为基础,调查了青少年语言变化与其他社会实践、社会网络和社会分类相互影响的复杂方式。

一些研究详细地检验了谈话(或文本)与周围环境的关系。例如,古德温在《他和她说》[③]中分析了美国非裔儿童在其本地情境互动中处理合作和冲突的具体方法。兰普顿在《跨越:青少年间的语言与民族》[④]强调了在英国出生的青少年认可甚至夸大其交际对象与自己的差异,这种程式化且顽皮的互动已经达到了反种族主义的程度。沃特汉姆(Wortham)在《学习认同:社会认同与学术学习的共同出现》[⑤]中,检验了两名学生是如何在一学年的时间内形成一种出人意料的自我认同,以及造成他们认为自己是差生而且未来在学业上没有潜力的原因中,强加的分类起到了多大的作用。在上述每个民族志分析中,研究者都进行了详细的话语分析,使用了不同的方法论,指明语言中复杂而又矛盾的认同表现因素,以及个人认同构建与制度限制间竞争的本质关系。

不平等及个人与群体在当代社会与政治等级中的定位成为研究的主要

---

① Mendoza-Denton, N. Turn-initial No: Collaborative opposition among adolescents', in M. Bucholts, A. C. Sutton (eds.), Reinventing Identities: The Gendered Self in Discourse, Oxford University Press, New York, 1999, p. 288.

② Eckert, P. Linguistic Variation as Social Practice: The Linguisitcs Construction of Identity in Belten High, Blackell Publishers, Malden, MA.

③ Goodwin, M. H.: *He-Said-She-Said: Talk as Social Organization among Black Children*, Indiana University Press, Bloomington, 1990.

④ Rampton, B.: *Crossing: Language and Ethnicity among Adolescents*, Longman, New York, 1995, p. 21.

⑤ Wortham, S. *Learning Identity: The Joint Emergence of Social Identification and Academic Learning*, Cambridge University Press, New York, 2006.

议题。海姆斯①重编了教育和叙述(narrative)的批评文献,再次引起了关于话语权(speaking rights)和语言-交际资源(linguistic-communicative recourses)分配问题的讨论,重新评价了伯恩斯坦、布尔迪恩(Bourdien)和哈伯马斯的理论,并大力倡导更加关注语言人类学和社会语言学中的交际不平等(communicative inequalities)现象。研究发现,这种不平等的核心在于可用叙述资源(available narrative recourse)(如白话的、方言的、传闻的)与指定叙述资源(required narrative recourse)(通常是机构性的)(如标准的、文献的、逻辑的)之间的差异。②

玛拉·西德尼(Mara S. Sidney)③在"理念在教育政策中的作用:利用话语分析理解多民族城市的改革障碍"一文中分析了多种族及多民族群体的存在如何使教育政策复杂化问题。本研究涉及的四个城市,尽管都对学校不满,但少数民族群体并未联合起来寻求教育改革。针对采访数据的研究显示,存在一个关于问题定义及改革评价的复杂情况,在该情况下,种族及民族问题太多,以至于一些族群在"教育问题"的部分因素上达成一致,却因为他们对民族因素有不同阐释而产生分歧。结论显示,针对不同民族在教育问题和解决方式上如何互相影响这一事实,存在不同观念,正是这些观念导致在多民族城市中,集体行动和有意义的教育改革很难开展。

弱势群体的教育公平研究

教育公平话语分析特别关注处于弱势的群体,例如妇女、少数民族、穷人等,这种特殊的关注不仅有助于阐释话语与社会现实的互动过程,还有利于揭示社会不平等如何通过话语得到不断的生产和再生产,从而提供通过

---

① Hymes, D. *Ethnography, linguistics, narrative inequality: Toward an understanding of voice*, Taylor & Francis, London and Bristol, PA, 1996.

② 参见 Ochs E, Capps L. Narrating the self, *Annual Review of Anthropoogyl*. No. 25, 1996, pp. 19~43.

③ Mara S. Sidney, The role of ideas in education politics using discourse analysis to understand barriers to reform in multiethnic cities, *Urban Affairs Review*, No. 38, 2002, p. 253.

改变话语来改进这种社会不平等的机会。例如，20 世纪 90 年代古姆珀兹(Gumperz)①研究了机构场景中的工作面试，发现面试官和面试者由于对语境提示的理解不同，导致交际无法顺畅地进行，进而导致资源的分配不均，从而最终为社会不平等的生产与再生产提供了土壤。古姆珀兹研究的是英国本地人对南亚裔英国人的面试，尽管表面上使用的是相同的语言，但由于文化背景不同，面试官和面试者赋予这些语言资源的交际目的和价值各不相同，从而导致英国本地人错误地理解了南亚裔面试者的交际行为，认为他们不合作。这种负面评价的结果使南亚裔面试者在求职时或者申请职业培训课程时遭遇比本地人更多的困难。可见，工作面试、新闻报道等渗透着不平等或控制策略，关注社会的弱势群体能够帮助他们使用话语资源获得自己依照法律本应该享有的权力。

麦克奈尔(McNair)②在进行学校多文化书本订货单(用于学生书本广告和销售的目录)的研究时，将批判种族理论与批判性话语分析相结合。她的文本和符号分析显示：有色人种作者较少，关于有色人种的书本也缺乏包容性。而且，该目录中只有白人写的书才有“经典”的标签。即使目录包含多文化书本，这些书也常常列在纸张的边缘位置，或者仅在特殊节庆时(如黑人历时月)兜售。麦克奈尔本着实践精神将她的分析在教育课堂上展示。该课堂上的一些学生非常支持她的观点，他们向学校致函告知研究发现并号召学校为学生选择书本时增强包容性。

教育中的性别差异也是教育公平的重要研究问题。一些研究如何在教育语境下通过叙述或讲故事来接受、构建和表现认同”，能够帮助我们了解

---

① Gumperz, J. J. On interactional sociolinguistic method. In Sarangi, S. & Roberts, C. (eds.). *Talk, Work and Institutional Order: Discourse in Medical, Mediation and Management Settings*. Berlin: Mouton de Gruyter, 1999, pp. 453～472. 转引自孙咏梅：机构话语研究述评：研究现状、研究意义与展望，《北京科技大学学报》2013 年第 2 期，第 40～46 页。

② McNair, J. Innocent though they may seem ... A critical race theory analysis of Firefly and Seesaw Scholaristic bool club order forms, paper presented at the meeting of the National Reading Conference, Miami, Fl. 2005.

叙事的力量，从而完成特定的自我展示、学术学习和互动议题。比如迈德·沃里克(Menard-Warwick)[①]详细地检验了 2 名以英语为第二语言的成年移民的故事叙述实践，从学习者的角度更好地解释了性别认同和二语学习的关联。沃里纳[②]分析了来自苏丹的女性难民的叙述特点，解释了在特定情景或语境下，构建、传达和部署认同的多种复杂方法。

在微观层面，教科书价值取向研究中反映教育公平问题的丰富研究。

无论是课程目标的确定、课程内容的选择、课程内容的编制、课程实施、课程评价都受一定价值取向的影响，甚至可以说受制于价值取向。尽管教科书在学校中扮演着重要的角色，但对教科书的分析并没有受到足够的重视。1930 年至 1970 年之间，除了有关对待种族团体的零星报导以外，教科书研究的文献几乎销声匿迹。[③] 到了 60 至 70 年代教科书的内容品质问题得到了关注，开始探讨教科书中的文化、政治、经济特征，并展开了卓有成效的研究。

傅建明[④]曾对西方学者、台湾学者及大陆学者的教科书价值取向分析框架与分析技术进行了介述，西方学者的研究中重点介绍了谢弗、杨与伯恩斯坦、阿普尔、安杨、佛兰兹与萨德克、瓦克与巴通、凯利与亚当斯、斯利特与格兰特等人的分析框架及研究成果。例如：

佛兰兹与萨德克在教科书意识形态分析方面颇有建树，他们提出了进行教科书分析的一个具体框架，这个框架几乎可以用于所有的教科书分析。佛兰兹与萨德克教科书的价值取向是通过如下 6 个方面来表现的：忽略不计

---

① Menard-Warwick, J. "I always had the desire to progress a little": Gendered narratives of immigrant language learners, *Journal of Language Identity and Education*, 2004, Vol. 3 No. 4, pp. 295～311.

② Warriner, D. S. "The boys now is very hard for my family": The negotiation and construction of gendered work identities among newly arrived women refugees, *Journal of Language, Identity, and Education*, Vol. 3, No. 4, 2004, pp. 279～294.

③ Elliott, D. L., A Woodward. *Textbooks and Schooling in the United State*, NSSE. 转引自欧用生：《课程改革》，台北：师大书苑发行，2000 年版，第 178 页。

④ 傅建明：《教科书价值取向研究——人教版小学〈语文〉教科书分析》，中国社会出版社，2004 年版。

(invisibility)、成见(stereotyping)、选择与失衡(selectivity and imbalance)、失实(unreality)、片断与孤立(fragmentation and isolation)、语言(language)。[①] 佛兰兹与萨德克提出的6项分析技术给教科书分析提供了一个很实用的操作框架,具有普遍适用性,任何人都可以用这个框架(经过适当的调整)对某一具体的教科书中的价值取向进行具体的分析,因而具有较大的实用价值。其实这6项分析技术所展示的是价值取向是通过什么方式在教科书中加以呈现的,对我们研究教科书价值取向的呈现方式具有积极的意义。

在教科书分析中,**性别意识形态**的分析是最有成就的,研究者甚多,发表的成果也不少,比较著名的研究者和成果有:

(1) 瓦克和巴通(S. Walker & L. Barton)主编的《性别、阶级和教育》(Gender, Class and Education)[②],这是一本论文集,反映了当时对教科书中性别分析的总体情况,并建立了一个命题:性别分化问题,不再被视为一种自然的秩序,而是一种意识形态,学校再造了政治意识形态,也成功地再造了性别意识形态。

(2) 巴通主编的《学校教育意识形态与课程》(Schooling Ideology and the Curriculum)[③],这是巴通主编的一本论文集,收集了70年代西方学者关于教科书性别差异方面的研究成果,涉及的学科比较多,包括社会科学、语言、自然科学教科书、儿童读物等领域。

(3) 沙若兰(M. B. Sutherland)的《教育中的性别偏见》(Sex Bias in Education.)[④],这是对英国初等学校的教科书的分析报告。沙若兰通过对教科书中的男女从事的活动类别、玩具、社会角色、插图等的分析,得出结论:教科书描述的是父系社会。

(4) 崔可勒(J. L. Trecker)的《美国历史教科书中的女性》(Women in

---

① 详见 D. M. Gollink & P. C. Chinn. *Multicultural Education in a Pluralistic Society*. Londen: Routledge & Kegan Paul. 1980, pp. 300～303.

② S. Walker & L. Barton (ed.). *Gender, Class and Education*. The Falmer Press, 1983.

③ L. Barton (eds.). *Schooling Ideology and the Curriculum*. The Falmer Press, 1980.

④ M. B. Sutherland. *Sex Bias in Education*. Oxford: Basil Slackwell, 1981.

US History Highschool Textbooks)①,这是美国学者崔可勒对美国高中历史教科书进行分析后的一个研究成果,最后的结论是:这些教科书教导学生,女性不会影响历史,她们只是被提出来,她们是附属于男人的。

(5) 佛兰兹和萨德克(N. Frazier & M. Sadker)的《学校和社会中的性别主义》(Sexism in School and Society)②。这是对美国小学历史教科书的研究报告,本书指出,教科书中只有"国父"而无"国母",也没有提供积极及英雄式的女性形象,表现出严重的性别歧视。

(6) 杜尼尔(R. W. O'Donnell)的《小学社会科中的性别偏见》(Sex Bias in Primary Sociol Studies Textbooks)③,这是对美国 40 多种小学社会科学教科书的分析,通过研究作者认为所有的教科书中都存在有性别偏见:男性多为中心人物,其声望、收入较高,责任心较强,而女性则从事服务性职业或留在家里相夫教子。

(7) 凯利和尼兰(G. P. Kelly & A. S. Nihlen)的《学校教育与父权再制》(Schooling and the Reproduction of Patriarchy)④,在这篇论文中凯利和尼兰分析了美国各级学校的教科书中的性别偏见问题;

(8) 亚当斯(C. Adams)的《课堂生活中女性被忽略的历史证据》(Off the Record-Women's Omission from Classroom Historical Evidence)⑤等等。

此外,也有学者对教科书中的性别问题进行了跨文化的研究,如邓马克(F. L. Denmark)在 80 年代初对法国、西班牙、瑞典、苏联、罗马尼亚五国一年级教科书进行比较,发现由于文化背景的不同而形成的性别差异问题:除瑞典以外,其他国家的教科书中男性都多于女性,且都遵循传统的两性角

---

① J. L. Trecker. *Women in US History Highschool Textbooks*. Social Education, 1973.

② N. Frazier & M. Sadker. *Sexism in School and Society*. N. Y: Harper and Row, 1973.

③ R. W. O'Donnell. *Sex Bias in Primary Sociol Studies Textbooks*. 1973.

④ G. P. Kelly & A. S. Nihlen. *Schooling and the Reproduction of Patriarchy*, in Apple (ed.). *Cultural and Economic Reproduction in Education*, RKP. 1982.

⑤ C. Adams. Off the Record-Women's Omission from Classroom Historical Evidence. In D. Simkin (eds.). *Curriculum Development in Action*. Tressell Put, 1984.

色，只有瑞典把男性放在照顾儿童等非传统的角色，并允许角色错位。①

国内学者傅建明教授在以上学者的研究基础上建立了对国内教材的价值取向分析。② 他运用话语分析技术，从语词、语句、故事主线三个维度对大陆北师大版和香港新亚洲版小学语文教科书进行分析后发现：大陆香港两套小学语文教科书都表现出明显的男性话语霸权，或者说是男性话语中心倾向。而且更多地把一些优良的品质赋予男性而把一些不良的品质强加给女性，体现男性的主宰地位与女性的从属地位，而女性的一些才华与优良品质不是被忽视或省略，就是被刻板化或歪曲了。③ 具体表现在三个方面：首先，北师大版与香港新亚洲版的姓名用语与形象描述词中都透出男性的坚强、刚毅，以及他们对家对国负有重大责任，从而奠定了他们的主导基调，而女性则无一不是美丽、可爱的，使她们成为生活世界的点缀，从而处于附从的地位。其次，两套教科书选用不同的语句来描述男女的心理品质或者说是人物形象，表现出明显的性别意识形态。从语句分析看，两个地区的小学语文教科书都采取扬男贬女的态度，认为男性无论是在各方面的能力上，还是在品质上都要优于女性。再次，两个地区小学语文教科书文本的故事主线也倾向于塑造男性榜样，即故事往往是围绕着男性展开，但问题和困难的发生通常由女性引起，而男性则以解决者的形象使问题较好地得以处理，从而表达出学生应该学习男性的意识形态。④ 作者在另一研究中，以人民教育出版社出版的小学《语文》教科书为文本，运用实证方法对课文与插图分析其中隐含的性别意识形态，结果发现教科书中隐含有男性优势的取向。课文分析从选文、人名和人物三个方面展开，选文分析表明，我国小学《语文》教科书的选文显然以男性为优，共有 77 篇，占总比例的 76.23%，而以女性为叙述对象的只有 3 篇，仅占 2.98%，男女的比例为100∶3.90，几乎达到

① 转引自曾天山：论教材文化中的性别偏见，《西北师大学报》1995 年第 7 期。

② 傅建明：教科书性别意识形态的话语分析，《全球教育展望》2010 年第 5 期。

③ 陈伯璋：《意识形态与课程》[M]. 台北：台湾师大书苑有限公司，1988 年版，第 259 页。

④ 详见傅建明：《教科书价值取向研究——人教版小学〈语文〉教科书分析》，中国社会出版社，2004 年版。

可以忽略不计的地步。如果以中心人物来计算也显示出男性的优势:以女性为中心人物的课文共有8篇,占7.9%。在课文正文中重复出现的人物有9个,全部都是男性,没有一个是女性。在课文的标题中的27人名无一女性,而在课文的正文中出现的人名也仅有6人是女性,不过占了7.6%的比例,而且没有一人重复出现。看来女性在教科书中没有得到应有的重视,可以说是被忽略了,至少可以说是在数量上被忽略了。在课文内容中涉及的人物以男性为主,有227人,占81.7%,女性只有51人,占18.3%,而且大多是以配角的形象出现,有很大一部分是小女孩或学生。从具体人物的社会角色角度分析发现,女性插图多为“小姑娘”、“老农妇”、“青年农民”等低层人物或者说是普通人物,而“作家”、“医生”、“科学家”则较为稀少。而在男性插图中的人物角色则比较丰富,领袖人物、科学家、高级军官、革命烈士、文学家、小学生等各种社会角色都有,而较多的是领袖人物、科学家等相对比较令人尊敬的角色。在男女能力方面,小学语文教科书中隐含着女人在知识、能力方面不如男人的取向。

从上面的文献综述中我们发现,就国外教育公平的话语分析而言,在教育语境下的批判性话语分析已经产生了很多丰富的研究成果,而在国内相关研究才刚刚起步。本研究就是从话语分析角度研究教育公平问题的一个新尝试。

第三章
关于教育公平的学术话语分析

所谓学术话语，即学者的研究话语，以论文、著作等文本为主要对象。学术话语具有抽象性、概念化的特征，因此具有更好的历史延续性。本章主要以中美加的教育研究期刊有关教育公平的文章为研究对象，进行了四个案例研究。

案例一：

《哈佛教育评论》与《教育研究》的比较研究：中美教育公平关注重点的差异

《国家中长期教育改革和发展规划纲要(2010—2012年)》把促进公平作为我国的基本教育政策，反映了我国社会发展的时代要求。中国是一个人口大国，改革开放以来城镇化、工业化、国际化进程不断加快，但是发展不平衡、不协调仍然是长期存在的问题。怎么理解和实施促进公平这一“基本教育政策”，既积极而为，又实事求是，是一个重要的现实问题。美国是世界最发达的国家，也同样存在教育公平问题，但由于发展水平和文化背景不同，有其自己的特征。本文选择《教育研究》和《哈佛教育评论》期刊上发表的有关教育公平的论文作为分析语料，通过比较研究，考察两国对教育公平关注重点的异同，从而获取推进我国教育公平思路和策略的启示。

《哈佛教育评论》1930 年创刊，是教育界有名的期刊之一，《教育研究》1978 年创刊，是我国最具权威的教育理论刊物。通过对这两种杂志有关论文的比较研究，可以反映两国教育界和教育理论界的代表性成果。作者以"教育公平"为主题词搜索这两种杂志近 17 年（1994 年—2010 年）间刊登的与教育公平有关的文章，搜索结果为：《哈佛教育评论》共有 84 篇，《教育研究》共有 152 篇，以此分别建立中美两个语料库。利用统计软件将定量研究与定性研究结合起来，分别从三个方面进行比较：教育公平研究的发展趋势，教育公平研究的主要聚焦点，教育公平研究的主要取向。

一、中美教育公平研究的发展趋势

对《哈佛教育评论》84 篇和《教育研究》152 篇有关教育公平的文章按照发表的年份进行统计，我们得出从 1994—2010 年文章数量分布统计表 3.1 和图 3.1。

表 3.1　《教育研究》和《哈佛教育评论》文章数量统计（1994—2010）

年份	1994	1995	1996	1997	1998	1999	2000	2001	2002
教育研究	2	1	1	1	1	1	4	2	9
哈佛教育	4	3	2	5	6	3	2	4	3
年份	2003	2004	2005	2006	2007	2008	2009	2010	
教育研究	10	7	12	12	18	24	21	26	
哈佛教育	5	3	6	9	5	6	12	6	

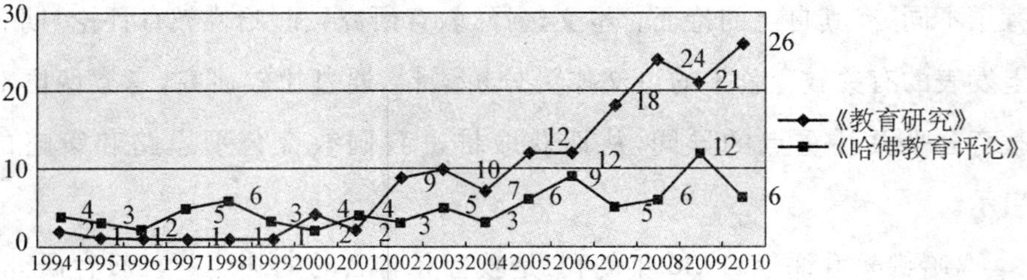

图 3.1 《教育研究》和《哈佛教育评论》文章数量分布统计(1994—2010)

通过对比两组数据,可以看到:

第一、两国关于教育公平研究的文章总体均成上升态势。说明教育公平问题在两国都受到越来越多的关注。

第二、中国起步晚增幅快,美国起步早增幅缓。中国学者对教育公平的研究于 2002—2006 年出现了一个小高潮,2007—2010 年又出现了大高潮,发表文章数从 2000 年以前每年 1—2 篇增涨到 2010 年的 26 篇。可以看出,随着经济的不断增长和对教育的重视程度的加强,在新世纪中国学者对于教育公平问题越来越关注。特别是 2010 年新世纪第一个教育规划纲要——《国家中长期教育改革和发展规划纲要(2010—2020 年)》正式公布,其中有关教育公平的基本政策激起了中国学者的研究热情。而在《哈佛教育评论》中,相关文章的数量几经变化。在 2000 年前后的数量变化并不明显,由于美国教育公平的研究起步较早,早在 1931 年就有教育公平问题的文章问世了,进入 90 年代后对教育公平的研究已经处于渐趋平稳的态势。在 2006 年出现一个小的涨幅,9 篇文章中有 7 篇是对 2001 年布什签署的《不让一个孩子掉队》法案实施效果的大讨论。在 2009 年又出现一个大高潮,共有 12 篇,其中 8 篇是与奥巴马的当选和教育、教育公平的关系进行的大讨论。这也说明了美国教育学者对教育法规的关注和敏感性。

第三、美国有关教育公平的文章占总数比例高于中国。虽然从数据看,中国文章数量几乎是美国的 2 倍,但是值得注意的是,《教育研究》是月刊,每期包含 20 篇左右文章,其中教育公平的相关文章只占总数的 4%。而《哈佛教育评论》是季刊,每期只有 10 至 15 篇文章,其中教育公平文章所占的比例却是9%至13%，高于《教育研究》比例的2、3倍以上。

二、中美教育公平研究的内容分析

通过对文章的词频、摘要和关键词、以及全文的分析，发现两种刊物文章研究的相同或类似教育公平问题主要分布在政策制度、高等教育、基础教育，不同问题主要反映在中国更关注区域教育、农村教育等，美国更关注人群问题，如特殊儿童、种族教育和女性教育等。

1. 中国特别关注农村教育，美国特别关注种族教育、女性教育和特殊人群教育

《教育研究》有关区域教育问题的文章有17篇（占总数的10%），其中主要包括农村教育、西部教育和高考移民教育，专门论述农村教育的就有11篇（占7.2%）。"农村"一词在高频词汇表中位居第9位。

《教育研究》讨论农村教育公平的文章主要包括以下几个方面的内容：一是**农村教改与城镇建设问题**。农村教改与城镇建设、人的城镇化要求把农村人口资源转化成为人力智力资源，对教育资源进行优化配备，要求遵循科学性、公平性、协调性和超前性原则，合理布局，依法普及九年义务教育，积极推进教育现代化。[①] 而且，中国的高等教育大众化增加了学生入学人数，特别是农村学生的入学机会，农村学生的比重加大了，但是在高等教育内部他们仍然处于劣势，他们主要集中在地方院校和比较冷门专业，显然，农村学生在各个教育阶段都存在不公平问题。[②] 二是**农民工子女就读问题**。为了解决农村中学生进城就读问题，学者们提出各级政府应进一步加强农村文化建设，推动农村文化事业发展，落实农村寄宿制学校学生补贴政策，切实减轻农民的负担。[③] 三是**农村教育质量问题**。农村教师素

① 余益中：城镇化建设与农村教育改革，《教育研究》2002年第6期，第60～62页。

② 辜胜阻：农村教育的结构性矛盾与化解对策，《教育研究》2004年第10期，第3～7页。

③ 张茂聪，冯永刚：公平与均衡视域下义务教育资源有效配置的研究——以山东省农村中学生进城就读现象为例，《教育研究》2009年第12期，第100～104页。

质直接影响着农村教育质量，提高农村教师素质是提高农村教育质量的核心。[①] 为保障农村学生享受教育公平待遇问题，需要加强农村中小学师资队伍建设，加大对农村贫困地区学生资助的力度，加强农村寄宿制学校建设等。[②] 同时，农村的课程政策应该在适应与引领的双重取向上找到平衡点。[③] 四是**教育财政体制问题**。农村义务教育经费仍然缺乏稳定的保障，经费供给总量依然很不足，各级政府投资结构不合理，以及公共资源配置不公平的问题没有得到根本解决。[④] 至于化解包括经费、师资、校舍等在内的教育资源不足和结构失衡农村教育中存在的结构性矛盾，有学者提出需要建立中央和地方政府合理的财政分担机制、增加教育投入、优化师资队伍、发展优质民办教育、加大助学力度、保障教育公平等。

中国特别关注农村教育是与近几年国家教育政策的倾向密切相关的。2004—2010 年国家连续七年发布了以农业、农村、农民为主题的中央一号文件，强调了“三农”问题“重中之重”的地位。中央文件精神在教育政策中的体现必定影响国内学者研究的方向。2008 年 10 月，十七届三中全会审议通过的《中共中央关于推进农村改革发展若干重大问题的决定》指出，“要建立促进城乡经济社会发展一体化制度”，从而把推进城乡一体化作为了国家发展战略。

《哈佛教育评论》有关种族教育、女性教育和特殊人群教育一直是个具有普遍性和历史性的问题。在词频统计结果中也可看出，“women”(女性，排列 17 位)，“racial”(种族，排列 18 位)和“black”(黑人，排列 21 位)都列入了美国期刊文章的前 30 最高频率词中。

《哈佛教育评论》论述种族差异的文章共 8 篇(占 9.5%)。其中包含以

---

① 秦玉友:农村教师素质提升的现实困境与破解思路,《教育研究》2008 年第 3 期,第 35～37 页。

② 范先佐,郭清扬:我国农村中小学布局调整的成效、问题及对策——基于中西部地区 6 省区的调查与分析,《教育研究》2009 年第 1 期,第 31～38 页。

③ 马云鹏:建立保障农村教育质量的课程体系,《教育研究》2008 年第 3 期,第 37～38 页。

④ 高如峰:中国农村义务教育财政体制的实证分析,《教育研究》2004 年第 5 期,第 3～10 页。

下几个方面的内容：第一、**教育政策制度所带来的种族差异和种族压力**。有学者根据1990年美国人口调查结果，指出加勒比海青年一代与欧洲的白人移民享受同样的教育待遇并几代传承，而非洲移民显示出了几代人教育获得的衰退，①还有论述了上半个世纪关于取消种族隔离制、双语教育和多元文化教育改革的历史，②以及反映美国的波多黎各人要求变革教育制度，反对种族差异，要求平等的教育待遇和入学权利，反对种族隔离的斗争③。第二、**知识教育权利与身份建构**。例如：学者通过调查得出，在白人为主的市区公立学校中，种族身份和成就意识强烈的黑人学生容易形成批判的种族意识，并且容易适应多元文化环境。④ 学者呼吁，将知识和教育视为白人的一种特定人权是极为荒诞不经的。⑤ 第三、**教学和校园环境**。美国的种族差异在教学和校园中都一直表现出不公平问题。有学者运用辩证的种族理论，揭示了拉丁美洲学生在大学校园中所遭受的各种种族侵犯的不公平待遇，建议培养辩证的种族意识导向，维护拉丁美洲学生的合法权益。⑥ 总之，社会和学者对种族教育公平问题的关注体现了美国的多民族国情，反映了有色人群反压迫和争取教育公平待遇的呼声。

《哈佛教育评论》有关**女性教育**的问题，共6篇(占7%)。其中女性教育公平存在的问题主要有：第一、**思想意识上的不平等，妇女仍然被边缘化**。

---

① Xue Lan Rong, Frank Brown, The effects of immigrant generation and ethnicity on educational attainment among young African and Caribbean Blacks in the United States, *Harvard Educational Review*, Vol. 71, 2001, p. 536.

② Sonia Nieto, Public Education in the Twentieth Century and Beyond: High Hopes, Broken Promises, and an Uncertain Future, *Harvard Educational Review*, Vol. 75, 2005, pp. 43～65.

③ Catherine E Walsh, "Staging encounters": The educational decline of U. S. Puerto Ricans in [post]-colonial perspective, *Harvard Educational Review*, Vol. 68, 1998, pp. 218～244.

④ Dorinda J Carte, Achievement as Resistance: The Development of a Critical Race Achievement Ideology among Black Achievers, *Harvard Educational Review*, Vol. 78, 2008, pp. 466～499.

⑤ Catherine Prendergast, The economy of literacy: How the Supreme Court stalled the civil rights movement, *Harvard Educational Review*, Vol. 72, 2002, pp. 206～230.

⑥ Tara J Yosso et al, Critical Race Theory, Racial Microaggressions, and Campus Racial Climate for Latina/o Undergraduates, *Harvard Educational Review*, Vol. 79, 2009, pp. 659～694.

例如：学者探讨了厄立特里亚妇女获得了何种程度的解放，在这个过程中教育起了多大的作用。① 第二、**经济、社会地位和择业的不平等**。例如：通过评价芭芭拉·所罗门关于妇女教育历史的文章《公司里的知识女性》，学者指出了这本书的创新之处和意义所在，同时也指明其缺陷所在，即过分强调妇女享受高等教育的权利而忽视了由于经济、妇女职业选择和社会地位方面对妇女的影响。② 第三、**有色女性的不平等**。例如：有学者从社会学角度考查了"隐性课程"对有色妇女研究生的影响，发现社会学研究生院不仅培养专业的社会学家，而且复制性别、种族与等级的不公平。③ 还有重点论述墨西哥裔女性反抗社会压迫的斗争策略。对妇女问题的关注说明了妇女自我意识的觉醒和尊重妇女意识的提高，特别是有色妇女的解放问题。美国社会学者意识到，不能实现女性教育的公平就无法实现社会的公平。④ 第四、**性教育不平等**。例如："性教育和欲望"⑤一文的作者通过对国家公立课程所提倡的禁欲思想对年轻女性发展限制的调查结果发现，这些规定对年轻人，尤其是年轻女性、其他年轻有色人群和同性恋者等带来或多或少的冲击和影响。为了年轻一代的性健康教育，作者提出了一系列的指导意见，并建议研究者和政府部门修改课程改善校园环境。

《哈佛教育评论》对于**特殊人群教育**的关注点主要有三个：一是**对贫困人群的关注**。有学者通过对几个发达国家贫困家庭孩子的教育状况的调

---

① Asgedet Stefanos, Women and education in Eritrea: A historical and contemporary analysis [J], *Harvard Educational Review*, Vol. 67, 1997, pp. 658～689.

② Linda Eisenmann, Reconsidering a classic: Assessing the history of women's higher education a dozen years after Barbara Solomon, *Harvard Educational Review*, Vol. 67, 1997, pp. 689～718.

③ Eric Margolis and Mary Romero, "The department is very male, very white, very old, and very conservative": The functioning of the hidden curriculum in graduate sociology departments, *Harvard Educational Review*, Vol. 68, 1998, pp. 1～32.

④ Maria C. Malagon and Crystal R Alvarez, Scholarship Girls Aren't the Only Chicanas Who Go to College: Former Chicana Continuation High School Students Disrupting the Educational Achievement Binary, *Harvard Educational Review*, Vol. 80, 2010, pp. 149～176.

⑤ Michelle Finee et, Sexuality Education and Desire: Still Missing after All These Years, *Harvard Educational Review*, Vol. 76, 2006, pp. 297～340.

查，从社会学角度重新审视教育补偿与教育公平，是社会经济结构决定了贫困家庭和社区无法享受平等的教育。① 有学者甚至认为，1975年以来没有任何城市对贫困学生真正提供过公平的教育，他断言社会经济结构决定了国家和学校几乎总是不能平等对待贫困家庭和社区，贫困家庭和孩子受到各方面的伤害是不可避免的。② 二是**智障或残疾人教育**。例如：通过近期特殊教育的发展并对学校实施教学的模式进行了调查，学者认为特殊教育模式可以提供给所有的学生个性到普遍性的公平教育，揭示出特殊教育对于美国学校甚至社会构建的重要性。③ 三是**公民身份和移民教育**。移民的身份及其教育公平问题在美国历来是学者们的研究对象，并反映出不同的时代特征。如：有学者讨论巴基斯坦裔美国中学生在911事件之后所遭受的压力和恐慌及如何理解自己的美国公民身份的教育权利。④ 针对少数族裔学生由于语言造成的不利，学者提出补偿教育和双语教育改革来推动这部分学生的学习。⑤ 还有讨论加利福尼亚的墨西哥和中部移民学生对与维系支持家庭、学校建设所做的促进作用。⑥ 学者们呼吁，公民的身份教育是对于国家的权利和义务的教育，教师应该培养学生对现存的不能体现公平的惯例和制度进行批驳并采取行动来改进。⑦

---

① Connell, R W, Poverty and education, *Harvard Educational Review*, Vol. 64, 1994, pp. 125～150.

② Jean Anyon. What "Counts" as Educational Policy? Notes toward a New Paradigm, *Harvard Educational Review*, Vol. 75, 2005, pp. 65～89.

③ Lipsky et al, Inclusion, school restructuring, and the remaking of American society, *Harvard Educational Review*, Vol. 66, 1996, pp. 762～797.

④ Thea Renda Abu El-Haj, "I Was Born Here, but My Home, It's Not Here": Educating for Democratic Citizenship in an Era of Transnational Migration and Global Conflict, *Harvard Educational Review*, Vol. 77, 2007, pp. 285～318.

⑤ Jim Cummins, Empowering minority students: A framework for introduction, *Harvard Educational Review*, Vol. 71, 2001, pp. 649～657.

⑥ Marjorie Faulstich Orellana, The work kids do: Mexican and Central American immigrant children's contributions to households and schools in California, *Harvard Educational Review*, Vol. 71, 2001, pp. 366～390.

⑦ Radhika Rao, The Aesthetics of the Oppressed/The Theatre of Urban: Youth and Schooling I Dangerous Times, *Harvard Educational Review*, Vol. 78, 2008, pp. 549～563.

综上所述，种族差异、女性教育和特殊人群教育是美国教育公平研究的焦点问题，它贯穿在社会、教育的各个方面。美国教育的不公平实际上就是种族不平等在教育中的反映，怎样通过缩小社会差别来缩小人群差别，保障弱势群体的权益，一直是美国教育公平关注的一个核心问题，不解决这些问题很难实现教育公平乃至社会公平。

2. 美国重视教学研究，中国重视高考制度研究

《哈佛教育评论》重视教学研究，尤其基础教育研究中以教学法、教学内容和教学评价与教育公平的有关内容研究为主，这与以上我们在词频搜索分析中得出的结果是一致的，美国前30的高频词中与教学有关的就有"learning"(16位)、"teaching"(23位)、"class"(27位)、"programms"(29位)，并且美国多以具体的事件和地点为依据来论证说明。

美国基础教育的文章共12篇，占总数的14.3%，主要从双语教学、教学评价和教学内容和教学方法等方面展开论述。美国的多元文化环境是美国文化传统中的一个显著特征，对**双语教学**的讨论包含地方语言的指导和在群体中各种语言的相互作用。[①] 例如：有学者追溯了1974年美国教育当局和西语后裔达成的"渴望同意法令"的历史，回顾了对纽约波多黎各和拉丁美洲学生进行双语指导的法令的实施状况，分析了法令实施以来30多年的社会政治和人口的变化，从而得出纽约公立学校双语教育仍然由城市掌控。[②] 在**教学内容和教学法**方面的研究，学者们多探讨在教学中如何进行选材，运用合适的教学方式进行教学。针对多元文化的教育环境，对教师提出了相应的要求，怎样扮演教师文化传播和构建者的身份，运用合适的话语来实现教学平等，如何将课堂讨论的主题与社会文化融合起来，如何通过实施教学课

---

① Guadalupe Valdes, Dual-language immersion programs: A cautionary note concerning the education of language-minority students, *Harvard Educational Review*, Vol. 67, 1997, pp. 391～430.

② Luis O Reyes, The Aspira Consent Decree: A Thirtieth-Anniversary Retrospective of Bilingual Education in New York City, *Harvard Educational Review*, Vol. 76, 2006, pp. 369～402.

程实现教育公平等内容。[1] 学者们均通过一些典型案例研究种族学生在教学中的教育公平问题。如通过指导南非黑人学生大学入学阅读测试，就教学评价、阅读和教学法进行了考察，揭示出教学中存在的种族差异问题，及对黑人学生的不公平待遇。[2] 在**教学评价与测评**中如何体现教育公平，有学者认为，没有对母语为非英语学生教育评价体系的彻底改革，就没有真正意义上的教育公平。[3] 以行为为基础的评价并不是完全公平的。[4] 还有建议将管理和专业化结合起来能够确保学校改革实施的稳定性和有效性，以实现教育公平目标。[5]

《教育研究》中高等教育问题的文章共 30 篇（占 19.8%）。高等教育公平问题的实质归结为制度改革问题，其中包括高考制度改革、高校财政拨款、收费制度以及学生资助贷款、自学考试终身教育体制等问题。首先，讨论最多的是**高考制度**（共 9 篇）。在探究高考制度对社会阶层上向流动的影响力方面，厦门大学在新中国成立前后学生社会阶层变动的实证调查表明，统一高考比单独招考给较低社会阶层子女实现上向流动提供了更多机会，但是高校生源的变化，并不仅仅受高考制度的影响，它与政治、经济和教育体制都有一定的关联。在判断高考对社会流动影响力的大小时，必须根据各种因素进行综合分析。[6] 在中国高等教育进入大众化的时代背景下，高考改革比以往更具有迫切性。[7] 有学者呼吁建立以统考为主的多元招生考试

---

① Hilary Gehlbach Conklin, Modeling Compassion in Critical, Justice-Oriented Teacher Education, *Harvard Educational Review*, Vol. 78, 2008, pp. 652～676.

② Peirce, Why the "Monkeys Passage" bombed: Tests, genres, and teaching, *Harvard Educational Review*, Vol. 65, 1995, pp. 50～66.

③ LaCelle-Peterson et al, Is it real for all kids? A framework for equitable assessment policies for English language learners, *Harvard Educational Review*, Vol. 64, 1994, pp. 55～76.

④ Darling-Hammond, Performance-based assessment and educational equity, *Harvard Educational Review*, Vol. 64, 1994, pp. 5～31.

⑤ Jennifer A O'Day, Complexity, accountability, and school improvement, *Harvard Educational Review*, Vol. 72, 2002, pp. 293～331.

⑥ 郑若玲：高考对社会流动的影响——以厦门大学为个案，《教育研究》2007 年第 3 期，第 46～50 页。

⑦ 刘晓瑜，潘东明：高等教育机会均等与高考制度改革，《教育研究》2002 年第 2 期，第 26～30 页。

制度、从统一走向多样化的对策。[①] 其次，**财政收费制度**(共6篇)。由于地方高等教育管理体制改革不彻底，新的体制还不完善，地方高校财政拨款体制多元化结构在效率与公平方面表现出来种种问题和困难，地方高校财政拨款体制需进一步改革调整。[②] 还有，要建立公平合理的收费制度解决高校贫困生问题，稳定国家助学金贷款发展，采用助学贷款和助学金相结合的资助政策，保障教育公平。

可见，基础教育和高等教育的不公平问题在中美都存在。在美国，二战以后，精英教育的主导原则是向所有精英打开，不论阶层出身和收入，才智是精英的最首选的标准，对经济收入低的家庭的学生给予大力资助，这已成为社会常态。在美国顶尖大学中，学生的分布是纺锤形的，中间阶层占大多数，而在中国阶层结构是金字塔形的，越往上人数越少，这说明中国精英大学的阶层差距状况比美国严峻得多，教育的不公平问题要严重得多。关于教育补偿问题，在高等教育方面，早在1961年美国施行的肯定性行动计划，就是对弱势群体的一种补偿，联邦政府通过拨款的调控手段要求高校在招收妇女和黑人方面保留一定名额，以弥补对他们的亏欠和伤害。所以，在美国基础教育的公平已经基本实现，高等教教育公平问题已经步入发展阶段，更趋于公平过程和结果的公平研究。在中国，教育公平还只是义务教育阶段没有实现或正在努力实现的目标，高等教育阶段只能是"效率优先兼顾公平"，聚焦于高考制度的研究乃更多的是教育机会的公平问题。

三、中美教育公平研究取向分析

制度和政策是中美双方学者都很关注的教育公平的话题，在词频列表中，"制度"(排12位)、"政策"(排19位)和"policy"(26位)在中美都是前30

① 刘海峰：高考改革：完善制度、依法治考、凸显公平、走向多样[J]，《教育研究》2005年第3期，第29～34页。

② 刘洪宇等：试论地方高校财政拨款体制的多元化结构[J]，《教育研究》2003年第10期，第87～92页。

最高频率词汇，但中国以政策评论和宏观理论研究为主，美国以政策调查和微观研究为主。

《教育研究》有 40 篇文章(26%)涉及政府职能、政策评论和机制策略研究。

政府职能 学者们认为政府应承担的教育公平的基本责任包括：保障教育机会的均等和权利的平等；投资于基本的教育公共服务与基础设施并均衡配置教育资源，提供有质量的教育，尽可能地维护教育过程的公平；提供多样性、个性化的教育服务，从而保证差异公平；保护与扶持处境不利人群，以实现弱势补偿原则；建立以公平为导向的政策与法律环境。政府在不同教育阶段中的公平责任包括：政府是义务教育的首要责任者和最终保障者，政府是幼儿教育与高中教育的主要责任者；在高等教育、职业教育与社会教育领域，政府有责任建立政府主导下的公共教育服务多元供给体制。[①]

政策评述 宏观政策评论的文章，有“中国教育政策的评论”；[②]有围绕某一方面的政策问题的分析，如教育发展目标与可行性之间的关系；[③]还有与其他国家对某个特殊人群的政策比较研究，如俄罗斯通过物质援助、政策扶持、法律保障和教育实践，提升了孤儿生存和发展的质量，为实现社会公平与社会秩序的目标提供了保障。[④]

机制策略 包括学校制度、公平机制、代际流动机制等，学者们都认为研究和建立教育政策运行的公平机制是实现教育公平的关键和保障，教育政策和制度创新是解决教育领域不公平问题的基本途径。

《哈佛教育评论》中共有 21 篇文章(25%)涉及有关政策问题，主要是对政策、法案实施的调查研究

其中有 7 篇是关于“不让一个孩子掉队”法案(下称《法案》)的研究，集中发表于 2006 年。学者们的观点主要包括：经济补偿的标准要通过科学调查

---

① 盛冰：转型时期政府的教育公平责任及其边界，《教育研究》2007 年第 3 期，第 60～65 页。

② 李东：读《中国教育政策评论 2008》，《教育研究》2009 年第 11 期，第 105～107 页。

③ 张煜：教育发展目标的超前性与可行性之间的矛盾——对美国《不让一个学生掉队法》所面临的问题分析，《教育研究》2008 年第 5 期，第 85～92 页。

④ 乌云特娜，朱小蔓：当前俄罗斯孤儿安置政策分析，《教育研究》2008 年第 4 期，第 89～94 页。

联系教育实际来实现;要减少政治投入加强教育建设;要讲清教学实施和教师发展;家庭和公众的参与对维护教育公平的重要性等。例如:《在"不让一个孩子掉队"中的教学问题》中提出了法案中与教师发展相关的建议。作者分析了法案中立法和政策,并对法案中提到的有关教师和教学的三个概念(知识、教师与教学、教师学习)进行了调查,认为法案使得教师缺乏动力并且过分简化了教师学习和实践过程,进而损害了教育教学的公平实施,缩小了课程、练习的范围和教师教学在技术和道德层面上的支配,并提出了策略建议。[①] 还有学者运用法律知识和自己在公立学校工作的经历,围绕《不让一个孩子掉队》法案的实施展开讨论和争议。[②]《鲁比的公立教育质量》一文追溯了从1954年《布朗诉教育案》到1965年的《中小学教育案》的实施历史,来透视《不让一个孩子掉队》法案的效用。[③]

除了有关《不让一个孩子掉队》法案的讨论以外,对奥巴马选举和教育政策论述的文章共有8篇。

首先同样是围绕**特殊人群的教育政策**问题展开的,如贫困学生、移民、种族人群的教育。学者们向奥巴马政府提出了更加人性化的有效政策议案,以更好地服务于不断增长的人类需求和确保美国未来的富强。有学者指出奥巴马政府面临的最大挑战就是如何满足拉丁美洲和其他移民学生的教育需求问题。[④] 并建议奥巴马政府建立一个种族公平的学校。[⑤] 甚至认为

① MarilynCochran-Smith and SusanLLytle, Troubling Images of Teaching in No Child Left Behind, *Harvard Educational Review*, Vol. 76, 2006, pp. 668～700.

② John W Borkowski, Maree Sneed. Will NCLB Improve or Harm Public Education?, *Harvard Educational Review*, Vol. 76, 2006, pp. 503～528.

③ Arnold F Fege, Getting Ruby a Quality Public Education: Forty-Two Years of Building the Demand for Quality Public Schools through Parental and Public Involvement, *Harvard Educational Review*, Vol. 76, 2006, pp. 570～589.

④ Carola Suárez-Orozco. Marcelo M Suárez-Orozco, Educating Latino Immigrant Students in the Twenty-First Century: Principles for the Obama Administration, *Harvard Educational Review*, Vol. 79, 2009, pp. 327～342.

⑤ Vanessa Siddle Walker, Second-Class Integration: A Historical Perspective for a Contemporary Agenda, *Harvard Educational Review*, Vol. 79, 2009, pp. 269～286.

只有年轻的一代，尤其是贫困青年有潜力和勇气打破旧的教育体系，只有他们才能诠[J]释定义奥巴马教育公平政策。①

其次是探讨**教育改革与学校制度改革问题**。如：有学者讨论奥巴马的选举对中学课堂的影响，提到教育者和学生都受到《法案》的束缚，剥夺了学生学习的自由和教师教学的自由。② 也有提及奥巴马的当选对于实现美国教育改革的可能性，同时也质疑所谓的教育改革是否能够完全地实现，为此作者呼吁为了实现奥巴马所承诺的教育公平的梦想，发动教育公平的请愿运动。③ 还有学者通过对奥巴马教育政策的承诺和计划的描述，强调了教育变革的重要性，尤其是提高教师能力和保证留置问题，并表示对奥巴马政权所计划2016年实现的教育议案拭目以待。④

此外，还有对《2006密执安立法提案权》的相关研究，呼吁教育调查者加强对教育政策争议媒体的监察；⑤提出美国最高法院1978决议对加利福尼亚大学造成的影响，并为重新定义"肯定行动"提供了理论依据，为实施新的政策制度来实现教育公平的机会出谋划策。⑥

我们还对中美期刊发表的教育公平文章中所使用的研究方法进行了对比。数据统计也表明，在《教育研究》中以理论推理和经验总结为主得出结论的思辨研究文章有116篇(占74.8%)明显多于《哈佛教育评论》(仅19篇，占22.6%)，而《哈佛教育评论》中以数据和事件为论据来论证的实

① Jay Gillen, An Insurrectionary Generation: Young People, Poverty, Education, and Obama [J], *Harvard Educational Review*, Vol. 79, 2009, pp. 363～372.

② Megan Behrent, Reclaiming Our Freedom to Teach: Education Reform in the Obama Era [J], *Harvard Educational Review*, Vol. 79, 2009, pp. 240～248.

③ Wayne Au. Obama, Where Art Thou? Hoping for Change in U. S. Education Policy, *Harvard Educational Review*, Vol. 79, 2009, pp. 309～322.

④ Linda Darling-Hammond, President Obama and Education: The Possibility for Dramatic Improvements in Teaching and Learning, *Harvard Educational Review*, Vol. 79, 2009, pp. 210～225.

⑤ Michele S Moses et al, Hijacking Education Policy Decisions: Ballot Initiatives and the Case of Affirmative Action, *Harvard Educational Review*, Vol. 78, 2008, pp. 289～313.

⑥ Liliana M Garces, REALIZING Bakke's Legacy: Affirmative Action, Equal Opportunity, and Access to Higher Education, *Harvard Educational Review*, Vol. 78, 2008, pp. 700～702.

证研究文章有 45 篇(占 53.5%),远远超过《教育研究》(仅 30 篇,占 19.4%)。

美国调查研究方法的文章不仅所占比例最大,而且具体方法多样化,主要包括内容分析法、问卷法、综合调查法、实验法、观察法、访谈调查和案例法等。例如:有运用了历史调查、访谈和查阅文献的综合调查法,发现黑西潘妮尔人相同背景下有不同的教育体系,证明自治是造成这一教育是否成败的主要因素。[①] 有运用实验法证明选择性评价优于标准评价法,不同的评价方法对不同背景特征学生的测试表现结果是不同的,其中高收入和低收入白人之间的差距小了,种族、性别、社会经济地位等不同背景特征产生的差距也缩小了。[②] 有运用中学教师多年的教学案例、社会网络系统和人口统计的方法考查了教师内部系统的各种关系、改革和决策。[③]"性早期教育"一文运用访谈法对小学教师和家长对儿童性倾向的看法和态度进行了调查,揭示了儿童性教育与社会教育公平的密切联系。[④]

可见,在中美两国,教育公平都是教育政策研究的重要话题。然而,中美在对待教育公平政策和制度研究上存在差异,《教育研究》中有关政策制度方面研究问题文章以政策评论和宏观理论以及经验总结叙述为主,而在《哈佛教育评论》中以法案政策的调查研究为主;在美国对于某个法案或者某项政策能够形成研究焦点,而中国研究问题显得分散;中国的政策制度多是从宏观整体论述,针对性相对不具体,而美国每个研究问题都有具体的国

---

① Ruben Donato, Hispano education and the implications of autonomy: Four school systems in southern Colorado, 1920 - 1963, *Harvard Educational Review*, Vol. 69, 1999, pp. 117～150.

② Jonathan A Supovitz. Robert T Brennan, Mirror, mirror on the wall, which is the fairest test of all? An examination of the equitability of portfolio assessment relative to standardized tests, *Harvard Educational Review*, No. 67, 1997, pp. 472～507.

③ Lauren Anderson, Embedded, Emboldened, and (Net) Working for Change: Support-Seeking and Teacher Agency in Urban, High-Needs Schools, *Harvard Educational Review*, No. 80, 2010, pp. 541～574.

④ Casper 等, Toward a most thorough understanding of the world: Sexual orientation and early childhood education, *Harvard Educational Review*, Vol. 66, 1996, pp. 271～294.

家、地区或者人群和事件，问题针对性强。这些研究风格差异与中西思维方式和研究传统差异等都有直接联系，不仅仅体现在教育公平的研究中，而且在人文研究中是普遍存在的现象。

四、推进我国“教育公平”的若干思考和对策建议

通过以上对中美著名教育杂志《教育研究》和《哈佛教育评论》关于教育公平问题论文的比较研究表明，教育公平问题在中美两国都受到高度重视。但由于发展水平和文化背景不同，对教育公平的关注重点存在明显差异，我们从中可获取推进我国教育公平研究思路和策略的一些启示。

20 世纪 80 年代，美国知名学者库姆斯(P. H. Coombs)指出，世界范围内的教育不平等一般是由于差别而造成所受正规教育的不平等。它主要表现在：首先是地区的不平等。其中包括发达国家和发展国家之间的不平等、农村地区和城市地区之间的不平等、城市中不同居住区之间的不平等。[①] 从世界教育发展的普遍规律中我们也可以知道，教育不公平问题集中的领域，与教育发展的阶段是相适应的。以上分析的中美教育公平研究重要领域的差异也典型地反映出两国的基本国情差异，这与我们的认识和国家政策也是基本一致的。我国尚处于社会主义初级阶段，低水平、不全面、不均衡的教育资源供给与经济社会发展的多元化需求，特别是与人民群众日益增长的对教育“足量优质”需求之间的矛盾成为当前我国教育的主要矛盾。缩小城乡差别，重视农村教育自然成为中国教育公平研究的重中之重，

2007 年中共中央、国务院颁布的《国家中长期教育改革和发展规划纲要(2010—2012 年)》(以下简称《纲要》)提出，把促进公平作为国家的基本教育政策，体现了我国政府对促进教育公平的高度重视和坚定决心。同时，明确

---

① 库姆斯：《世界教育危机：八十年代的观点》，单中惠、杨汉麟主编：《西方教育学名著提要》，江西人民出版社 2004 年版，第 789 页。

指出:“教育公平的关键是机会公平,基本要求是保障公民依法享有受教育的权利;重点是促进义务教育均衡发展和扶持困难群体;根本措施是合理配置教育资源,向农村地区、边远贫困地区和民族地区倾斜,加快缩小教育差距;教育公平的主要责任在政府,全社会要共同促进教育公平。”《纲要》在考试招生制度改革一章中则要求:“完善高等学校招生名额分配方式和招生录取办法,建立健全有利于促进入学机会公平、有利于优秀人才选拔的多元录取机制。”显然,人民群众关注的教育公平热点难点问题,在《纲要》中已经得到了高度重视。而将这些原则要求逐步坚定实施,则是一个长期任务。

在努力缩小校际教育差距方面,应该考虑制定更新义务教育基本办学标准和质量标准,推进义务教育学校标准化建设;要大力改造义务教育阶段薄弱学校;促进优质教育资源共享;要确定教育生均经费底线,促进义务教育均衡发展。在努力缩小城乡教育差距方面,应该着力把新增教育经费主要用于农村,将农村义务教育纳入公共财政保障范围;要创新农村教师补充机制,使优秀教师能够下得去、留得住;要建立城乡一体化的教育发展机制,逐步统一城乡教师编制和工资标准,从根本上提高农村教育水平。在努力缩小区域教育差距方面,招生计划要向西部地区倾斜,重点支持中西部农村教师培训;进一步实施“对口支援西部地区高等学校计划”。加大对困难人群支持的力度,提高资助标准,给予困难人群特殊关爱。同时,继续调整高考制度,特别是要调整高考分配名额,为人口大省、贫困地区提供更多高考名额,保证他们得到公平接受高等教育的机会。

广大教育研究人员应该多从美国及其他发达国家的教育发展历程中吸取经验和教训,拓展研究领域,尤其要加强对在实施教育机会公平政策中存在的问题进行研究,为我国教育公平的进一步教育过程和结果公平的发展提供学理依据和借鉴。

案例二：

中文知网(CNKI)与英文SAGE期刊的比较研究：中美教育公平的研究现状

一、研究设计

西方和中国分别自上世纪60年代和90年代起逐渐开展了对教育公平问题的研究，之后逐渐涌现了大量学术论文著作等。笔者从相关文献回顾中发现，尽管国内外已经做了不少教育公平的文献研究，但是在研究对象上大多数都针对一个国家的情况，中国学者大多都以中国的情况作为研究对象，中外对比的研究很少，基于语料库的对比研究更是凤毛麟角；在研究方法上，多数综述类论文采用了传统的定性描述的研究方法，即查阅前人论文或专著中的总结，只有少数采用了统计调查等科学研究方法。本文分析在三个层面进行：研究概况、主要研究方法和研究主题，以期从中外研究现状比较中得出对中国学者在今后的教育公平研究中可以借鉴之处。

1. 研究问题

本文拟通过定性和定量相结合的方法分析中外教育公平的研究发展现状。通过对自建的语料库数据的分析，试图回答下面三个研究问题：

(1) 中外教育公平问题研究的发展总体趋势如何？

(2) 中外研究教育公平的主要方法有哪些？

(3) 过去十年中，中外教育公平研究的主要问题是什么？

2. 数据搜集

本文中的数据分别搜集自中外两个具有代表性的数据库。中文数据库采用了同方知网(CNKI)，英文数据采用了国外的在线数据库SAGE。同方知网是世界上最大的中文学术期刊数据库，包括4600种期刊、学报，还有数目庞大的硕博论文。SAGE 始建于 1965 年，数据包含 600 多种期刊和 800 多种学术著作、参考书，是世界上领先的独立学术出版方，为全球各个研究领域的学者、研究者和学生提供信息。① 由此可以说，作为本文数据来源的这两个数据库是可信的。

以关键词收索的方法收集相关语料。搜索中文相关文章以“题名”为搜索标准，以“教育公平”为关键词。在中国知网上搜到该库中从最早于 1994 年 6 月发表的相关文章到 2010 年 12 月的教育公平研究论文，一共 2 336 篇。

在英文数据库 SAGE 中搜索文章时使用了两种搜索标准，一是与中文数据库中“题名”对应的搜索标准“title”，二是从文章的关键词(key words)中收索。由于“教育公平”一次在英语中有很多表达方法，所以笔者选用了几组相关的英语词汇作为关键词。“教育公平”在英语中可能表达成“education ＋ equality”，“education ＋ equity”，“education ＋ equal”，“education ＋ fair”，“education ＋ fairness”，以及用“educational”替换“education”的 5 个组合。在 SAGE 中以“title”为搜索标准，分别以以上 10 个组合作为关键词，搜索 2010 年 12 月以前发表的文章，搜索到的文章数量如下表所示(表 3.2)。

表 3.2　每组关键词搜索到的文章数量

关键词	文章数量	关键词	文章数量
education＋equity	55	educational＋equality	18
education＋equality	32	education＋fair	16
educational＋equity	32	educational＋fair	9
education＋equal	20	education＋fairness	3
educational＋equal	20	educational＋fairness	0

① 来源于 http://www.uk.sagepub.com/aboutus/aboutCompany.htm

由表3.2可以看出,"education"和"equity" 的组合比其他九组更常用。"education+ fairness"的组合搜不到任何文章。每组关键词之间使用"or",这样可以搜索到尽可能多的文章。搜索结果发现,英文数据库中搜索出的文章数量只有173篇,与中文文章数目有极为显著的差异。

笔者发现从中文数据库中搜索出的文章,"教育公平"会同时出现在题名以及关键词中,而在英文文献中,文章本身讨论的可能正是教育公平问题,但是这一词语并不在题目中出现,而只在关键词中出现,例如一篇题为《Questioning a White Male Advantage in STEM: Examining Disparities in College Major by Gender and Race/Ethnicity》。[①] 英语文献的题目往往并不是宽泛地涉及"教育公平",而是具体问题具体分析,题目中的用词会很具体。题目的这一差异正体现了中西方"抽象—具体"还是"具体—抽象"的思维差异。因此,在SAGE数据库中将使用"title"和"key word"两种搜索标准。

3. 研究方法及分析工具

本文主要运用了基于语料库的文献分析方法,对数据库中的相关文章进行定量分析。语料库研究于20世纪60年代发源于西方,70年代开始在中国生根。[②] 近十年来,语料库研究在中国有极大发展。

语料库研究方法在话语分析研究中有很大的利用潜力。现实中使用的语言素材被收集起来再用语料库研究法分析后可以用来证明或者证伪研究者的假设。[③] 也就是说,用语料库研究法分析文本是文本分析的方法之一,最终的目标是透过文本获得语言上的某种规律,或联系实际引发进一步思考。语料库研究软件可以制作高频词表、关键词表、词丛以及检索单词上下

---

① Ridgle-Crumb, C. & King, B. Questioning a white male advantage in STEM: Examining disparities in college major by gender and race/ethnicity. *Educational Researcher*, No. 39, 2010, pp. 656～664.

② 王海华,高洋,尚晓华:语料库语言学发展回顾及展望,《大连海事大学学报(社会科学版)》,2009年第3期。

③ Partington, A. *The linguistics of political argumentation: The Spin-doctor and the Wolf-pack at the White House*. London: Routledge, 2003, p. 7.

文等等。

本文使用语料库常用处理软件 Wordsmith Tool 5.0 对所收集的语料进行处理。WordSmith Tools 是一个在 Windows 下运行的用来观测文字在文本中表现的功能强大的综合软件包，常用于语料库研究和文本数据分析。它共包含 Concord（语境共现检索工具）、WordList（词频列表检索工具）、KeyWords（关键词检索工具）、Splitter（文本分割工具）、Text Converter（文本替换工具）、Viewer（文本浏览工具）等六个程序，其中前面三个程序是主要的文本检索工具，后面三个程序属于辅助性工具①。

二、研究结果分析

对研究结果的分析将分为三部分：中外教育公平研究现状的总体发展趋势、中外教育公平研究方法的对比，以及中外教育公平研究主题的对比。

1. 中外教育公平研究现状的总体发展趋势

用以上描述的数据收索方法在 CNKI 和 SAGE 数据库中分别搜集了最早出现的相关文章至 2010 年 12 月的所有学术文章。表 3.3 显示了最终在这两个数据库中收集到的有关教育公平的文章数量，从中可以看出中外在文章数量总数上存在显著差异。

表 3.3　中外数据库中收集到的文章数量

数据库	时间段	文章总数量
CNKI（国内）	1994.6—2010.12	2 336
SAGE（国外）	1914.11—2010.12	280

图 3.2 和图 3.3 分别显示了两个数据库中教育公平研究文章在时间轴上的发表数量情况。

① 来源于 http://hi.baidu.com/seanxpq/blog/item/10d5fb271e8bec6e34a80f93.html

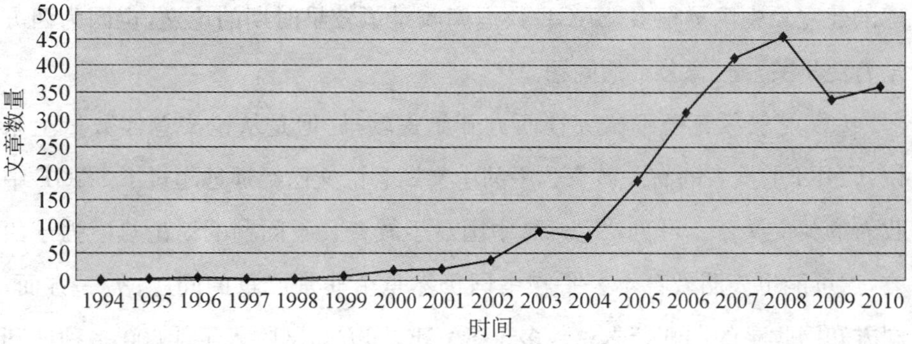

图 3.2　CNKI 中文文献发表情况

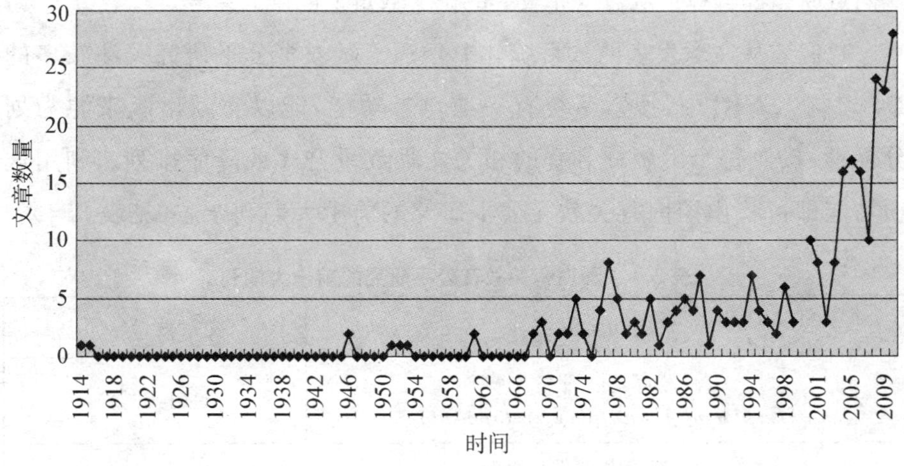

图 3.3　SAGE 英文文献发表情况

通过对比图 3.2 与图 3.3，我们可以看出下列两者的相同点与不同点：

（1）非常显而易见的是两图中都呈现出发表文章数的上升走势。这意味着教育公平研究在国内外的学术界都越来越受到重视。

（2）教育公平研究在西方开始得较早，SAGE 中收入的最早一篇论文是 1914 年发表的《The Education of Women and Sex Equality》[①]，而国内 CNKI 中最早可考的文章发表于 1994 年。其原因之一可能是国外期刊语料

① Martin，G. S. The education of women and sex equality. *The ANNALS of the American academy of political and social science*，No. 56，1914，pp. 38～46.

库的建立较中国早很多,SAGE 数据库收录了较早时期的论文,也因为西方学者更早关注教育公平的问题。

(3) 尽管教育公平研究在西方开始得较早,但是从论文总体数量上来说,CNKI 上发表的有关教育公平的中文期刊论文已经远远超过了 SAGE 中收入的英文文章。可见,一方面,中国对于教育公平问题的讨论热度强于西方,这可能也表明教育不公平在中国仍然是个非常严重的问题;另一方面,同方知网收录的期刊杂志总数多于 SAGE,同方知网收入了 4 600 多种期刊杂志和学术报纸,而 SAGE 只有 600 多种期刊杂志和 800 多种学术专著。这两点原因都解释了从数据库收集的论文数量上的巨大差异。

我们还从文章发表的数目统计中分析了对教育公平研究关注较多的杂志。在 CNKI 中,搜索系统有一项自带功能,能以文献出版来源为划分标准,按照每个出版社刊登的相关文献数量升序或降序排列。利用这项功能即可找出国内有关教育公平研究的前十大期刊杂志(见表 3.4)。

表 3.4　国内有关教育公平研究的前十大期刊

期刊名称	文章数量(%)
教育发展研究 (*Exploring Education Development*)	41(1.76%)
教育与职业 (*Education and Vocation*)	37(1.58%)
当代教育论坛(上半月刊) (*Forum on Contemporary Education*)	31(1.33%)
教育学术月刊 (*E ducation Research Monthly*)	29(1.24%)
教育理论与实践 (*The theory and practice of education*)	29(1.24%)
教育探索 (*Education Exploration*)	29(1.24%)
教育研究 (*Education Studies*)	27(1.16%)

续 表

期刊名称	文章数量(%)
现代教育科学 (*Modern Education Science*)	25(1.07%)
现代教育管理 (*Modern Education Management*)	23(0.99%)
中国成人教育 (*China Adult Education*)	23(0.99%)

如前所述,在 CNKI 上一共搜索出 2 336 篇教育公平相关文献。在搜索系统中可以看出这些文献散布于 59 种期刊杂志中,上表的统计显示共有 294 篇文章聚集于前十大期刊中。位于前十的期刊中大多数都是中文社会科学核心期刊(CSSCI),例如《教育研究》、《教育发展研究》和《教育与职业》。根据以上数据,我们可以得出如下饼图:图 3 显示了位于前十的期刊在教育公平相关的总期刊中所占的比例,图 4 显示了前十大期刊中教育公平类的文献数量在相关主题总文献中所占的比例。

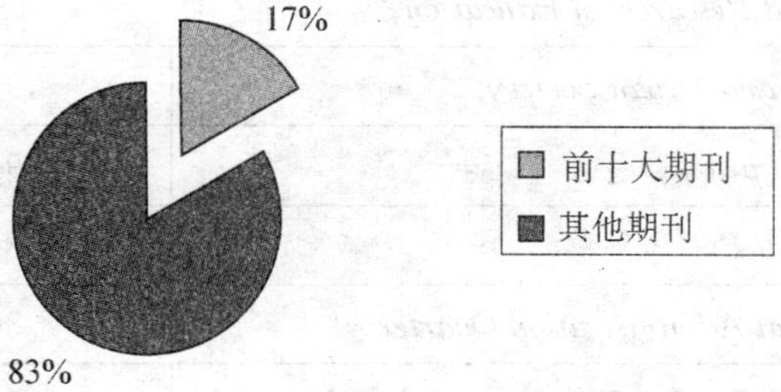

图 3.4 位于前十的期刊在相关总期刊中所占比例

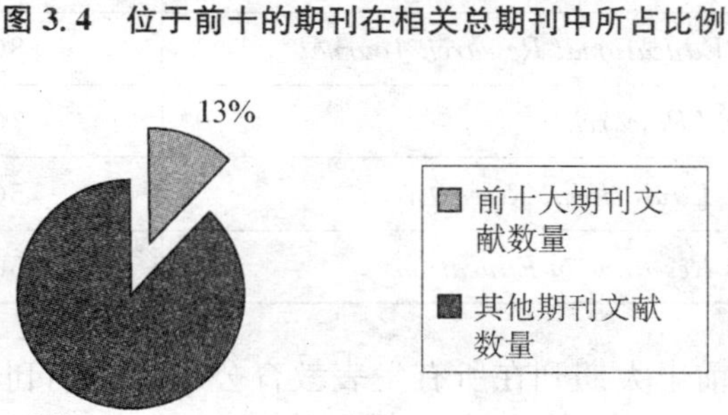

图.5 前十大期刊中文献数量在相关主题总文献中所占比例

从以上两图中我们可以看到，尽管前十大期刊占据教育公平研究相关期刊的17%，但是十大期刊中的文章数量只占总数2 336篇的13%。这可能意味着教育公平研究相关的论文主要流向了非十大——即非核心期刊。更深一层次的推理是，这些论文没有被核心期刊杂志接受的原因可能是论文质量没有达到国家核心期刊的要求，也可能是教育公平问题还不是核心期刊关注的研究重点。

就SAGE来说，由于它的搜索系统不像CNKI那样有自带的分类统计系统，笔者只有自己手动统计。为了使手动统计这一方法更为可行，笔者把SAGE中搜索出的文献数量精简到较具有可操作性的程度。笔者截取了从2000年1月1日到2010年12月这11年间的所有相关论文。表3.5显示了SAGE中前十大期刊中教育公平研究的文章数量，而所有与教育公平相关的期刊杂志共有55种。

表3.5　国外有关教育公平研究的前十大期刊

期刊名称	文章数量(%)
Theory and Research in Education	15(9.15%)
Education and Urban Society	9(5.49%)
Urban Education	9(5.49%)
Educational Policy	8(4.88%)
Educational Administration Quarterly	8(4.88%)
Journal of Teacher Education	8(4.88%)
American Educational Research Journal	8(4.88%)
Educational Researcher	7(4.27%)
Review of Educational Research	5(3.05%)
Review of Research in Education	5(3.05%)

图3.6显示前十大期刊在所有发表教育公平相关期刊中所占比例，图3.7显示前十大期刊中教育公平的文章数量在总数中的比例。

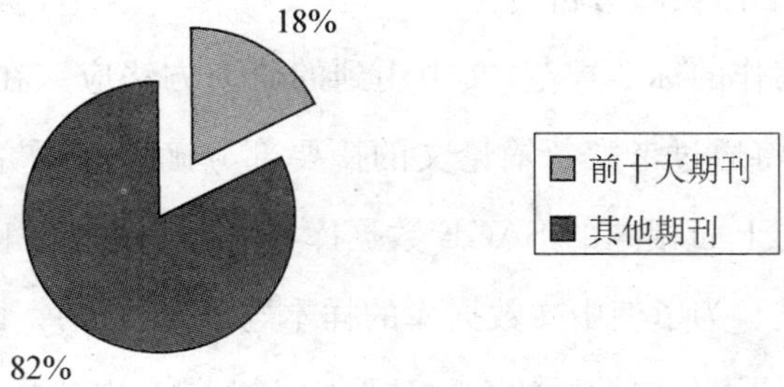

图 3.6　前十大期刊在所有教育公平相关期刊中所占比例

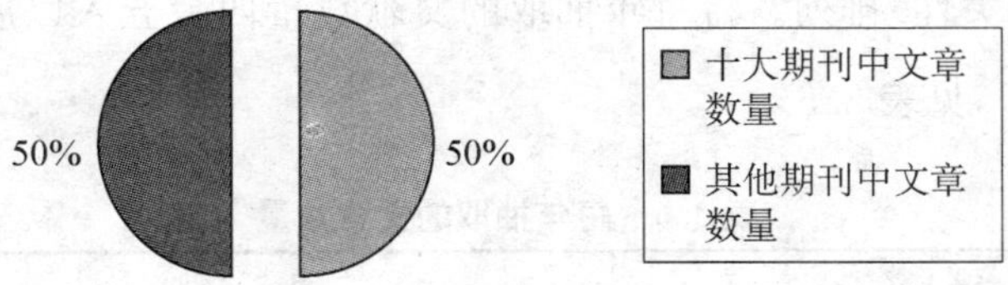

图 3.7　前十大期刊中教育公平的文章数量在总数中的比例

由以上数据可以看到，尽管前十大期刊只占 55 种期刊总数量的 18%，但是前十大期刊的文章数在总文章数量中的比重达到 50%之多。这意味着教育公平相关文献更倾向于出现在前十大期刊上。

以上数据给我们展示了教育公平研究在国内外的基本发展情况，以及国内外在教育公平研究方面比较侧重的期刊，在讨论教育公平时我们可以参考这些具有权威性和影响力的重点期刊。

2. CNKI 与 SAGE 中教育公平文献的研究方法对比

在这一部分，笔者将通过分类统计考察中外学者在教育公平领域的主要研究方法是什么。

研究方法分为传统研究方法和科学研究方法。传统研究方法又包括“权威法”、“经验总结研究法”和“探究型研究方法”。“权威法”是指通过查询经典著作或专业书籍获取知识的方法，而非靠亲自探索或者亲身观察验证。“经验总结研究法”和“探究性研究法”是指人们通过个人经验或者“视觉、洞察力和逻辑思考”去做研究。科学研究方法包括“统计研究”、“田野调查”、“实证研究”和“文献分析”。①

按照论文写作的标准规范，文中用到的研究方法应该在“摘要”中明确指出，因此笔者将通过考察每篇论文的摘要部分确定其研究方法。本部分研究仍然使用与上面相同的SAGE数据库样本——过去11年的164篇教育公平研究论文。为了使中文数据库的样本与外文数据库164篇文章规模相匹配，笔者将使用分层抽样的方法选取中文文献。也就是说过去11年的中文文献将按照一定比例抽出，总数达到164篇左右。在搜索中，每年的文献将按照“相关性”排列。将每年抽取的文献数量四舍五入以后，得到的文章总数是167，见表3.6。

表3.6　每年抽取的文章数量

年度	2000	2001	2002	2003	2004	2005	2006	2007	2008	2009	2010	Total
原始篇数	18	22	38	92	79	184	313	414	455	336	360	2 311
按照14∶1比例抽取后的篇数	1	2	3	7	6	13	22	30	33	24	26	167

在考察了中英文文献的“摘要”部分后，笔者按照上面所述的研究方法分类原则将文献作了如下统计(见表3.7)。

表3.7　CNKI/SAGE中教育公平文献研究方法文类

研究方法	论文数量	百分比(四舍五入)
传统研究方法 (权威法，经验总结研究法和探究性研究法)	124/78	74%/47.6%
科学研究方法 (统计研究，田野调查，实证研究和文献分析)	16/62	10%/37.8%
没有指明	27/24	16%/14.6%

“没有指明”这个分类是指文献没有摘要，这中间大多文章发表于早期。

① 袁方，王汉生:《社会研究方法教程》，北京:北京大学出版社，2006年。

下面两个饼图更清楚地反映出中外期刊相关文章中研究方法的异同(见图 7 和图 8)。

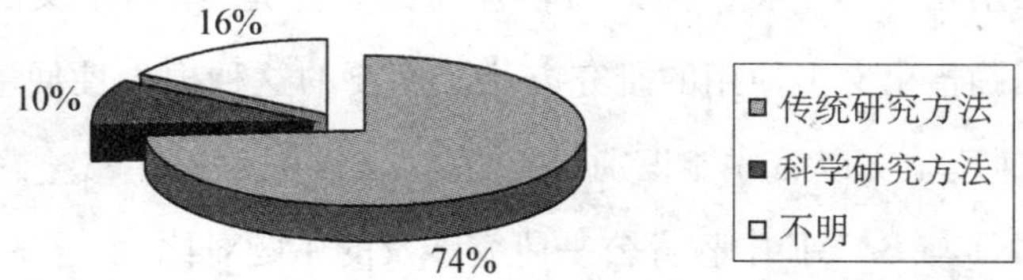

图 3.8　中文文献研究方法分类

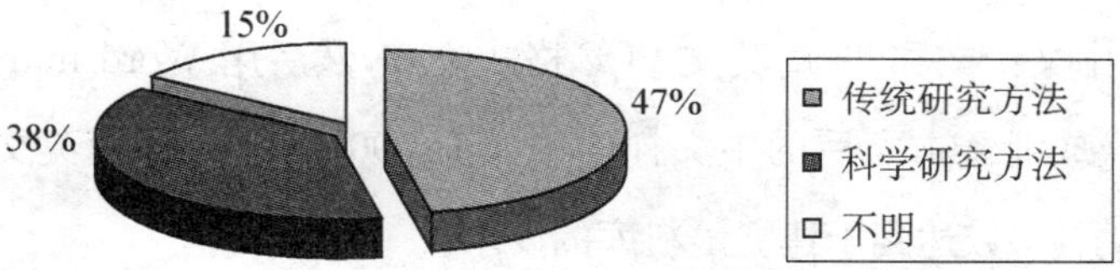

图 3.9　英文文献研究方法分类

通过比较以上两图,我们可以看出:

(1) 在两组样本中,传统研究方法都是最常用的方法。在 CNKI 和 SAGE 中,使用传统研究方法的论文结构描述基本是相似的:定义+摆出教育公平相关的现实问题+提出解决问题的方法,例如"This article outlines current disparities in educational access; illustrates the relationships between race, educational resources, and student achievement; and proposes reforms needed to equalize opportunities to learn."①

(2) SAGE 中教育公平论文的样本比 CNKI 的样本更倾向于使用科学研究方法,前者的数量几乎是后者的四倍。考察文本时,很容易找出指明文章使用科学研究方法的描述,比如:"Guided by a review of the literature, authors use data from a qualitative case study of high school guidance in an overcrowded school to illustrate ..." "This research, using documents and

① Darling-Hammond, L. Third annual brown lecture in education research — the flat earth and education: How America's commitment to equity will determine our future. *Improving Schools*, No. 4, 2001, pp. 3～7.

interviews, shows ..."[①]等等。这表明西方的研究者在论文中倾向于使用各种科学研究方法,更倾向于亲身做调查,而非沉迷于故纸堆,参考别人的研究最后做出相似的论文。另外值得注意的一点是,国内论文的摘要部分往往没有明确指出文中使用的研究方法。摘要的这种模糊性使笔者花费了更多时间,通读全文以后才能识别研究方法。

3. CNKI与SAGE中教育公平研究涉及的主题对比

这一部分要分析全文,笔者将样本数量做了进一步缩小,收集了两个数据库中从2000年到2010年间按照每年"相关性"排列前三的论文。这样就得到了33篇中文论文和33篇英文PDF格式论文,然后用Wordsmith软件分析处理。转换成纯文本之后的中文样本中共有190 000多字,而英文文本也有270 000多字,字数达到了建立语料库的要求。

根据以上数据即可建立起两个语料库:拥有110 829个标识符(tokens)的CNKI教育与公平语料库(CNKI Education Equity Corpus)CEEC和拥有305 465个标识符的SAGE教育公平语料库(SAGE Education Equity Corpus)SEEC。另外还有两个参照语料库英国国家语料库(British National Corpus—BNC)和兰卡斯特普通话语料库(the Lancaster Corpus of Mandarin Chinese—LCMC)。参照语料库通常是一个巨大的语料库(至少几百万的词汇量),基本能囊括某种语言的所有运用方式。英国国家语料库BNC经常被用作参照语料库,包含了各个领域的英语口语和书面语,接近一亿单词量。[②] 兰卡斯特普通话语料库是在研究者们急需一个可获得的公开语料库的情况下建立的。它为中英文对比研究以及汉语单语研究提供了很好的平台。

---

① Darling-Hammond, L. Third annual brown lecture in education research — the flat earth and education: How America's commitment to equity will determine our future. *Improving Schools*, No. 4, 2001, pp. 3~7.

② Qian, Y. F. *Discursive constructions around terrorism in the People's Daily (China) and the Sun (UK) before and after* 9. 11. Switzerland: Peter Lang, International Academic Publishers, 2010, p. 8.

笔者用 Wordsmith Tools 工具中的 Wordlists(单词列表或词频列表)和 Concordance(检索功能)查看论文中语言的重复和结构,以期得出文章中有关教育公平不同主题的信息。

笔者用 Wordsmith 5.0 分别为 CEEC 和 SEEC 制作了一张词频列表。由于空间有限,本文截取了前 23 行高频实意词(即名词、形容词、动词和副词),见表 3.8。但是词频表本身并不会解释,对词语的阐释不能随意,这时应该用检索功能考察,进行定性分析。

表 3.8　CEEC/SEEC 前 23 个高频词

序号	CEEC 高频词	%	SEEC 高频词	%
1	教育	3.99	**education**	0.8
2	公平	1.38	**students**	0.46
3	社会	0.75	**school**	0.42
4	发展	0.56	university	0.34
5	高等教育	0.5	**state**	0.26
6	学生	0.48	**higher**	0.24
7	学校	0.41	**social**	0.2
8	机会	0.38	research	0.18
9	平等	0.37	**teachers**	0.18
10	问题	0.37	American	0.18
11	地区	0.33	college	0.18
12	经济	0.3	children	0.17
13	我国	0.3	**policy**	0.17
14	资源	0.29	public	0.16
15	政策	0.25	women	0.13
16	国家	0.24	income	0.12
17	实现	0.24	study	0.12
18	不同	0.23	parents	0.12
19	政府	0.21	programs	0.11

续 表

序号	CEEC 高频词	%	SEEC 高频词	%
20	职业	0.21	**equity**	0.11
21	制度	0.21	**national**	0.11
22	教师	0.19	race	0.11
23	义务教育	0.19	**economic**	0.11

进行高频词表对比的方法是考察两张表相同以及相异的单词，以及相同词语出现的不同排位。在表 7 中，粗体字是两表中相同或相近的的词语。SEEC 单词列表中意义模糊的词语可用检索功能查看其确切意思。比如，通过检索“higher”，包含“higher”的上下文都会显示出来(截取了前 13 行，见图 3.10)，图中显示“higher”经常同“education”一起用，这样就同中文此表中的“高等教育”表达了相同的意思。

N	Concordance
1	what they can do, the curriculum. Higher level thinking skills or the skills to
2	announce commission on higher education and economic 85,
3	. . Total government spending - total higher and K-12 education spending* (3
4	state and local government spending on higher education divided
5	divided by state population (3) Higher education spending/SPI (%) Total
6	state and local government spending on higher education
7	gross state product from t to t + 1 (2) Higher education spending per capita
8	0.637 4.775 0.522 Neighbor's higher education spending/SPI (%)
9	11.937 1.703 14.850 2.331 Higher education spending/SPI (%)
10	1.974 14.359 2.234 Neighbor's higher education spending per capita
11	2.749 2.492 3.014 2.040 Higher education spending per capita
12	and our period of analysis, thus higher education spending nega-
13	system between economic growth and higher education spending is the jet fuel

图 3.10　检索“higher”上下文的截图

分析 CEEC/SEEC 高频词表中的相似词，可以归纳为三类：

(1) 主题关键词：教育/education，公平、平等/equity；

(2) 与教育活动相关：学生/students，学校/school，教师/teachers，高等教育/higher education；

(3) 与社会相关：社会/social，经济/economic，政策/policy，国家/state

& national;

这些相同或相似的高频词代表了国内外教育公平研究共同关注的焦点。然而,在高频词表中即使是相似意义的词语,在不同上下文以及社会背景的情况下会存在不同的阐释方法,因此,也需要用到检索功能进一步确定。这里以"高等教育/higher education"为例。高等教育相关词汇在两张词表中都属于高频词汇,可见高等教育中的教育公平问题受到更多国内外学者的极大关注。从图 3.10 检索"high education"的上下文中我们可以看出,在西方对于高等教育不公平的讨论集中于教育资金投入不足。

N	Concordance
1	等:《高等教育的公平和效率》,《高等教育研究》1998年第4J例。3.翁
2	》1998年第4期。2.薛天祥等:《高等教育的公平和效率》,《
3	平等:高等教育扩张的影响》,《高等教育研究》1998年第4期。2.薛
4	书:《高等教育机会均等与社会平等:高等教育扩张的影响》,《高等教育
5	的稳定。参考文献:1.陆根书:《高等教育机会均等与社会平等:
6	之际,更要密切关注,妥善处理好高等教育的公平问题,以保持社会的
7	的政治功能。教育公平,特别是高等教育的公平,在现阶段正在成为
8	。高等教育的公平更多地反映了高等教育的政治功能。教育公平,
9	实现高等教育的公平创造了条件。高等教育的公平更多地反映了
10	大众化时代的到来,为努力实现高等教育的公平创造了条件。
11	的接受高等教育的需求,加速了高等教育大众化时代的到来,为努力
12	步满足了人民群众日益增长的接受高等教育的需求,加速了高等教育
13	并努力使每个个体都能平等地接受高等教育,平等地参与高等教育,
14	个体在接受高等教育的机会、参与高等教育的过程、达成教育后融人
15	的因素,力争使每个个体在接受高等教育的机会、参与高等教育的

图 3.11　检索"高等教育"上下文的截图

从截图 3.11 中文词表中我们可以看到"高等教育"与"接受"、"公平"、"机会"和教育"过程"等词连用。"高等教育"更多地是被作为一种社会性的行为被强调,而不像西方那样强调高等教育问题的根源。

在考察高频词表中相同或相似的单词时,除了要对比分析其在上下文中的语义,还要比较其在此表中的排位。表 3.9 显示"学生"和"教师"在中文词表中的排位比英文词表中的对应词靠后,而"经济"比英文词表中的"economic"靠前。这从一定角度反映出,在国外教育公平研究中讨论"学生"和"教师"的部分是相当多的,而经济因素在教育公平中的地位显然国内研究强调得更多。

分析两表中相异的词语可以帮助找出国内外教育公平研究主题的

差异。

在中文高频词表中，有这些名词“机会”、“地区”、“资源”、“政府”和“义务教育”，动词则有“发展”、“实现”，而在英文高频词表中，与中文词表有明显差异的单词有“American”（美国）、“children”（孩子）、“women”（妇女）、“income”（收入）、“parents”（父母）和“race”（种族）。这些词语多少反映出国内外在教育公平研究中的一些不同侧重点。

就中国来说，教育不公平体现之一是区域间教育不公——东部和西部之间、城市和乡村之间。检索“地区”之后显示的上下文如图3.12，区域间教育不公是很多论文讨论的主题。抽出其中一条检索，再进一步扩大上下文范围就可以看出其具体论述：“具体从各省区情况来看，1998年小学生辍学率出现负增长的省份（上海、福建）均属于东部地区，而辍学率高于1%的省份基本在西部地区，其中西藏、云南、贵州的小学辍学率高于1.5%”；[①]用同样的方法可以看出“政府”这个高频词，可见政府在“发展”和“实现”区域间教育公平、确保“资源”公平合理分配中是起主要作用的。这些词语都极大地反映了中国国情。

13	,1997.[5] 倪咏梅.论减轻贫困 地区 家庭义务教育费用负担[J].
14	,1998,(3).[2] 吴开俊.我国 地区 经济发展不平衡对“两基”的
15	我们不能再将眼光仅仅放在发达 地区 或者少数几个高质量学校的
16	从富裕 地区 转移教育资源,为贫困 地区 发展义务教育,是实现教育公平
17	调整不同 地区 的政策。从富裕 地区 转移教育资源,为贫困 地区 发展
18	转移支付制度,政府应当调整不同 地区 的政策。从富裕 地区 转移教育
19	入学的惟一标准。3·加大对贫困 地区 的教育投入,促进义务教育均衡
20	资金用于扶助薄弱学校和提高贫困 地区 的教育质量。另外,对这种高
21	提高义务教育的整体质量,缩小 地区 间人力资源差距有重要意义。
22	的最低标准,有利于保证贫困 地区 学生享受真正的义务教育。加大
23	乡村的学校给予支持,以保障贫困 地区 的学生不会因为交不起学杂费

图3.12 检索“地区”出现的上下文

至于英文高频词表中显著不同的单词，我们首先来看看意义模糊的词语“American”（见图3.13）。

检索词表显示，半数的上下文都在讨论美国的教育公平问题，这表明许多研究都把美国作为研究对象；半数的上下文中“American”都用在

① 吴宏超，叶忠：校际落差与义务教育公平.《中小学教育》2003年第7期，第9～12页。

N	Concordance
1	Weis (Ed.), Class, race, and gender in American education (pp. 144-160). New
2	Weis (Ed.), Class, race, and gender in American education (pp. 9-39). New
3	M. (1988). Race, class and gender in American educational research: Toward
4	under law. In L. S. Kaufman (Ed.), American feminist thought at century's
5	a comparative political pro- cess. The American Political Science Review, 70,
6	feminine occupations and the role of American working women during the war.
7	in an (almost) all White school. American Edu- classroom. New York:
8	April). The caring behaviors of African American
9	American students' perceptions of
10	B. M. (1990). The necessity of African-American episte- 12. Space will not
11	my classroom and accept the African American students are
12	with a high proportion of African American students, African Assertion 3:
13	may emerge from teachers can American student "talks back" or
14	at the classroom level, wherein African American their full potential. Systemic
15	of 11,001 stark contrast to the "American Dream," which is based on
16	are supposedly number of African American students and students from

图 3.13　检索“American”出现的上下文截图

“African-American students”中，这表明非裔美国人在教育公平研究中是重点探讨的话题，延伸一下就是种族问题在教育公平中的体现，这又解释了“race”(种族)作为与中文高频词显著不同的英文高频词出现的原因。同理可得，“women”(女性)的教育问题实质上是在探讨性别差异在教育公平中的体现。检索“women”，得出图 3.14 中的检索词表。

N	Concordance
1	field, Haifa University, Haifa, Israel. Women in world assembly line. Haifa,
2	Paul. Segen, N. (1996). Men and women: Equal opportunities for all. In O.
3	4, 23-40. Elboim-Dror, R. (1992). Women in the Zionist utopia. Katedra,
4	it can lead to a revolution, as the women involved say, will be verified by a
5	sources for the benefit of middle-class women, and it confronted the objection of
6	from the new structure, such as elite women, the ultraorthodox, and
7	1996). This may cause a split among women. This exploration of policy also
8	are different from those of middle-class women (Shohet, 1996). This may cause
9	ethnicity; it ignores the statement of women of oppressed ethnic and racial
10	the same skills as men and considers women beyond other classifi- cations

图 3.14　“women”检索词表

选两条检索词表中的句子后回溯到原文可得以下两段文章：

“All these elements lead to the conclusion that the gender equality policy in education in Israel is a technical solution rather than a revolution（policy change); it was meant to respond to demands coming from different social and economic sources for the benefit of middle-class **women**, and it confronted the objection of other social elements. ."①

"What follows is from a 1997 report by Bernice Sandler, whose activism was central to the passage of Title IX, **which outlaws and provides penalties for discrimination against women in educational institutions** from elementary through university settings."②

以上两段文字证明了之前所述有关"women"的教育公平问题其实是性别差异在教育公平问题中的体现。

"income"、"parents"、"children"这三个词语实际上应该放在一起讨论,它们表明了家庭经济和文化背景对孩子教育的影响,下面从文中摘出的一段话即可证明:

"All positions would be awarded on the basis of merit. If so, ability should predict who goes to college. Instead, **family income is the best predictor — the more a family earns, the more likely their children are to go to college** ... while some people do get ahead through ability and hard work, others simply inherit wealth."③

通过这一部分,我们可以看出国内外教育公平研究的侧重点有明显差异,研究的差异也体现了国情的差异。国内的教育公平问题集中于东西部之间、城乡之间的区域发展水平差异导致的教育水平差异,这符合中国目前区域发展不均的现实;而在国外,特别是研究较为集中的对象——美国,性别差异、种族差异以及家庭背景都在教育公平研究之列,这些差异问题也正

---

① Eden, D. Israel's gender equality policy in education: Revolution or Containment? *Urban Education*. No.. 35, 2000, p. 473.

② Anyon, J. Progressive Social Movements and Educational Equity. *Educational Policy*. Vol. 23, 2009, p. 194.

③ Milner, H. R IV. What does teacher education have to do with teaching? Implications for diversity studies. *Journal of teacher education*, No. 61, 2010, pp. 118~131.

体现了他们的现状。

三、结论

根据前文的分析，我们可以初步得出以下几个发现：

第一，国内外有关教育公平的研究在过去十年中受到极大关注，论文数量都在呈上升趋势；尽管西方学者研究教育公平问题早于国内，但是国内论文数量已经赶超国外。

第二，本文列出了国内外教育公平方面比较有影响力或对教育公平关注较多的前十大期刊，研究发现，尽管国内论文有数量优势，但是国外论文的质量普遍高于国内。

第三，国外教育公平论文更多使用科学研究方法，而国内学者多使用传统研究方法。

第四，基于教育公平研究论文的语料库显示国内外在教育公平研究中存在不同的主题和侧重点。中国教育公平问题更倾向于与东西部地区之间、城乡之间发展不平衡相联系，而国外在探讨教育公平问题时，同性别差异、种族差异，以及家庭经济、文化背景相联系。

本研究通过期刊文章的数据分析大致揭示了中外教育公平研究的现状，希望有助于中国学者在今后的相关研究中借鉴一些西方的研究方法，更深入地研究中国的教育公平问题，提高研究文章的质量。

案例三：

对《同在蓝天下——怎么看教育公平》中教育公平话语积极隐喻的分析

一、研究背景

《国家中长期教育改革和发展规划纲要》(2010—2012 年)明确规定促进

教育公平是国家基本教育政策。对教育公平的研究主要包括“教育公平内涵的研究、教育公平的多元视角研究、教育公平的影响因素研究、教育公平与社会群体关系的研究、教育公平测量方法的研究以及对教育公平实现途径的探讨等六个方面”[①]。近年来,由于受到社会科学的语言学转向和语言学的社会转向的影响,话语研究和话语方法已经成为主流趋势,“关于教育的当代研究日益显示这种趋势”[②]。例如,通过话语分析研究欧盟教育政策中的平等问题[③];探讨澳大利亚教育中的性别平等问题[④];研究瑞典教育政策中教育公平的新走向[⑤]。

此外,“我们思考和行为的方式基本上都是隐喻的”[⑥],“隐喻制约了我们在日常话语、技术性话语、文学话语中如何表达思想”[⑦]。因此,隐喻已经成为应用语言学、社会科学、人文科学领域重要的研究工具[⑧]。关于教育概念和过程的隐喻主要有以下几类:(1) 植物隐喻[⑨],如教师是园丁,学生是植物;(2) 食物隐喻[⑩],如学习材料是食物、学习过程是咀嚼消化过程;(3) 登山隐喻[⑪],如学习是爬山,获得所有知识是登上山顶;(4) 商业

---

① 袁敏:教育公平研究综述,《现代教育科学》2010年第1期。

② Edwards, R., K. Nicholl, N. Solomon & R. Usher, Rhetoric and Educational Discourse: Persuasive Texts, London: Routledge, 2004, p. 2.

③ Brine, J., The European Union's discourse of 'equality' and its education and training policy within the post-compulsory sector, *Journal of Education Policy*, No. 13, No. 1, 1998.

④ Marshall, C, Policy discourse analysis: negotiating gender equity., *Journal of Education Policy* Vol. 15, No. 2, 2000.

⑤ Englund, T., The discourse on equivalence in Swedish education policy, *Journal of Education Policy*, Vol. 20, No. 1, 2005.

⑥ Lakoff, G. & M. Johnson, *Metaphors We Live By*. Chicago: University of Chicago Press, 1980/2003; *Philosophy In The Flesh: The embodied mind and its challenge to western thought*. New York: Basic Books. 1980, p. 3.

⑦ *Gibbs*, Raymond W., The Poetics of Mind: Figurative thought, *language*, *and understanding*, New York: Cambridge University Press, 1994.

⑧ Cameron, L. & R. Maslen, *Metaphor Analysis*, London: Equinox, 2010.

⑨ Pring, R., Review of metaphors of education, *British Journal of Educational Studies*, Vol. 34, No. 1, 1986.

⑩ Ormell, C., Eights metaphors of education, *Educational Research*, Vol. 38, No. 1, 1996.

⑪ 同上。

隐喻[①]，如学生是消费者、教师是商家、知识是商品；(5) 旅行隐喻[②]，如学习是旅程、学生是旅行者、教师是导游。

教育公平是中国当代社会的重要课题，以教育公平为主要话题的政府文件、新闻报道、学术著述等可统称为"教育公平话语"。国内外文献中还未见以隐喻为工具对教育公平话语进行的研究。此外，分析这些话语并以积极的视角评价社会实践，有助于进一步认知中国的教育公平现状，并为促进教育公平提供参考意见。《同在蓝天下——怎么看教育公平》(以下简称《同》文)是通俗理论读物《七个"怎么看"——理论热点面对面》其中一章，关注了教育公平问题及影响教育公平的原因。因此，本研究拟建立积极隐喻分析(positive metaphor analysis)的方法研究《同》文中如何使用隐喻来谈论中国的教育公平问题。

二、理论基础与分析步骤

积极话语分析(positive discourse analysis 简称 PDA)是话语分析的一种视角、态度。马丁(Martin)[③]认为在进行话语分析时"还要考虑其他许多相对被忽视的话语资源，如幽默、隐喻等"。隐喻的话语动态框架(the discourse dynamics framework for metaphor 简称 DDM)[④]旨在以隐喻为研究工具分析真实语言使用，从而揭示交际者的态度、价值观念等。PDA 和 DDM 都是为话语分析服务的研究范式，因此本研究以 PDA 为分析视角、以 DDM 为分析工具形成积极隐喻分析的方法。

1. 隐喻的动态话语框架

DDM 以复杂系统理论(complex systems theory)为基石，以真实语言使用

---

① Lakoff, G. & M. Johnson, *Metaphors We Live By*. Chicago: University of Chicago Press, 1980/2003; *Philosophy In The Flesh: The embodied mind and its challenge to western thought*. New York: Basic Books. 1980, p. 532.

② Hiraga, M. K., Tao of learning: metaphors Japanese students live by, In E. Berendt (ed.), *Metaphors for Learning: A Cross-Cultural Perspective*, Amsterdam: John Benjamins, 2008, p. 55

③ Martin, J. R. Positive discourse analysis: solidarity and change. *Revista Canaria de Estudios Ingleses* 2004, Vol. 49, No. 1. —— Comment. *World Englishes*, 2007, Vol. 26, No. 1.

④ 同上。

中的隐喻为研究对象，进行以隐喻为主导的话语分析（metaphor-led discourse analysis）。根据复杂系统理论，DDM认为话语是不断变化着的复杂动态系统，包括语言使用、意义、语境这些元素。从话语系统内部来看，交际者的话语活动是复杂的语言系统、认知系统、物理系统等多个子系统相互作用的结果。从话语系统外部来看，交际者的局部话语活动与更宏观的环境、社会、文化网络紧密相关。随着交际者不停地“贡献”自己的话语和思想，话语动态系统也在变化发展中。交际者所使用的语言隐喻在话语动态系统的运动轨迹上零散分布，但这些语言隐喻可能互相联系从而形成相对稳定的行为模式，即系统隐喻。

由此，DDM遵循“自下而上”的原则，强调先在真实的语言使用中识别语言隐喻，再发现从话语中涌现出来的系统隐喻。这与强调“自上而下”的概念隐喻理论（Conceptual Metaphor Theory 简称 CMT①）是对立的，CMT过于强调概念隐喻的认知性、预先存在性。卡梅伦（Cameron）②用“贝壳比喻”（“大海”是话语，“贝壳”是隐喻）形象地说明了CMT和DDM在研究路径上的区别。前者是研究冲上沙滩的孤立的贝壳，而后者是研究在大海这种自然生态环境中的贝壳。

2. 隐喻与（积极）话语分析

如果“不参照语法结构、隐喻、言语行为等语言概念，几乎不可能讨论语篇和话语”③。对隐喻使用进行话语分析就是要揭示隐喻使用背后的交际者态度、情感、价值观念。约翰斯顿（Johnestone）④认为，话语分析不总是简单的描述话语，其最终目标是为了社会批评，揭示语言形式背后的意识形态、

---

① Lakoff, G. & M. Johnson, *Metaphors We Live By*. Chicago: University of Chicago Press, 1980/2003; *Philosophy In The Flesh: The embodied mind and its challenge to western thought*. New York: Basic Books. 1980.

② Cameron, L., Confrontation or complementarity: Metaphor in language use and cognitive metaphor theory, *Annual Review of Cognitive Linguistics*, Vol. 5, No. 1, 2007.

③ Le, T. & M. Short, Linguistics and critical discourse analysis, *Critical Discourse Analysis: An interdisciplinary perspective*, New York: Nova Science Publishers, 2009.

④ Johnestone, B., *Discourse Analysis*, Malden, Massachusetts: Blackwell Publishing, 2008, p. 30.

权力关系，以及揭露社会中的不平等，即批评话语分析（CDA）。马丁[①]更支持理论上的互补而非对立，建议解构和建构应同时并存。CDA过于重视批评与解构，不利于以积极的态度应对各种社会问题。马丁认为要用积极的视角评价社会实践，期望通过话语分析而提倡和解、一致，最终实现和谐的社会、美好的世界，便形成了与CDA互补的PDA。“如果没有PDA便会阻碍人们理解各种领域的事物如何向美好的方向变化。”[②]

3. 积极隐喻分析步骤

（1）隐喻识别

DDM采用的隐喻识别过程（metaphor identification procedure，MIP[③]）以语义冲突（incongruity）和语义转移（transfer of meaning）定义语言隐喻[④]。我们拟以此为基础，结合汉语隐喻机器识别标准、语义转移过程、语义相似性等相关研究成果，改进MIP以提高汉语隐喻识别的可靠性和有效性。

隐喻化使用的词语，即隐喻载体词（metaphor vehicle terms）与当前话题有语义冲突。汉语隐喻识别与解释的计算语言学研究[⑤]称之为：指称异常和搭配异常。语义转移指隐喻载体词在指称上从基本意义到语境意义的变化。“基本意义指更具体的意义（容易成像、五官能感觉到的意义），与身体动作相关且已存在很久，但不一定是频率最高的意义”[⑥]。语义转移常常体现在具体化（用在其他语境下指称具体事物的词语来指称抽象事物）、拟人

① Martin，J. R. Positive discourse analysis：solidarity and change. *Revista Canaria de Estudios Ingleses* 2004，Vol. 49，No. 1. —— Comment. *World Englishes*，2007，Vol. 26，No. 1.

② Martin，J. R. Positive discourse analysis：solidarity and change. *Revista Canaria de Estudios Ingleses* Vol. 49，No. 1，2004.

③ Pragglejaz Group，A method for identifying metaphorically used words in discourse，*Metaphor and Symbol*，Vol. 22，No. 1，2007.

④ Cameron，L. & R. Maslen，*Metaphor Analysis*，London：Equinox，2010，p. 102.

⑤ 杨芸：《汉语隐喻识别与解释计算模型研究》，厦门大学博士学位论文，2008年。

杨芸，周昌乐，李剑峰：《基于隐喻角色依存模式的汉语隐喻计算分类体系》，《语言文字应用》2008年第3期。

⑥ Pragglejaz Group，A method for identifying metaphorically used words in discourse，*Metaphor and Symbol*，Vol. 22，No. 1，2007.

化(用在其他语境下指称有生命事物的词语指称无生命事物)、非拟人化(用在其他语境下指称无生命事物的词语来指称有生命事物)这三个过程①。语义相似性,即基本意义和语境意义所指称对象之间的相似性关系②。综合上述因素,改进后的 MIP 主要包括以下步骤:

A. 阅读整个语篇以理解其整体意义。

B. 使用汉语词法分析系统 ICTCLAS 软件切分标注语料,获得词汇单元。

C. 发现指称异常和搭配异常的词汇单元。

D. a. 确定该词汇单元的基本意义及语境意义。

b. 确定该词汇单元的基本意义及语境意义是否存在差别。

E. 考察该词汇单元从基本意义到语境意义是否经历了具体化、拟人化、非拟人化过程。

如果是,该词汇单元是可能的语言隐喻。

F. 考察该词汇单元的基本意义和语境意义所指称对象之间是否存在相似性关系。如果是,把这个词汇单元标记为"隐喻"。

例如,例 1 中"资本"的基本意义为"经营工商业的本钱",此处指"牟取利益的凭借",即从指称具体事物转移至抽象事物,二者之间具有关系相似性(类比关系),因此标识为隐喻。例 2 中"关键"在古汉语中意为"门闩或关闭门户的横木",这种基本意义已在现代汉语中消失,不再算作基本意义。因此,例 3 中的"关键"指"事物最关紧要的部分、对情况起决定作用的因素"不被标识为隐喻。

例 1:为了增加"择校"资本……

例 2:其人入数屋,俄顷而去。旦视关键不异,方知非人。(《北齐书·窦泰传》)

例 3:抓好义务教育均衡发展,就抓住了促进教育公平的关键。

(2) 确定隐喻使用的模式及系统性

---

① Charteris-Black, J., *Corpus Approaches to Critical Metaphor Analysis*, Basingstoke: Palgrave Macmillan, 2004, p. 21.

② Steen, G., *Finding Metaphor in Grammar and Usage*, Amsterdam: John Benjamins, 2007, p. 63.

识别语言隐喻是为了发现隐喻使用的模式及系统性，最终是为了发现语言使用背后的认知模式。这个过程可简单表述为：语言隐喻——系统隐喻——隐喻脚本。

首先，把那些基本意义有语义联系的隐喻载体词、或基本意义属于同一语义场的隐喻载体词归为同一载体群（vehicle group），舍弃与主题无关的隐喻载体词。其次，检查同一载体群的载体词是否指称相同话题，而后命名载体群，即获得载体群名称（vehicle group label）。再次，识别载体群的语境意义（隐喻意义）并命名，即获得话题（topic）。最后，根据载体群名称和话题，建构系统隐喻。在话语事件中语义关联的词语用于指称相同的话题所形成的一系列语言隐喻就是系统隐喻（systematic metaphor）①。

系统隐喻在较具体的语言使用层面展示了隐喻使用的系统性，隐喻使用的系统性还体现在认知模式层面，即以系统隐喻为基础的隐喻脚本（metaphor scenario）。隐喻脚本是系统隐喻中的载体词（概念隐喻的源域概念）根据时空和逻辑关系发展成的小型叙事（mininarrative），包括参与者及其角色、故事情节等成分，以及对这些成分的规约性评价，这些是话语社团成员关于源域概念所做的一系列假设，并且会映射到相应的目标域概念中。②

（3）揭示隐喻使用的作用

零散分布的微观的语言隐喻只能表明交际者即时的、偶然的思维方式，而话语中提取的较宏观的系统隐喻“揭示了交际者大脑当前活跃着的定势思维、价值观念”③。此外，更宏观的隐喻脚本反映了交际者有偏向的观点和态度，以及所在话语社团的偏好④。隐喻建构不是自动的、无意识的，除了传递信息外，隐喻还是具有情感性、社会文化性的交际策略。

---

① Cameron, L. & R. Maslen, *Metaphor Analysis*, London: Equinox, 2010, p. 128.

② Musolff, A., Metaphor scenarios in public discourse, *Metaphor and Symbol*, Vol. 21, No. 1, 2006.

③ Cameron, L. & R. Maslen, *Metaphor Analysis*, London: Equinox, 2010, p. 117.

④ Musolff, A., Metaphor scenarios in public discourse, *Metaphor and Symbol*, Vol. 21, No. 1, 2006.

CDA 认为语言形式背后的意识形态起到了操纵(manipulation)作用,即违背交际者意愿控制其思想。PDA 的视角认为要弱化冲突、强化和解,交际者应自由决定是否接受他人观点。因此,隐喻的交际目的在于说服(persuasion)而不是操纵。依据 PDA,交际者还期待听话人在对待事物的态度上、价值观念上能与其结成同盟、保持一致性(alignment, community),那么隐喻还旨在移情(empathizing),即促使听话人"识别说话人的思想情感并用合适的情感回应"①。这样交际双方实现相互理解,从而能就如何实施共同行动来解决社会问题而达成共识。总之,在 PDA 的基础上,隐喻不仅传递信息(解释),而且起到了说服、移情的功能。此外,三者之间相互联系,解释是为了说服(使大众接受观点、态度),说服的目的在于移情(促使大众对组织采取理解和支持的行为)。

三、个案分析:《同》文中的隐喻使用

本研究的语料为《同》文,该文主要论述三个问题:如何促进义务教育发展、如何解决农民工子女上学难问题、如何保障家庭经济困难学生上得起学。作者为了实现"百姓视角"、"百姓语言"、"百姓故事"、"百姓需求"②,必定使用隐喻这种策略。

1.《同》文中的隐喻识别

《同》文共 6 682 字,使用中国科学院计算技术研究所研制的汉语词法分析系统 ICTCLAS 软件切分标注,如例 4 所示,切分后得到 3 399 个词汇单元(计复现次数)。

例 4:对于/p 当前/t 教育/vn 发展/vn 中/f 存在/v 的/ude1 不/d 公平/a 问题/n

按照改进后的 MIP 进行辨别,结果发现 137 个隐喻载体词(计复现次

① Baron-Cohen, S., J. Richler, D. Bisarya, N. Gurunathan, & S. Wheelwright., The systemizing quotient: An investigation of adults with Asperger syndrome or high-functioning autism, and normal sex differences, *Philosophical Transactions of the Royal Society of London: Series B-Biological Sciences*, Vol. 358, No. 1430, 2003, p. 361.

② http://theory.people.com.cn/GB/12311300.html

数)，占到 4%。这与卡梅伦 (2008:199)的研究数据大体相当，“多种语体话语研究表明，隐喻密度约为每 1 000 词 20 个隐喻(大学授课话语)到 50 个(日常话语)或 60 个(教师话语)”。因篇幅限制此处仅举例说明，隐喻识别的结果如表 3.9 所示。

表 3.9　隐喻载体词列表示例

隐喻载体词	话语语境
扶	(5) 广东省开展“千校扶千校”活动。
倾斜	(6) 向农村、中西部地区、贫困地区、边疆地区、民族地区倾斜。
辐射面	(7) 优质教育资源短缺、辐射面窄等。
门槛	(8) 公办学校入学“门槛高”。
工程	(9) 义务教育均衡发展是一个长期的过程，也是一项复杂的系统工程。

2.《同》文中的隐喻使用模式

隐喻识别结果表明，一些隐喻载体词不仅语义关联而且指称相同话题；一些隐喻载体词虽语义不关联但指称相同话题。前者为“系统隐喻”[①]，后者在本研究中称为“次系统隐喻”。二者体现了语言层面的隐喻使用模式，以此为基础而推理出在认知层面的隐喻模式——隐喻脚本。

(1) 系统隐喻——隐喻载体词语义关联且指称相同话题

以系统隐喻“(义务)教育发展是运动”为例，形成系统隐喻的过程如下：把“起点”、“路线图”、“进入”等语义相近且指称相同话题的隐喻载体词归为同一载体群；将该载体群命名为“运动”；根据语境获得该载体群的话题为“(义务)教育发展”；根据载体群名称和话题，形成系统隐喻“(义务)教育发展是运动”。此外，“上升”、“提升”、“提高”、“跃居”、“落后”等也归为此类，因为这些动词的基本意义都显示了空间运动关系，它们的话题都间接表达了教育发展的情况，包括教育规模、教育质量、教育水平等，如例 10 至例 14。

---

① Cameron, L. & R. Maslen, *Metaphor Analysis*, London: Equinox, 2010, p. 128.

例 10：残疾儿童教育水平仍落后于普通儿童教育水平。

例 11：高等教育规模跃居世界首位。

例 12：把义务教育均衡发展提高到新水平。

例 13：促进均衡发展要把提升质量作为根本。

例 14：高中阶段教育毛入学率由 1949 年的 1.5%上升到 79.2%。

形成隐喻载体群必须有两个(含)以上语义关联的隐喻载体词，以此为标准得出的结果如表 3.10 所示。根据隐喻载体群名称及话题，归纳出的系统隐喻有"教育是资源"、"(义务)教育发展是绘画"、"(义务)教育发展是天平保持平衡"、"(义务)教育发展是运动"、"择校是疾病"、"帮助(薄弱学校)是搀扶(体弱的人)"等。从表 3.10 中可以看出，由于"(义务)教育发展"是主要话题，因此关于该话题的系统隐喻较多；由于"运动"是人类的基本身体经验，因而体现系统隐喻"(义务)教育发展是运动"的隐喻载体词较多。

表 3.10 《同》文中的系统隐喻

隐喻载体群(载体词)	隐喻载体群名称	隐喻载体群
资源　投入　投资	资源	教育
倾斜　均衡	天平	教育资源
写照　描绘　鲜明	绘画	(义务)教育发展
平衡　均衡　重心	保持平衡	
起点　路线图　轨道　进入 上升　提升　提高　跃居　落后　缩	运动	
突出　凸显	障碍	教育公平问题
发热　治而不愈　顽症　占坑	疾病	择校
风　高温	恶劣天气	
扶　扶助　帮扶　扶持	搀扶(体弱的人)	帮助(薄弱学校)
门槛　大门	房屋	学校
流入　流动	水流	农民工子女

(2) 次系统隐喻——隐喻载体词语义不关联但指称相同话题

有些隐喻载体词语义不关联但可指称相同话题，此处称为"次系统隐喻”，如表3所示。在论述“如何解决贫困学生入学难问题”时使用的隐喻载体词有“牵动着心”、“希望工程”、“绿色通道”、“(资金)到位”，但它们语义上不关联未能形成隐喻载体群。表3.11还列出了与上述系统隐喻话题(如“义务教育发展”)相关的其他隐喻载体词(如“工程”)。

表3.11　《同》文中的次系统隐喻

隐喻载体词	话　题
平台　辐射面	优质教育
蓝天　宽松	教育环境
起跑线	(孩子)受教育
工程	(义务)教育发展
美好前景	教育公平
抓	教育公平问题
资本　占坑班	择校
移民	部分高考考生
希望工程　绿色通道　牵动着心　(资金)到位	解决贫困学生入学难问题
挖掘(潜力)　出台(政策)　(多)渠道	解决农民工子女入学难问题
祖国的花朵	孩子

(3) 隐喻脚本

如前所述，“(义务)教育发展”是《同》文中的主要话题，并被隐喻地概念化为“绘画”、“天平保持平衡”、“运动”、“工程”。通过隐喻链的关系(如图3.15所示)，即“工程建设过程”、“绘画过程”、“运动过程”是“旅行过程”，从而获得更抽象的高层隐喻“(义务)教育发展是旅行”，表明了《同》文中隐喻使用在认知模式层面的系统性。

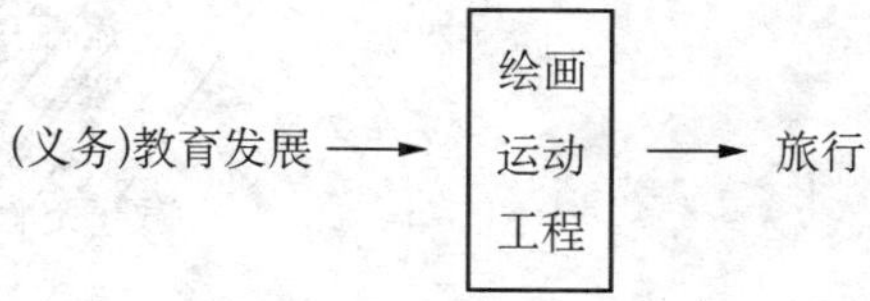

图3.15　隐喻链

“(义务)教育发展是旅行”是“旅行”和“(义务)教育发展”两个概念域整

合(*conceptual blending*[①])的结果。"旅行"和"(义务)教育发展"分别为两个输入空间,类属空间为二者共享的抽象结构为"路径图式"(SOURCE-PATH-GOAL SCHEMA),反映了人们在客观世界里运动的经验和对其他事物移动的感知。路径图式的主要成分"运动者、起点、终点、方向、必备品、障碍"等是跨空间映射的基础,两输入空间之间产生了"教育是旅行者"、"教育公平是美好前景"等跨空间对应关系,并投射至整合空间,如图 2 所示。

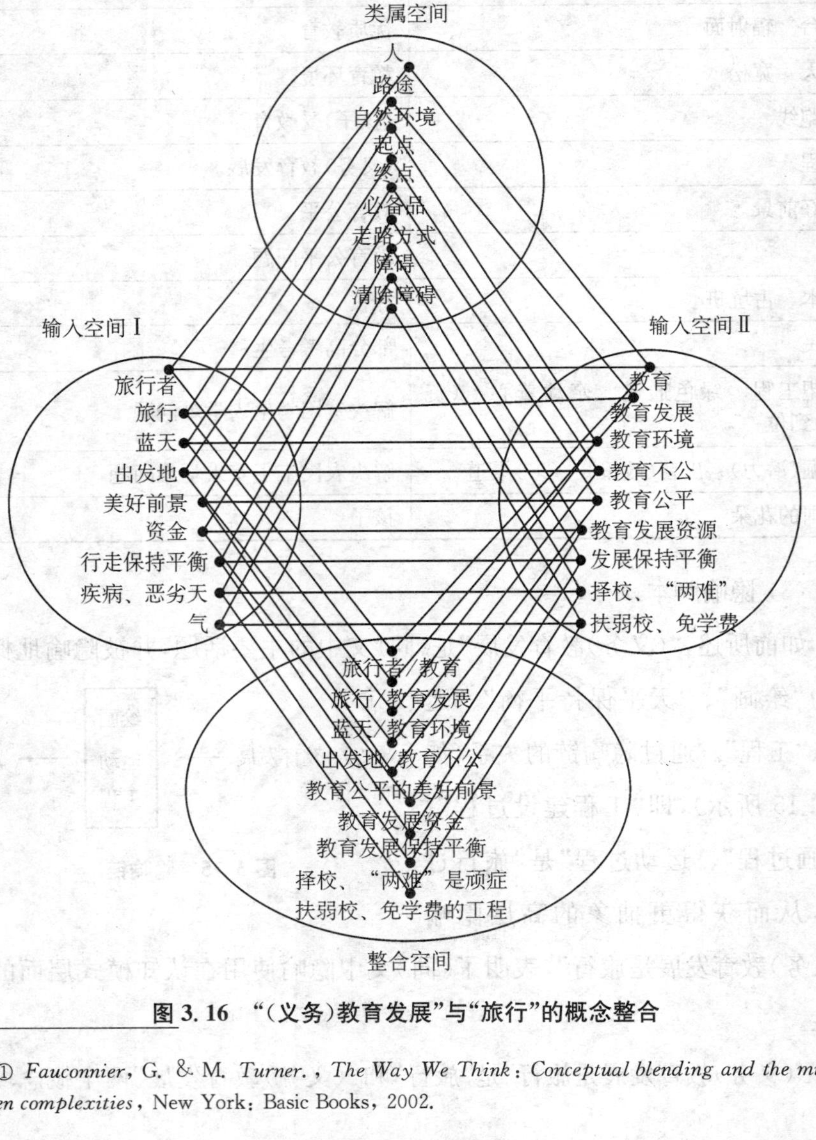

图 3.16 "(义务)教育发展"与"旅行"的概念整合

① *Fauconnier*, G. & M. *Turner.*, *The Way We Think*: *Conceptual blending and the mind's hidden complexities*, New York: Basic Books, 2002.

其他系统隐喻和次系统隐喻中的隐喻载体词表达的概念可能成为“旅行”空间的参与者和角色，根据时空等逻辑关系形成了小型叙事，被称为“旅行”隐喻脚本(JOURNEY metaphor scenario)，即“旅行者按照一定方向沿着路径从起点出发，途中可能会遇到疾病和恶劣天气等障碍，清除障碍后继续前进直至美好前景”。这种小型叙事也投射至合成空间，与跨空间映射关系一起促成了语用推理，获得了突现意义(emergent meaning)，即“(义务)教育在发展过程中要保持平衡，否则遇到一些教育不公的问题，如择校、农民工子女入学难、贫困学生上学难等，应采取各种措施解决这些难题，最终实现教育公平”，如图 3.17 所示。

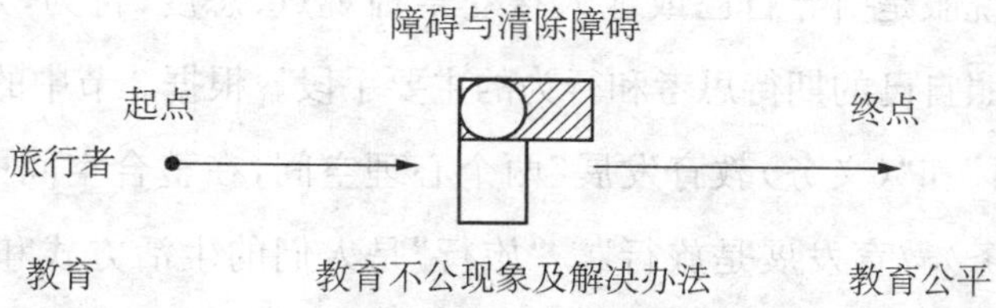

图 3.18　“(义务)教育发展是旅行”

3.《同》文中隐喻使用的作用

(1) 隐喻性短语的解释作用

汉语中短语由两个(含)以上词组合而成，有些组合造成了搭配异常。这些短语的整体意义与每个词的意义有着相似性关系，但不是它们简单相加的结果，这种短语是搭配异常型隐喻。例如，“占坑班”的组成语素“占”、“坑”的基本意义分别为“用强力据有”、“洼下去的地方”，组合后的“占坑”的隐喻意义为“预定位置”。“占坑班”是提供重点学校优先录取机会的培训班，是优质教育资源短缺情况下教育不公平现象的结果。

再如，“希望工程”、“绿色通道”是贫困学生入学难问题的解决途径。“希望”、“工程”的基本意义分别为“心里想着实现某种事情”、“是将自然科学原理应用到工农业生产部门中而形成各学科的总称”，整个短语指资助贫困地区失学儿童重返校园的社会公益事业，“希望”、“工程”这两个词寓意这项事业既充满希望，同时又是一项艰巨的工程。“绿色通道”本来指有形的道路，即以公路、铁路、河渠、堤坝为主线的植树绿化建设。“绿色”在交通规则中指示通行，隐喻地表达“畅通、无阻碍”。“绿色通道”在此处引申为无形的路径，即一种保证家庭经济困难学生顺利入学、先入学再资助的制度和方法。

这些短语都是人们基于已有词汇而新造来指称社会发展的新事物、新现象的，不仅言简意赅，容易被读者接受、理解、传播，因此起到了澄清复杂现象、解释复杂问题的作用。

(2)“旅行”隐喻脚本的说服作用

在西方传统修辞学中，隐喻在古希腊、古罗马时代就成了政治话语中的说服工具。说服是引导自己或他人接受某种观点、态度、行为，是不诉诸武力使他人按照自己的期待思考和行为的主要手段。根据3节中的分析，作者整合了“旅行”和“(义务)教育发展”两个心理空间，在整合空间中形成了突现意义“(义务)教育发展是旅行”。“旅行”是人们的生活方式和切身体验，这种隐喻脚本不仅把“教育”这个概念具体化成了“旅行者”，还以“旅行”叙事结构为基础把“(义务)教育发展”中的复杂因果关系简单化了。“旅行”隐喻脚本不仅简单易懂而且符合读者文化习惯，可改变读者原来对“(义务)教育发展”以及教育不公平现象的态度、观念，引导读者接受这样的观点：犹如在旅行途中可能会碰到疾病、恶劣天气这样的障碍一样，(义务)教育发展过程中的困难和不公平的现象在所难免，但是经过努力后最终的目标教育公平一定会实现。因此，“旅行”隐喻脚本实现了说服作用。

(3) 隐喻的移情作用

隐喻与情感之间的共性在于二者都是体验性的(embodied)，即来自人们的身体经验。汉语表达情感的词语常常与身体部位相关①，如“揪心”、“胆战心惊”等。Yu② 认为，与身体内部器官相关的词汇指称身体内部发生的事

---

① Yu, N., Body and emotion: Body parts in Chinese expression of emotion, *Pragmatics and Cognition*, Vol. 10, No. 1, 2002.

② 同①

件或过程，激发了想象性的图像，因此是隐喻的。例如，例 15 中“牵动着心”激发的想象性图像为“心脏被牵引而晃动着”，隐喻地表达了“牵挂、惦念”的情感。句(16)中的“深入人心”也是如此。句(17)和(18)中的动词“扶”、“抓”均是身体部位“手”的动作，用“手”来“扶”和“抓”的隐喻义分别为“帮助”和“把握”，这样的身体动作容易使读者产生心理反应，间接表达了“同甘共苦”和“不放弃”的情感。作者希望读者能体会到这些隐喻载体词所承载的情感，形成交际双方之间的情感趋同，使读者充分理解作者的观点、态度。体会情感的目的在于使读者用合适的情感回应，即理解来支持政府的政策。

例 15：这些孩子的上学问题一直牵动着党和政府的心。

例 16：教育作为一种重要的家庭“投资”的观念深入人心。

例 17：广东省开展“千校扶千校”活动。

例 18：抓好义务教育均衡发展，就抓住了促进教育公平的关键。

例 19 和 20 中的隐喻“祖国的花朵”、“蓝天”、“美好前景”不仅容易激起读者对美好事物的渴望之情，而且“有助于培养交际者之间的亲密感”，[①]使交际双方能够就共同行动达成共识。情感趋同、形成共识等都是移情的表现。

例 19：让祖国的花朵共享一片蓝天的目标，必将逐步变为现实。

例 20：让人们进一步看到了实现教育公平的美好前景。

(4) 余论

以上我们撷取了隐喻使用的三个方面以积极话语分析的视角来揭示其在具体话语情景中的作用。隐喻使用的核心功能是表征(representing)或框架化(framing)客观现实的某些部分，如解释、说服等。此外，隐喻也用来建构和协商人际关系，如实现情感趋同、加强亲密感等。隐喻使用不是为了消极地揭露社会问题，而是旨在提倡积极的应对态度。

---

① Cameron, Metaphor and talk, In R. Gibbs (ed.), *The Cambridge Handbook of Metaphor and Thought*, Cambridge: Cambridge University Press, 2008, p. 207.

此外，隐喻（包括语言隐喻与隐喻脚本）的选择是体验性和语境性相互作用的结果，如以“运动”理解“义务教育发展”反映了人类普遍的身体经验的认知作用，而“占坑班”、“祖国的花朵”等表明了社会文化语境的制约性，即受制于交际者之间的关系、交际话题、交际者所在话语社团的语用偏好等。

四、结语

本文以隐喻为研究工具对《同》文进行了话语分析，主要步骤包括：以改进后的隐喻识别过程来识别语言隐喻；在语言使用层次和认识模式层次上发现隐喻使用的系统性；以积极话语分析的思想分析隐喻使用的作用。研究结果表明，在语言使用层面体现系统隐喻“（义务）教育发展是运动”的隐喻载体词较多，关于“（义务）教育发展”的系统隐喻较多；在认知模式层面体现了更加抽象的“旅行”隐喻脚本，即“（义务）教育发展是旅行”；隐喻使用的作用主要体现在向读者解释如何消除教育不公现象，说服读者正确看待（义务）教育发展中的教育不公平现象，最终形成作者和读者之间的情感趋同、相互理解、一致共识。总之，隐喻发挥了解释、说服、移情的积极作用。

案例四：

从《加拿大教育》看加拿大教育公平研究

加拿大是西方七大发达国家之一，人均收人位于世界前列，这些成就离不开加拿大的教育。加拿大是世界上最早实施教育立法的国家之一，其教育法的历史可以追溯到19世纪初的英属殖民地时期，几乎与其宗主国英国教育法产生于同一时期。依据加拿大联邦宪法，教育管理权归省级政府。加拿大是一个联邦国家，包含10个省和3个地区。各省教育经费基本依靠自筹，联邦政府提供一定的资助来普及中、小学教育。加拿大的高等教育不仅发达，而且富有特色。加拿大的公共教育支出占国民生产总值的5.4%，高于美国的5.2%；25—64岁年龄段人口中，40%的加拿大人完成了高等教育，美国为36%；高等教育入学率为46%，居世界首位。在办学质量上，一个仅为2 600多万人口的国家，其多伦多大学在2001年的世界公立性大学排名中位居第10，它的藏书量超过1 000万册。另一项指标同样说明问题，“从1999年开始，加拿大连续7次被联合国开发计划署评为最适宜人类居住的地方（每两年评选一次），这是根据人均收入、人均寿命及教育程度三项指标综合考虑而评选出来的，其中加拿大得分最高的是教育。”与此同时，加拿大不忘在高等教育方面援助发展中国家，中国也是受益的国家之一。

经济合作与发展组织的一项研究也表明，加拿大在教育上处于世界领先地位。研究结果显示，加拿大的移民学生学习状态良好，并且较少受其社会经济背景影响。加拿大是一个多民族多文化和多语言的国家，居民之间的交流主要是用英语、法语。作为一个有两种官方语言的国家，加拿大在20世纪70年代就明确承认自己是一个多元文化的社会，其多元文化主义政策，经过几十年的演变与修改，最终上升为国家法律，表明了国家对它的充分肯定和坚定支持。加拿大多元文化主义政策和法律的产生、形成、完善和实施，顺应了国家发展和民族融合的趋势，成为世界各国处理民族问题的楷模和范例。加拿大与中国的情况略有相似，尤其是二者都是统一的多民族国家。所以，加拿大的教育公平发展研究，对中国如何实现更高水平的教育公平有着积极的借鉴意义。

本文运用批评性话语分析和语料库相结合的分析方法，探索加拿大学者研究什么教育公平问题，怎样研究这些问题，并结合加拿大的社会背景探究学者为什么研究这些问题。根据 http://www.library.nenu.edu.cn/Navigation/CORE_E/edu.htm 核心教育期刊排行榜的统计结果，对以下排列前四位的加拿大核心教育期刊《加拿大教育杂志》、《教育思想杂志》、《加拿大高等教育杂志》和《远程教育杂志》进行了对比，最后选择了《加拿大教育杂志》作为本文研究语料,一是因为该杂志由加拿大教育研究学会出版发行,刊登各类加拿大教育相关的学术论文、评论文章、论述书评、文献综述和研究纪要,拥有广泛、高素质的读者群体。其文章多沿用传统的研究方法,即提出研究课题,对课题进行深入探讨,最后总结研究结论。二是该杂志覆盖了加拿大教育的各个阶段,适合本文探讨加拿大教育公平问题的各个阶段的目的。而且,根据 SCImago 期刊和国家排名显示,该杂志更具学术性。因近 20 年的语料发展最具现实研究意义,本文最终决定选取该杂志 1991 年至 2010 年的语料进行研究。

对语料的分析分为三个部分:第一部分是基于语料库的量化分析,根据杂志文章发表数量看教育公平研究的总体趋势,通过字串检索工具和词频列表检索工具回答学者研究什么教育公平问题;第二部分通过对文章中所采用的研究方法分类,回答加拿大学者怎样研究教育公平问题;最后一部分结合加拿大的社会背景探究学者为什么研究这些问题,以及对我们的启示。

一、研究什么教育公平问题

为了研究最近 20 年教育公平问题的发展情况,本文使用 WordSmith 软件工具检索语料,分析学者关于教育公平问题的话语。

1. 通过发表数量看教育公平研究的总体趋势

因本研究选择《加拿大教育杂志》1991—2010 年的文章作为数据来源,以“equity/equitable/equality/fair(公平、公正的、平等、公正)”为关键词,共检索到 448 篇相关文献。经过进一步查阅文献,删除了一些主要关注雇佣公平、社会公平或人权的文章。最终,选定了 227 篇涉及教育公平主题的文章创建数据库。

本文以年代为序重新整理数据库,得到了一份教育公平文献的历时离散图,如下图所示:

从下图可以看出,《加拿大教育杂志》有关教育公平话题的文章数量相

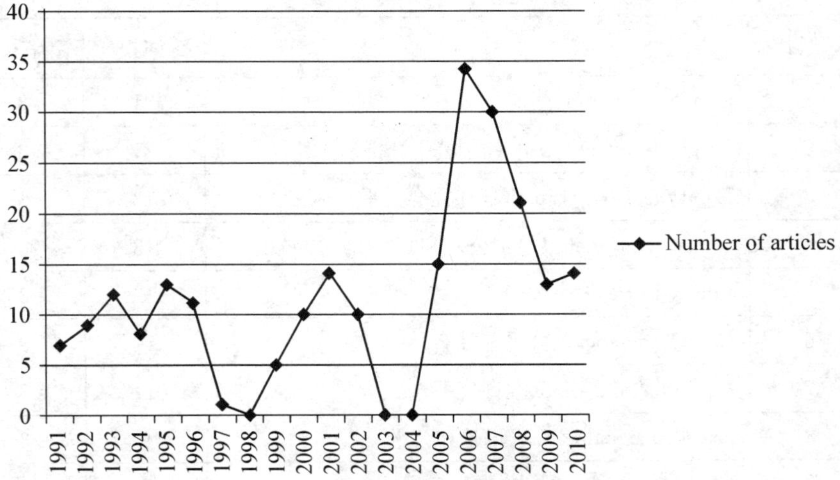

图 3. 19　1991—2010 年教育公平文献离散图

对稳定，仅于 2006—2008 年间有明显增长。由此可见，加拿大近 20 年来，教育公平问题的研究可能进展稳定。通览文献文本发现，经济合作与发展组织(OECD)的国际学生评价项目(PIZA)结果引发了学者关于教育公平研究的论战。随着全球经济的发展，教育成功的衡量标准不再局限于国家级标准，而是参照国际化教育体系。经济合作与发展组织通过国际学生评价项目，评估了近 70 个国家的教育体系质量、公平性和效率。根据加拿大教育评估网站的信息，国际学生评价项目从 2000 年起逐步开展，当时加拿大教育水平比较良好，因而直到 2006 年，加拿大教育学家才意识到这项测试的重要性，有关国际学生评价项目、改进教育水平的措施、关注不同水平学生差异的文章大量涌现。我们对 2000—2005 年的文章进行"PISA"语境共现检索，结果仅发现 3 篇相关文章，而对 2006—2010 年的文章进行检索，共找出 125 个相关记录。

2. 通过字串检索教育公平研究的焦点

为回答第一个研究问题——加拿大近 20 年研究什么教育公平问题，本文检索了"Equity(公平)"和"Equality(平等)"两个字串，并将字串大小定义为 3，对"Equity"进行语境共现检索，其结果如下表：

表 3.12　WordSmith 语境共现字串检索"Equity"

数目	字串	词频	字串长度
1	Gender equity in(性别公平……)	21	3
2	Of gender equity(……性别公平)	21	3
3	Equity and social justice(和社会公平)	13	3
4	Gender equity and(性别公平和)	13	3
5	Equity in the(……公平)	12	3
6	Equity and social(公平和社会)	11	3
7	Equity in education(教育公平)	11	3
8	Excellence and equity(卓越和公平)	9	3
9	Equity and diversity(公平和多样性)	9	3
10	And ethnocultural euqity(和民族文化公平)	9	3
11	Issues of equity(公平问题)	8	3
12	Four equity components(四个公平部分)	7	3
13	Of equity and(……公平和)	7	3
14	For equity in(为……公平)	6	3
15	Equity issues in(……公平问题)	6	3
16	To gender equity(性别公平)	6	3
17	Equity and excellence(公平和卓越)	6	3
18	Antiracism and ethnocultural(反种族主义和民族文化)	6	3
19	Teaching for equity(公平教育)	5	3
20	Social justice and equity(社会公平和)	5	3
21	And equity complement(和公平补充)	5	3
22	For equity and(为了公平和)	5	3
23	Equity in school(学校公平)	5	3
24	Gender equity initiatives(性别公平主观能动性)	5	3
25	And gender equity(和性别公平)	5	3

"Equality(平等)"字串检索结果如下：

表 3.13 WordSmith 语境共现字串检索"Equality"

数目	字串	词频	字串长度
1	Equality and quality(平等和质量)	29	3
2	Of equity and(……平等和)	15	3
3	Equality of opportunity(机会平等)	13	3
4	And equity in(和……平等)	12	3
5	Both equality and(平等和……都)	8	3
6	Of equality of(……平等)	6	3
7	Of equality for(……平等)	5	3
8	That there is(有……)	5	3
9	Territories struggle for (……领土斗争)	5	3
10	Of equality of(……平等)	5	3
11	Of educational opportunity(……教育机会)	5	3
12	Equality of education(教育平等)	5	3
13	Between equality and(平等和……之间)	5	3
14	and quality are(和质量……)	5	3
15	In education pp(在教育……)	5	3
16	Equality of treatment(待遇平等)	5	3
17	Equality of educational(教育平等)	5	3

通过词频列表,可以检索包含"Equity"的字串,找出该词的用法。使用此方法还可以追踪公平问题,其最常使用的字符串模式为(后面括号内的数字表示出现的次数):Gender equity in (21), Of gender equity (21), Gender equity and (13), To gender equity (6), Gender equity initiatives (5), And gender equity (5) which represent the word collocation with the highest frequency as being gender. The educational equity issue which people concerned much is gender equity. Then we move to below patterns: Excellence and equity (9), Equity and excellence (6), Equality and quality (29), And quality are (5). 由此可见,学者常把"公平"和"卓越"放在一起考

虑;卓越意指质量和成就,而平等与教育质量紧密相关。在加拿大,教育公平不仅意味着平等接受教育的权利,也包涵有效教育机会引起的成绩差异问题。字符串 An ethnocultural equity (9), Antiracism and ethnocultural (6)表明,在教育公平问题中,民族文化和反种族主义联系紧密。

与 Equity 搭配的词中,Equity and diversity (9)出现较多。本文通过使用 WordSmith5.0 软件的搭配检索工具,深入探讨公平与多样性之间的联系。其结果如下:

表 3.14 Equity 和 Diversity 搭配检索

检索数	搭配
1	y, C., & Singer, J. (2003). Teaching for **equity and diversity**: Research to pract (……公平和多样性教学——研究……)
2	e while maintain © \ ing the importance of **equity**, **diversity** and understanding com (……而维持公平、多样性的重要性,理解……)
3	he school is one where considerations of **equity**, **diversity**, and social justice a (……学校是考虑公平、多样性和社会公平的……)
4	result is that the mentee will also view **equity and diversity** in strictly interp (结果是学习者将在严格地……中看到公平和多样性)
5	trans © \ mission models examine issues of **equity**, **diversity**, and social justice s (……模型对公平、多样性和社会公平……进行了调查)
6	3, 4 and 5 (collaboration; **diversity and equity**; structures, resources, and role (合作、多样性和公平、结构、资源和角色)
7	Allen, A. M. A. (2001). The struggle for **equity**, **diversity**, and social justice I (……公平、多样性和社会公平的斗争……)
8	& Levine © \ Rasky, C. (2003). Teaching for **equity and diversity**: Research in pract (……公平和多样性教学——研究……)
9	& Levine © \ Rasky, C. (2003). Teaching for **equity and diversity**: Research to pract (……公平和多样性教学——研究……)

续　表

检索数	搭　配
10	competitive individualism and sidelined **equity and diversity** as relevant educat（有竞争力的个人主义和附加的公平、多样性作为相关的……）
11	overnment allotted no funds to issues of **equity and diversity.** As the interests（……不为公平和多样性分配资金。利益……）
12	ure for all children, can we reconfigure **equity and diversity** education so that（为所有儿童……我们才能重新配置公平和多样性教育以便……）
13	& C. Levine © \ Rasky. (2003). Teaching for **Equity and Diversity**: Research to Pract（……公平和多样性教学……）
14	cific approaches are designed to address **equity and diversity** concerns. Framed t（设计……方法来应对公平和多样性问题。）

"Equity"（公平）常通过连接词"and"（和）或者","（逗号）与"diversity"（多样性）相连，反映出多样性如何为实现公平发挥作用。下面选取几段文本予以说明：

> 导师跟学生谈论公平实践时，向学生描述她如何同样对待所有的学生，但她忽略了学校制度如何使一些学生处于劣势而赋予其他学生特权。结果可能是学生也（理所应当地）仅从严格的人际角度观察公平和多样性问题，忽略了导致不公平的社会问题。
>
> 本书的第二部分概述了作者在纽约大学采用的奖励式城市多样性教师教育模式，该模式设计了多种特殊方法研究公平和多样性问题。

文本表明，即使老师平等对待学生，学校制度的结构、甚至是学生的家庭背景，会不同程度地影响学生。假如有人错误地认为，公平就是平等地对待每一个人，那么多样性则是对此最好的补充。不同的学生有不同的需求，一些学生处于劣势，妨碍了其受教育过程，所以应当更加公正和灵活地对待这些学生。多样性是指尊重个体的差异，包括可见的和不可见的个体差异，正视不同学生的社会、经济、文化和宗教背景。因此，不考虑学生的个人差异而以同样的方法对待所有学生的做法也是不公平的。

通过词串工具检索，我们可以发现性别公平、民族文化和反种族主义、教育质量是加拿大学者研究公平问题的焦点。

3. 通过文献检索审视教育公平研究的热点话题

我们根据文献摘要中表述的文章探讨话题对文献进行了分类。除少数文章涉及特殊教育、高风险学生教育等外，大部分文章主要研究四个热点话题。（见表 3.15）

表 3.15　教育公平研究文献的话题分类

	义务教育	高等教育	通识教育	总计（%）
性别公平	13	1	11	25(13%)
民族文化（土著）	9	4	22	35(18%)
学生成绩	22	8	2	32(16%)
教师教育	4	0	17	21(11%)
其他	18	8	59	85(42%)
总计(%)	66(33%)	21(11%)	111(56%)	198

由上表可见，一半以上的文章从通识教育角度(56%)研究教育公平问题，与少数研究高等教育公平问题的文章(11%)相比，较多的文章(33%)更关注义务教育阶段的教育公平问题。研究热点集中于性别公平、民族文化、学生成绩和教师教育。下面我们分别分析这四个话题的研究。

(1) 性别公平

文献中有 25 篇文章研究性别公平，这与其他西方学者对性别公平问题的探究相吻合。

在过去的 30 年里，性别公平运动在美国和其他西方国家广泛开展。尽管“gender equality”(性别公平)一词源于因制度倾斜和女性公平意识缺失而引起的社会不公，如今的女权运动主要集中于使女性获得进入男性主宰的、社会地位高的、学术或职业领域的权利。然而实现真正的性别平等，需要挑战社会自身潜在的性别假定①，并且不能只依靠增加女性进入的权利②。

几世纪来，教育机会一直是争取女性平等的焦点政治问题。早在 20 世纪 70 年代，随着加拿大女权运动的复兴，教育再次成为关键性的政策问题。皇家专门调查委员会关于加拿大女性社会地位的报告（1970 年）为女权主义教育学家提供了倡导无性别歧视教育的有力武器。从那时起，加拿大教育开始争取性别公平，关于女性的研究也越来越多。20 世纪 80 年代，政府逐渐关注女性科技教育和雇佣公平。到 90 年代，由于经济结构调整的影响，性别公平相关政策随之改变。社会强调“自力更生”和个人主义，性别公平政策和话语也相应转变。正如上文分析结果所示，在话语中“女性”通常和“男性”词汇搭配，提倡女性应与男性处处平等，而非受到特殊待遇以消除差异。安大略政府提议取消高等教育的性别公平政策，代之以不涉及性别的反歧视声明（安大略教育和培训部，1996 年）。直到 2000 年，性别公平话语和政策才有了再次改变。在联合国千年首脑会议上，加拿大联合 189 个国家承诺，到 2005 年实现消除初等和中等教育性别差异的目标，并到 2015 年消除所有教育阶段的性别差异。许多人认为教育和性别公平目标太过局限于基础教育和教育性别差异，然而实际上除入学机会外，性别公平也关注雇佣和其他方面。

琼·拉金和帕特·史塔顿（June Larkin & Pat Staton）提出了性别公平的概念框架③，并设计了公平的四个构成部分：进入，包含，气氛和授权（AICE——Access, Inclusion, Climate, and Empowerment）。他们认为：只争取进入权的公平策略潜在地降低了实现性别公平的可能性，进入权倡议应被视为公平计划的一个组成部分。进入权、包含、气氛和授权相结合的策

---

① Goulding, Anne, and Marigold Cleeve, Breaking down the barriers: the place of gender equity in the ILS curriculum. *Education, for information* 16. 4, 1998, pp. 295～314.

② Dentith, Audrey Smart girls, hard-working girls but not yet self-assured girls: The limits of gender equity politics. *Canadian Journal of Education*, 31. 1, 2008, pp. 145～166.

③ Larkin, June, and Pat Staton, Access, inclusion, climate, empowerment (AICE): A framework for gender equity in market-driven education. *Canadian Journal of Education/Revue canadienne de l'education*, 2001, pp. 361～376.

略为实现公平提供了坚实、全面的方法。

由此可见，性别公平受到全球范围内资本主义重大变革的深刻影响，教育的性别公平应适应市场化社会。

一些加拿大学者强调教师的性别比例。在加拿大，小学教师不是一个传统的男性职业，因此，学者呼吁增加男性小学教师，在基础教育中扮演男性榜样和父亲角色。但也有学者提出反对，比如库尔特(Coulter)①认为，该提议是复杂的问题，现过于简单化了，未考虑到该现象背后的政治因素。

总而言之，传统的性别分工延伸到教育领域，不论性别的价值体系盛行，学校行政部门和教师职业的男女不平等问题依然存在。

由于加拿大社会存在道德恐慌和女权斗争，学界的主流话语致力于强调男性与女性的差异，借此倡导学校性别平等和教育改革。伊姆斯(Imms)②和王(Wang)③对学校男性形象塑造方式进行了研究，提出了与男性合作的各种策略。科勒和马蒂诺(Kehler & Martino)④认为，“这种社会背景呼吁更多的男性老师，以及迎合男生学习方式的男生友好型氛围”。因此，学者建议，学校应实行女生友好型或男生友好型教育模式，以消除男生和女生的成绩差异。

(2) 民族文化

除性别公平外，语料中有35篇探讨民族文化主题，呼吁采取适合民族多样性的多样化课程：

许多加拿大学校和校董事会如今颁布政策，促进多元文化意识和反民

---

① Coulter, Rebecca Priegert, and Margaret McNay. Exploring men's experiences as elementary school teachers. *Canadian Journal of Education/Revue canadienne de l'éducation*, 1993, pp. 398～413.

② Imms, Wesley D. Multiple masculinities and the schooling of boys. *Canadian Journal of Education/Revue canadienne de l'education*, 2000, pp. 152～165.

③ Wang, Athena. Asian and white boys' competing discourses about masculinity: implications for secondary education. *Canadian Journal of Education/Revue canadienne de l'education*, 2000, pp. 113～125.

④ Kehler, Michael, and Wayne Martino. Questioning masculinities: Interrogating boys' capacities for self-problematization in schools. *Canadian Journal of Education/Revue canadienne de l'éducation*, 2007, pp. 90～112.

族主义运动。学校适时调整课程，适应不断增加的学生民族多样性需求，制定规章以反对歧视和不公，促进学生和学校职工与其他民族学生和谐相处①。

卡明(Cumming)进一步指出，“近年来，人们不再争论多元文化教育的定义，而是注重通过奖学金和政策措施，论证多元文化教育应该且如何实行。”

加拿大也设立了许多民族学校。如在艾尔伯塔省的 10 所双语制公立学校中有 5 所是提供给乌克兰人的，3 所是犹太人的，2 所是德国人的，此外还有提供不同语言教育的私立学校。

多元文化教育可分为：**反民族主义教育**、**土著教育**、**移民教育**和**公民教育**。

其中，**土著教育**一直都是最热门的研究话题。相比政府鼓励和支持的少数民族移民群体，有一群特殊的民族在加拿大的发展历程中饱受歧视，即印第安人，也称土著居民。根据 2006 年加拿大人口普查统计，土著居民共占 3.8%的人口。作为加拿大最早的居民，印第安人在政治、经济、文化等各方面被欧洲文化同化。随后定居加拿大的白种人认为土著人低等、野蛮，而土著人认为白种人可疑、易怒、记仇、恐怖。欧洲定居者和土著居民的关系逐渐恶化，导致了土著居民承受了几个世纪的不公待遇。梅琳达·S·史密斯(Malinda S. Smith)的研究表明②，虽然加拿大是《1948 年联合国人权宣言》的倡导国，但是直到 1960 年才赋予土著居民选举权。如今，加拿大是联合国人类发展指标前十的国家之一，但是“第一民族”位居第 68 位，反映出加拿大教育、住房和清洁水资源的结构性不公现象。

尽管加拿大政府直到 19 世纪末期才打算对土著居民儿童开放寄宿学校，加拿大教育制度仍存在很大问题，例如不合理的课程设置不能适应土著儿童的需求，土著教育长期缺乏资金等。教育界普遍认为，土著儿童完成学业的概率，包括中等教育毕业率需进一步提升。研究表明，影响学业完成率的因素是

---

① Cumming, Alister, Ronald Mackay, and Alfred Sakyi. Learning processes in a Canadian exchange Program for multicultural, anti-racist education. *Canadian Journal of Education/Revue canadienne de l'education*, 1994, pp. 399～417.

② Smith, Malinda. Leading on Equity and Diversity Matters: Yes We Can, and Yes We Will. *Fedcan blog*: *Equity Matters*, 2011.

加拿大土著居民收入低、贫困率高、辍学率高、健康指数低。具体数据如下所示：

- 1996 年，68%的土著青少年接受教育，而非土著青少年的比率是 83%。
- 2001 年，仅 8%的 25—34 岁土著居民获得了大学学历，而整个加拿大的比例是 28%。
- 仅有 24%的 25 岁以下土著居民可以用土著语言交谈。
- 2001 年，15—24 岁土著青少年的失业率是普通青少年的 2 倍。

由于土著儿童和居民比非土著的教育水平差距很大，加拿大政府一直致力于改善这一状况。诸如印第安和北部事务发展部（DIAND, Department of Indian and Northern Affairs Development）、加拿大印第安和北部事务部（INAC，Indian and Northern Affairs Canada）等部门近年来一直调查和关注土著教育的现状。同时，许多土著群体和个人呼吁开展包容性教育。随着土著人口的增加、教育和雇佣差异的扩大，实现土著教育公平任重而道远。

莱文（Levin）[①]指出，“平等接受全部学生”的倡议在世界范围内广泛传播。在加拿大，学生成绩不仅影响教育质量，也反映学生成绩差异。安大略教育部提出“越公平即学生越成功”的口号[②]（“Greater Equity Means Greater Student Success”），由此可见加拿大的公平概念一直强调教育的成果。

不少学者从课程设计、家长反馈和自尊等角度详述了反民族主义教育的概念。斯克斯和得尼斯指出：“学校教育很可能会加强支配关系——甚至在多元文化和反民族主义课程中也存在这种现象。”[③]

一些学者提倡为土著居民建立专门的社区，教授土著文化；但也有学者认为土著社区应与非土著社区融合为一个整体。还有学者倡导保护土著语言，认为由于土著语言的快速流失，大多数加拿大土著和少数民族儿童已不

---

① Levin, Ben, Jane Gaskell, and Katina Pollock. What shapes inner-city education policy. *Canadian Journal of Educational Administration and Policy*, 61, 2007, pp. 1～22.

② 来自 http://www.edu.gov.on.ca/eng/policyfunding/equity.html.

③ Schick, Carol, and Verna St. Denis. Troubling national discourses in anti-racist curricular planning. *Canadian Journal of Education/Revue canadienne de l'éducation*, 2005, pp. 295～317.

知道他们的民族、故乡，找不到在当今社会中的立足之地。还一些学者也对土著教师教育做了大量研究。此外，卡尔(Carr)①等人从契约权角度分析土著教育，认为只有实现深刻的教育改革，认可教育作为一种契约权利的需求才会消失，改革应包括为经费不足、受外部监管的教育服务，提供足够的资金和超越原有行政责任的有效监控。

卡尔②和明尼斯(Minnis)③从财政角度研究土著教育问题，认为"政府需提供充足的财政资源，以支持原著学生在学校接受教育。"

对**移民教育**问题的研究主要集中于源文化和家庭角度，也涉及移民学生的思维和行为方式的调查。

多元文化教育研究也强调**公民教育**，呼吁人们尊重多样化的多元文化教育。

(3) 学生成绩

本研究的语料中主要探讨的另一话题是教育公平的成果——学生成绩，尤其是影响学生成绩的各种因素，如责任制、大规模测验、社会经济地位和民族种族等。

拉斐尔(Raphael)④深入研究了以学生为中心的教育方式与基于客观目标的制度间的冲突，指出了以学生为中心的教育方式存在的缺陷。诺奎(Norquay)⑤也得出了类似的结论。一些学者从责任制和评估角度直接研究

---

① Carr-Stewart, Sheila. A treaty right to education. *Canadian Journal of Education/Revue canadienne de l'education*, 2001, pp. 125～143.

② Stewart, Sheila Carr. First Nations education: Financial accountability and educational attainment. *Canadian Journal of Education/Revue canadienne de l'éducation*, 2006, pp. 998～1018.

③ Minnis, John R. First Nations education and rentier economics: parallels with the Gulf states. *Canadian Journal of Education/Revue canadienne de l'éducation*, 2006, pp. 975～997.

④ Raphael, Dennis. Accountability and educational philosophy: Paradigms and conflict in Ontario education. *Canadian Journal of Education/Revue canadienne de l'education*, 1993, pp. 29～45.

⑤ Norquay, Naomi. Social difference and the problem of the unique individual: An uneasy legacy of child-centred pedagogy. *Canadian Journal of Education/Revue canadienne de l'education*, 1999, pp. 183～196.

基于客观目标的教育方式。麦克伊文(McEwen)[①]认为,责任制在以下方面影响教育公平:国家/省政府有责任为学校提供平等、充足的资源,确保公平标准和职业认证标准的执行;教育局应对其实施的政策负责,公平分配学校资源,满足家长、学生和学校职工的各项需求;学校有责任公平分配学校资源,采取反映专业知识的政策,建立员工长期培训体制,确立并不断改善问题识别和问题解决的程序,及时回应家长、学生和员工的疑问;教师有责任通过专业知识和实践标准满足学生的需求,定期评估自身和同事的教学表现,不断汲取新知识,寻找新方法。

研究强调大规模、标准化的学生成绩评估措施。学生、学校和家庭背景也是学生成绩的影响因素。为消除学生成绩差异,相关部门应更加关注高风险学生、有特殊需求学生和少数民族学生群体的教育现状。

(4) 教师教育

在教师教育方面,一些学者强调应公平对待老师:任何与职前教师一同参加认证测试的人可以证明,人们对这一测试的前景评价各不相同。有人想获得测试的相关信息,有人不想谈及此事,有人认为这一测试很公平,也有人对此表示怀疑。[②]

但许多文章表达了对教师职业工资低、缺乏工作保障、跳槽率高、待遇不公、经费缺乏等问题的担忧。[③]

大多数文章从教学视角探讨教育公平问题,并将公平作为教师资格的基本信条:

---

① McEwen, Nelly. Introduction: Accountability in education in Canada. *Canadian Journal of Education/Revue canadienne de l'education*, 1995, pp. 1～17.

② Childs, Ruth A., Maura Ross, and Andrew P. Jaciw. Initial teacher certification testing: Preservice teachers' experiences and perceptions. *Canadian Journal of Education/Revue canadienne de l'education*, 2002, pp. 455～475.

③ Langford, Rachel. Making a difference in the lives of young children: A critical analysis of a pedagogical discourse for motivating young women to become early childhood educators. *Canadian Journal of Education/Revue canadienne de l'éducation*, 2008, pp. 78～101.

教师不仅需要有形的资源，例如课本或课程文件，也需要在课堂中实践公平原则的各种策略。①

教师应了解课堂里的“差异”现象和“公正”“平等”“修正”概念的实践方法。但最基本的是，教师要知道如何教授关系。②

(5) 教学公平

学者们认为，教育公平应重视课程改革，要求教育部开展学校项目。例如：

自2007年以来，教学对促进教育公平越来越重要，教学方法和课程改革有利于消除教育不公。③

尽管近年来课程出现了许多改变，但现今的学校制度仍使学生感到不公平。学校须进一步改革以实现对学生公平对待的承诺。④

每个自愿接受采访的老师都认为自己思想开明，赞同包容性的教育模式，希望可以公平对待并尊重每一个学生。⑤

如果未来的学校教育方式和课程设置不考虑公平、多样性和社会公平，不落实部和省的公平政策(如安大略教育部，2009年)，那么教师

① Volante, Louis, and Lorna Earl. Teacher candidates' perceptions of conceptual orientations in their preservice program. *Canadian Journal of Education/Revue canadienne de l'education*, 2002, pp. 419～438.

② Phelan, Anne M. A fall from (someone else's) certainty: Recovering practical wisdom in teacher education. *Canadian Journal of Education/Revue canadienne de l'éducation*, 2005, pp. 339～358.

③ Belliveau, George. An alternative practicum model for teaching and learning. *Canadian Journal of Education/Revue canadienne de l'éducation*, 2007, pp. 47～67.

④ Orr, A. Murray, and Margaret Olson. Transforming narrative encounters. *Canadian Journal of Education*, Vol. 30, No. 3, 2007, pp. 819～838.

⑤ Dunn, William, et al. Fostering intercultural inquiry in subject-area curriculum courses. *Canadian Journal of Education*, Vol. 32, No. 3, 2009, pp. 533～557.

职责的关键信条将不会继续传承。①

参考文献大多专注于基本的人权，相对平均地分为种族公平、性别公平和其他等方面，共同之处是都探讨教育权利。换句话说，目前的社会不公与教师在课堂传授知识的方式有关。

纵观整个课程，为个人利益奋斗的新社会组织形式构想将被公平、公正、互相帮助和社会福利等原则取代。②

上述摘录表明，加拿大学者越来越重视公平的教学方式，尤其是2007年起，这类文章的数量大幅度增加。

加拿大多元文化课程的显著特点是“因地制宜”。如艾伯塔省7年级的多元文化课程内容有民族和民族文化、民族集团、多元文化主义、民族的不同性和歧视；8年级的课程内容有民族和社会制度以及加拿大的公民权；10年级课程中有人权法、移民政策、加拿大和世界以及公民权分享；12年级课程有国与国之间的合作与冲突，多元文化的国际前景。安大略省的多元文化课程是最广泛的，如7—8年级课程有加拿大社会的起源（包括加拿大各社区、地方社区研究、土著地区）和国家的建立、西部的开放和加拿大社会的变迁；9—10年级课程有生活在变化的世界里，集中在个人身份和容忍、偏见与歧视的概念、价值与行为以及多元文化社会、文化传统、公民权、移民、不同的价值观和个人关系、文化冲突、种族主义等，同时还要讲各个民族的贡献与多元文化主义。在这两个年级的教学计划中还有当代加拿大人、生活在20世纪、政府和加拿大人权、自由宪章、英裔加拿大人与法裔加拿大人的关系——两种文化主义和多元文化主义、移民政策、加拿大与多元文化主义。11—12年级课程有挑战和处理文化冲突及社会问题，如在世界宗教和土著研究单元里介绍偏见和歧视。③

---

① Barrett, S. J., et al. The hidden curriculum of a teacher induction program: Ontario teacher educators' perspectives. *Canadian Journal of education*, Vol. 32, No. 4, 2009, pp. 677～702.

② Reimer, Kristin, and Lorna R. McLean. Conceptual clarity and connections: Global education and teacher candidates. *Canadian Journal of Education*, Vol. 32, No. 4, 2009, pp. 903～926.

③ 罗东山：加拿大的多元文化教育[J]，《民族工作》，1997年第8期。

通览资料，我们可以发现，加拿大学者主要研究性别公平和民族文化公平，同时也关注学生的成绩表现，以采取措施消除成绩差异。此外，比起高等教育，学者更注重义务教育阶段。教师教育和教学公平也是研究热门话题。

4. 通过词频列表检索教育公平研究的话语过渡

由于公平话语是时间变量，下面本文将从话语过渡角度探讨教育公平问题。从 20 世纪迈入 21 世纪，社会政治和教育发生了巨大变化，所以本文以 2000 年为界，将数据库分为两个时间段：第一阶段为 1991 年至 1999 年，第二阶段为 2000 年至 2010 年。

1991 年至 1999 年这 9 年涉及教育公平的期刊文章共有 66 篇，2000 年至 2010 年增至 161 篇。从此数据对比可知，加拿大教育公平话语有了明显的增加。

表 3.16 分别列出了 1991—1999 年和 2000—2010 年，教育公平相关文章最常使用的 26 个高词频词汇。

表 3.16　两个时间段的高词频列表检索

	1991—1999			2000—2010		
序号	词汇	词频	%	词汇	词频	%
1	education(教育)	3 249	0.75	education(教育)	6 967	0.60
2	school(学校)	1 843	0.42	school(学校)	6 270	0.54
3	students(学生)	1 814	0.42	students(学生)	5 978	0.51
4	schools(学校)	1 517	0.35	teachers(老师)	3 409	0.29
5	educational(教育的)	1 288	0.30	social(社会的)	2 853	0.24
6	teachers(老师)	1 076	0.25	schools(学校)	2 787	0.24
7	all(所有)	923	0.21	research(研究)	2 684	0.23
8	social(社会的)	842	0.19	teacher(老师)	2 424	0.21
9	**women**(女性)	793	0.18	student(学生)	2 333	0.20
10	public(公共的)	732	0.17	**gender**(性别)	2 330	0.20
11	new(新的)	709	0.16	new(新的)	2 192	0.19

续 表

序号	词汇	词频	%	词汇	词频	%
12	learning(学习)	643	0.15	learning(学习)	2 052	0.18
13	Canadian(加拿大的)	614	0.14	all(所有)	1 964	0.17
14	work(工作)	610	0.14	Canadian(加拿大的)	1 912	0.16
15	teaching(教学)	610	0.14	study(学习)	1 814	0.16
16	**Ontario**(安大略)	607	0.14	Canada(加拿大)	1 805	0.15
17	teacher(老师)	605	0.14	children(孩子)	1 765	0.15
18	university(大学)	604	0.14	university(大学)	1 658	0.14
19	**feminist**(女权主义者)	575	0.13	language(语言)	1 633	0.14
20	curriculum(课程)	571	0.13	parents(家长)	1 618	0.14
21	student(学生)	562	0.13	curriculum(课程)	1 583	0.14
22	Canada(加拿大)	553	0.13	**literacy**(读写能力)	1 475	0.13
23	studies(研究)	530	0.12	achievement(成绩)	1 430	0.12
24	knowledge(知识)	529	0.12	work(工作)	1 427	0.12
25	research(研究)	516	0.12	development(发展)	1 391	0.12
26	language(语言)	500	0.12	first(第一)	1 380	0.12

从上表可以看出近20年来教育公平话语的变化。为了更清楚地展示这种变化,每个时间段使用的不同重点词汇在下表中列出:

表 3.17 两个时间段的重点词汇

1990—1999	2000—2010
Women, Public, Ontario, Feminist(女性,公共的,安大略,女权主义者)	Gender, Children, Parents, literacy, First(性别,孩子,家长,读写能力,第一)

从文章的离差分布可以看出,这20年的高频词汇趋于稳定,只有少数变化,例如:20世纪90年代,“women(女性)”和“feminist(女权主义者)”都是高频词。从进一步的词汇搭配分析中发现,与“women”最常搭配的词是“man(男性)”,这表明在这一时期,加拿大学者关注教育公平中的男女性别差异问题,而较少涉及教师比例和培训。

与"feminist"最常搭配的词是"pedagogy(教学法)",WordSworth5.0 软件显示共有137个条目谈及女权主义教学法。所谓女权主义教学法是指由女权运动发展而来的一种女权主义实践,从关键的、激进的教学传统中寻找女权主义教学法,认为教育是权力赋予和社会改革的工具。作为这种"关键"或"激进"教学法的一部分,女权主义教学法强调特殊性而非普遍性,使最少数人享受公平,关注自身的感受。女权主义教学法文学作品提倡女性由被动的知识接受者转变为主动的学习者,视自身为社会改革的引擎。这种转变需要不断提高意识,学习经验——也就是说,赋予学生权利。[①] 安·马尼肯(Ann Manicom)[②]认为,女权主义教学法即带有政治意图、社会变革和解放视角的教学——不是简单地让女性在男性的世界中获得成功,而是学会在这个世界里发挥作用,改变压迫性的等级、民族和性别关系。教学不是让女性适应社会,而是改变社会。所以女权主义教学法为女性平等而斗争,为其教育和职业生涯而斗争。在20世纪的北美,女权主义教学法在公立学校是一个热门教学法,所以该词在词频列表中是一个高频词汇。此外,根据米肖(Michaud)的分类,女权主义教学法的流行与当时加拿大关注学生差异的社会观点相一致。不同的学生有不同的需求,应当根据其需求区别对待。

"Public"(公共的)一词也是高频词汇。为了更直观地研究该词,我们使用语境共现检索工具进行进一步检索,发现与该词最常搭配的词语是"schools"(学校),共有180条。

表3.18　语境共现检索"public schools"

序号	语境共现
1	vinist schools in Michigan are more like **public schools** than SCS-BC schools, lea(……密歇根州的学校更像公立学校,而非SCS-BC学校……)

① Currie, Dawn H. Subject-ivity in the classroom: Feminism meets academe. *Canadian Journal of Education/Revue canadienne de l'education*, 1992, pp. 341～364.

② Manicom, Ann. Feminist pedagogy: Transformations, standpoints, and politics. *Canadian Journal of Education/Revue canadienne de l'éducation*, *Vol*. 17, No. 3, 1992, pp. 365～389.

续 表

序号	语境共现
2	. Female teachers employed in elementary **public schools** are members of the Fed-（……在公立小学任职的女性教师是……的成员）
3	ustralia), the less genuinely common the **public schools** will be. Advocates of the（……公立学校越名副其实的普通。……的倡导者……）
4	only do the overwhelming majority of **non-public schools** receive 50 percent of the（……只有绝大多数的非公立学校接受 50％的……）
5	ce 1978 both the number of pupils in **non-public schools** and the number of instit（……1978 年非公立学校的学生和……）
6	s increasingly negative attitudes toward **public schools.** At the same time, neces（……对公立学校的态度愈发消极。同时，……）
7	post-secondary institutions and some in **public schools.** At 35, two women were f（……技术学校和公立学校。两位 35 岁的女性……）
8	hose per-pupil costs were higher than in **public schools** in the same district, th（……每个学生比同地区公立学校的费用高……）
9	tributed to the secularist nature of the **public schools**, by removing from them t（……公立学校的世俗性质，……）
10	the term "independent" describes all **non-public schools**, including, for example,（"独立"一词表明所有的非公立学校，包括例如……）

由上可见，大多数条目探讨公立学校和非公立学校间的不公现象。20 世纪 80 年代，无论教育质量如何，政府都把多数经费分配给公立学校，普通私立学校在加拿大逐渐失去人气。在这一时期，教育资金偏向公立学校，存在教育不公现象。

为什么"Ontario"(安大略)一词是高频词汇？安大略是加拿大人口最稠密的州，是多伦多和首府渥太华所在地。根据 1992 年日内瓦第 43 届国际教育会议的国家报告显示，安大略是加拿大第一个通过立法，强制学校制定实施反种族主义和民族文化公平政策的州。该立法的目的在于针对教育系统中妨碍少数民族学生充分发挥潜力的制度。安大略教育政策的变革使教育部和学校可以实行更公平的和更负责的教育体制。作为教育公平合法化的先驱，安大略州成为制定教育公平政策的榜样。因此，安大略一词成为学者话语的高频词汇。

在第二个时间段的高频词中，首先，“women（女性）”一词变为“gender（性别）”。“women”指的是一个特定群体，包含在“gender”之内。也就是说，在第一个时间段，教育不公的关注点是女性，当时的社会趋向为女性权利斗争，但在第二个时间段转为性别公平，比如女生擅长阅读，男生擅长数学和科学。不公平现象不再局限于一个特定群体，而是延伸到平衡问题。在第二个时间段，女性不公平问题不再突出，而且已有了很大改善，恰如一条支流最终汇入主流，矛盾由外部转向了内部。

其次是“children”（孩子）一词。本文通过字串检索选取了教育公平相关群体，列入下表：

表 3.19　两个时间段的公平相关群体

1991—1999	2000—2010
School/students/schools/teachers/women/teacher/university/student （学校/学生/学校/老师/女性/老师/大学/学生）	School/students/teachers/schools/teacher/stu-dent/**children**/univerisy/**parents**（学校/学生/老师/学校/老师/学生/孩子/大学/家长）

除了教育的基本元素像学校、大学、老师、学生等一般群体外，还包括女性、孩子和家长。由此可见，教育公平不仅是国家的责任，学校、老师、学生和家长也应参与其中。

“literacy”（识字）一词也在检索列表中。Wordsmith5.0 软件的情境检索显示，总共有 83 篇文章提到“literacy”一词，其中一些文章只是浅谈辄止，所以我们选取至少提及 80 次该词的文章作进一步研究，符合条件的共有 8 篇文章。通过分析我们发现，一方面读写能力常与性别一词一起出现，学者们研究男女之间的读写能力差异；另一方面，他们常探讨读写能力的重要性和从各方面提高读写能力的方法。

最后，高频词 “first”（第一）反映出加拿大的社会背景。语境共现检索表明,近三分之一的“first”是与“nations”(民族)搭配使用的。第一民族(First Nations)是加拿大最大的土著居民,代表着加拿大最早的民族及其后代,第一民族教育对推动加拿大教育公平具有重要意义。

综上所述,词频列表检索工具帮助我们发现,性别公平、多元文化教育和学生成绩公平是加拿大教育界关注的热点问题。学者的话语见证了两个时间段的关注点变化:(1)20世纪90年代,女性教育公平备受关注。在这一时期,学者话语主要集中比较男女差异,要求改善女性教育水平和受教育的权利。2000年以后,女性不再是教育公平研究特别关注的特殊群体,女性的教育权利和教育水平已得到改善,甚至拿到大学学位的女性人数多于男性。性别公平仍是一个社会问题,但人们的关注点已变为消除不同学科间的差异。(2)20世纪90年代,公立教育是最大的受益者,但公众对公立教育愈发不满。私立学校弥补了文化、宗教教育、课程和个人教育等方面的不足,吸引了很多生源,但私立学校极少得到政府资金支持。因此,高额的教育费用使很多来自贫困家庭的学生望而却步,产生了教育不公现象。教育公平研究者们希望政府可以提供更多的资金支持,以实现教育公平。(3)在90年代,学校、老师和学生被视为推动教育公平的参与者,而2000年以来,家长的作用越来越受到重视。(4)语言在两个时间段都是高频词。加拿大有两种官方语言——法语和英语,居住着土著居民和来自世界各地的移民。只有克服了语言障碍,人们才能站在同一教育起跑线上。因此,语言一直是实现教育公平的焦点问题。(5)土著教育越来越受到学者重视。

二、怎样研究教育公平的问题

通过对227篇文章进行分类,我们探究加拿大学者研究教育公平使用的研究方法。

教育领域的研究方法多种多样,例如问卷、观察、面谈、实验、史学法、内容分析、案例研究、叙述性研究、人种学法、教育统计和教育测量等。本文采用威廉・威尔斯玛(William Wiersma)[①]在《教育研究方法入门》(*Research Methods in Education — An Introduction*)一书中主张的分类法,即三种教育研究方法:定量分析(quantitative research)、定性分析(qualitative research)和混合分析(mixed-method)。定量分析又分为实验法(experimental research)、准实验法(quasi-experimental research)和非实验法(non-experimental research);定性分析分为史学法(historical research)和人种学法(ethnography research);混合分析是指文章采取两种以上的研究方法,定量分析和定性分析相结合。

除去29篇文献综述文章,语料库中共有198篇可以按分析方法进行分类,结果如下:

表3.20　研究方法分类

一般分类	特殊分类	文章数量	百分比
定量分析	实验法	6	3%
	准试验法	20	10%
	非实验法	6	3%
定性分析	史学法	11	6%
	人种学法	113	57%
混合分析		38	20%
其他	模型分析法	4	2%

上表表明,63%的文章采用定性分析法,16%使用定量分析,20%是定量分析和定性分析相结合的混合分析法。只有1%的文章采用模型分析法等其他方法。

此外,一半以上的文章使用的是人种学分析法。纵观全文,观察、面谈、问卷、记录等是最常见的数据采集方法,表明加拿大学者倾向于收集第一手信息(即研究事件或经历的原始信息)。人种学研究主要关注组织或群体,

---

① William, Wiersma, *Research methods in education*, Pearson Education India, 2009.

通常是不同文化的群体集合。人种学研究的目的是描述包含某种文化或文化某个方面的组织状态，聚焦事件的背景。因此，人种学法极其适合研究教育问题。此外，源自实验结果的数据使人种学研究更加合理。

加拿大是一个移民国家，居民来自世界各国、各民族。教育公平问题的焦点是不同文化、性别的融合，需针对个体差异分别研究。研究设计通常包含不同文化群体社会现状的案例报告，以加深对研究对象文化的理解，更有效的解决问题。

定性分析和定量分析相结合的混合分析法是第二常用的研究方法。大多数教育研究相当复杂，涉及多种测量方法，研究两种以上群体。因此，研究者常采用定量分析的问卷法，增加几个定性分析的开放性问题。加拿大的教育体系包含公立学校、私立学校和宗教学校等，混合分析法是常见的研究方法。

此外，有 10%的文章使用了准试验法，通过地方性实验、全国性实验或国际性实验结果收集数据，此类数据是准实验研究典型的数据来源。准实验法一般采用原始群体作为研究对象，有利于研究者发现地区差异、不同社会经济地位或性别的学生成绩差异。

三、为什么研究这些教育公平问题

加拿大最初只有不同部落的土著居民居住，自 15 世纪末起，加拿大逐渐成为欧洲文化和北美文化的交叉点，具有两者政治、经济和文化特点。加拿大也是世界上最大的移民国家之一，过去十年的移民潮造就了一个多元文化的社会，教育领域也不例外。我们可以从教育体制、社会、文化、历史等角度分析加拿大通过制定相应的政策法规促进教育公平的经验，并从中得到许多启发。

从教育体制看，加拿大联邦政府不设教育部，也没有完整的教育体系，这在世界上较为罕见。在分权制衡的联邦体制下，加拿大《1867 年宪法案》第 93 条规定，“每个省的立法必须专门制定教育法”。因此，教育部门通过教育或学校法案和规章掌管学校课程、学校资金、培训、教师认证、评估方法、学生测试标准、学校管理结构、校董事会的创建和课程材料的设计等。宪法法案和《1982年权利和自由宪章》赋予了各省充分的权力规划教育，包括教派教育和小语种教育的特权，确保加拿大公民不论民族、宗教和出身，都能得到合理的法律保护和平等的权益。[①] 联邦——地方教育管理既有优势，也有缺陷。一方面，每个省可以针对各省公民特殊的教育需求，独立处理特定的教育不公现象。另一方面，加拿大教育合作的复杂性阻碍了教育的持续、协调发展。

从社会角度来看，加拿大的联邦政府通过在管辖区内调动资金、鼓励学习两种官方语言等途径为高等教育提供经济支持。联邦政府有责任确保依照印第安法案登记的印第安居留地居民教育、军队士兵和海岸线哨兵教育以及服刑人员的教育问题。正如前文所述，财政支持本应是地方政府的职责，联邦政府却负责支付该笔费用，旨在保护加拿大教育制度下的弱势群体。首先，法律规定初等教育和中等教育是义务教育，各省必须提供资金支持，免费开办公立义务教育。但是，高等教育入学门槛相对较高，许多家境并不富裕的学生，尽管有强烈的学习意愿和足够的学习能力，却无法进入大学继续深造。因此，联邦政府为高等教育提供资金支持可以有效促进教育公平。其次，政府为学习官方语言提供补贴。尽管加拿大的公立学校教授英语和法语，但仍有许多人不能使用这两种语言，造成学习和社交上的障碍，成为同龄人中的弱势群体。所以政府投资鼓励学习官方语言也是促进教育公平的手段。最后，加拿大的土著居民长期以来一直受到不公待遇，其权利和文化遭受歧视和毁灭，是社会中极为弱势的群体，急需得到政府的保护，而教育正是提供了有力的支持。

从文化角度看，1995年加拿大政府宣布了加拿大的四个社会价值观：人权、民主、尊重多样性和性别公平。加拿大社会各界，包括教育界的政策趋势由此可窥一斑。多元文化和性别公平始终是首要的社会问题，实现两者

---

① Brown, Dan, Débat/Discussion note a response to Larry Sackney's review of decentralization and school-based management. *Canadian Journal of Education*, Vol. 19, No. 4, 1994.

的教育公平，一方面对社会起到有效的干预作用，另一方面从内部解决了部分教育不公平的问题。

从历史角度看，性别公平是加拿大的立法基础，《加拿大人权和自由宪章》（1982 年宪法的第一部分）和各省各地区的《人权法典》禁止教育和雇佣性别歧视。教育性别公平是指所有学生，无论性别，根据个人资质、能力和兴趣，都有平等的机会接受教育。教育性别公平是加拿大所有教育实践的基础。性别公平不简单是教育机会公平，而是教育过程公平，如语言教学中的课本研究，体现性别角色不公平的体现等。《加拿大国际开发署（CIDA）性别公平政策》（1999 年 3 月）指出，性别公平是开发署各项政策、项目和计划的组成部分之一。文件声明性别公平是实现有效发展的必要条件。在过去十年，性别公平仍是加拿大教育话语的一个重要主题，性别公平不仅关注学生的入学比例，还重视不同学科的学习成绩以及学生的职业道路。《加拿大政府官方发展援助向议会提交的报告》（2008—2009 年）强调以性别公平为中心的几项发展项目，表明性别公平仍处于发展阶段。

四、加拿大促进教育公平的经验及其对中国的启示

通过研究分析近 20 年来《加拿大教育杂志》发表的教育公平相关文章，本文阐明了加拿大学者研究什么教育公平问题、怎样研究这些问题和为什么研究这些问题。为回答第一个课题，本文经研究发现性别公平、多文化教育和学生成绩是加拿大主要关注的教育公平问题。性别公平体现在以下两个方面：（1）教师队伍的性别比例；（2）迎合女生或男生学习需求的教育模式。多文化教育公平涉及土著教育、反种族主义教育、移民教育和公民教育等方面。学生成绩受以下因素影响：责任心、大规模测试、家庭社会经济地位、民族和种族等。通览所有文献，本文发现学者更关注义务教育的教育公平问题。在过去二十年，教育公平话语发生了重要转变。性别公平最初关注不同教育阶段女性接受教育的权利和机会，转而研究不同学科的性别差异，寻找迎合男生和女生学习需求的教育方法，家长也逐渐参与到促进教育

公平的进程中，公平的教学方法同样备受关注。

下面通过比较中国和加拿大的相似特点，为实现中国流动儿童和少数民族教育公平提出积极建议。

1. 流动儿童教育公平

加拿大是一个富裕的发达国家，而中国是一个快速发展的发展中国家，两国的发展水平存在很大的差异。但是，从某种程度上说，加拿大和中国的教育面临一些相似的情境，比如，两国都是幅员辽阔的多民族国家。中国如今致力于促进流动人口和少数民族的教育公平，对相关领域进行了大量调研，并取得了显著成绩。通过观察和探讨国内的教育公平研究成果，借鉴加拿大教育的现状和改善经验，本文期望为加快中国教育公平进程谏言。

20 世纪 80 年代，流动人口在中国并非突出的社会问题，通常规模较小，范围较窄。但自 90 年代以后，随着市场经济的发展，农村劳动力开始大规模涌入城市，中国流动人口大量增加。盲目的人口流动引发了一系列城市问题，诸如社会秩序混乱、公共交通压力等。流动儿童的义务教育问题也随之产生。自 90 年代起，政府逐渐关注并积极应对流动儿童教育问题，颁布实施了第一部《流动儿童、少年就学暂行办法》，规定了政府关于流动人口基础教育的相关职责。

21 世纪以来，流动人口问题愈发严峻，相关科研愈发深入。2006 年，政府颁布了《国务院关于解决流动人口问题的若干意见》，采取了一系列措施解决流动儿童就学问题。然而，《意见》的实施过程遇到了不少阻碍，如公立学校入学难、学费高、学校教学水平低、资源匮乏等。社会各界急切关注流动儿童的教育公平问题。

李森有[①]指出，教育立法是实现教育公平的关键所在，流动儿童的教育公平问题已引起各界对中国教育立法的激烈讨论。赵欢君和陶李刚[②]从教

① 李森有：论教育公平与教育立法的权威——以农民工子女教育的相关立法为例的研究，《社会科学战线》2010 年第 7 期。

② 赵欢君，陶李刚：论流动人口子女的教育公平问题，《教育探索》2005 年第 12 期。

育公平的三个意义角度阐释了中国流动儿童的教育不公现象。阎凤桥[①]认为，人们应从规章制度角度研究流动儿童学校建设，私立学校应由私有财产转变为社会财产。王长中[②]分析了流动儿童的教育不公现象，认为问题产生的原因是政府责任感的淡薄、户籍登记制度的漏洞和学校相关教育政策的缺陷。

作为一个移民大国，加拿大自1867年联邦政府成立起就一直注重移民管理，移民政策始终是加拿大政府的首要议题。随着移民人口的增加，移民儿童的教育也成为政府和教育界一直关注的问题。纵观历史，加拿大的移民政策发生了几次重大转变。加拿大早期视移民为促进经济增长的一项策略，采取开放性移民政策，设置宽松的移民准入条件。在这种体制下，加拿大政府通过身份证件限制移民数量。加拿大政府曾制定优惠政策，鼓励人们到西部去支援西部地区的建设和发展。2010年4月，加拿大联邦政府和不列颠哥伦比亚省颁布了一项关于移民政策的新政府间协议(被正式称为《加拿大——不列颠哥伦比亚移民协议》)。在新的政策框架下，不列颠哥伦比亚省加强了政府对移民筛选和定居的影响力度。此外，联邦政府同意拨款114,000,000美元支持哥伦比亚的城市建设。由此可见，加拿大联邦政府对流动人口管理的政策帮助和财政支持，有利于促进当地经济的繁荣发展和人口的合理分布。加拿大政府通过分析市场需求和人口的合理比例，制定可行的移民政策，确保移民管理的合理性和有序性，控制移民人口数量，引导移民儿童接受教育。从宏观角度来看，加拿大有一个整体的区域发展计划，致力于消除地区经济发展的不平衡，优先支持自然资源匮乏、经济落后、人口稀少的地区发展，加强政府财政支持，确保人口积极、有序的流动。由此可见，合理的人口分布对移民儿童的教育有十分积极的意义。

加拿大每年接收大量移民儿童，其中包括许多非法移民。与中国一样，大部分的移民成群涌入大城市，适学儿童的数量相当庞大。为促进流动人

---

① 阎凤桥：民办教育政策的经济学分析，《教育研究》，2005年第9期，59～64页。

② 王长中：教育公平与城市流动人口子女的教育问题，贵州师范大学硕士学位论文，2007年。

口的教育发展，加拿大颁布了一系列规章制度，如《移民和难民保护法案》(2001 年)：加拿大的所有未成年人，除了未获准在加拿大工作或学习的临时性居民的子女外，有权接受学前教育、初等教育和中等教育。根据《(安大略)教育法》第 49 条，学校因儿童或家长或监护人是移民身份而拒绝 18 岁以下未成年人入学是违法行为。加拿大联邦法律规定，各省拥有独立的教育管辖权，省政府对基础教育阶段的适龄儿童就学问题负责，所有儿童应在公立学校接受免费义务教育。法律规定，即使是政府监管之外的非法移民也应有明确的保护制度，非法移民儿童有权接受义务教育。加拿大的所有居民，无论来自哪个国家、省市，长期或短期，甚至是非法移民，只要居住在加拿大国土范围内，其子女有权接受公立学校教育。

因此，为实现中国流动人口的教育公平，政府须完善相关法律体系，制定相关政策和制度，加强教育立法力度，明确政府职责，消除移民儿童教育的管理障碍，平等对待所有应接受义务教育的适龄儿童。

2. 少数民族教育公平

中国有 55 个少数民族，5 个少数民族自治区、30 多个自治州、120 个自治县，自治区域占国土面积的 64%。大多数少数民族有自己的语言、文化和生活习俗。在一个如此多民族的国家，少数民族教育显得尤为重要，不仅影响少数民族的繁荣和进步，而且影响整个国家经济、政治、科技、文化、艺术及其他方面的和谐发展。

韩刚①的研究表明，由于历史和现实因素，少数民族教育存在各种问题，主要集中于：(1)大多数少数民族群居在中国西部的偏远地区，分布范围广，人口稀少，经济落后。(2)大多数少数民族居住在山区、高原、草地或林地，由于自然环境的限制，基础设施建设落后于全国平均水平。(3)出于教育资源分配政策的历史因素，政府对少数民族区域的教育投资远低于东部发达地区。(4)文化差异导致少数民族教育不公。在少数民族群居地

① 韩刚：教育公平与少数民族教育发展研究，《黑龙江民族丛刊》2007 年第 5 期，第 37 页。

区,人们普遍认为教育无关紧要,忽视子女的就学需求。学校辍学率也相对较高。

上述研究表明,加大少数民族地区教育的财政支出至关重要,有利于创造更多的少数民族学生就学机会,促进教育公平。

从人口构成和民族差异角度看,加拿大容纳了世界各个民族和语言,涵盖了多民族国家潜在的各种问题,尤其是多民族管理和文化教育。自1867年加拿大联邦政府成立起至二战结束,加拿大政府采取(安格鲁-撒克逊文化)同化少数民族政策,该政策遭到法裔加拿大人的强烈抵制。加拿大政府不得不调整政策,实行英国文化和法国文化为主流的双重文化政策。该政策得到人们的广泛接纳。

随着社会发展和不断创新,多元文化如今已成为加拿大的国家政策。在联邦政府多元文化政策的指引下,加拿大各省在过去几年开始调整少数民族教育政策,颁布一系列教育计划,适应民族文化多样性的需求。首先是官方语言教育,确保少数民族群体可以使用官方语言进行有效的日常交流,消除语言学习的障碍。其次是文化传承计划,支持少数民族不仅学习官方语言,而且教授本民族语言,保护少数民族文化。此外,政府还为少数民族儿童提供祖籍文化传统教育。最后是反种族主义教育,在权力机关倡导个人和群体民族平等意识。①

纵观加拿大少数民族教育的发展历程,其教育体系包含了价值观、行为模式、认知方式、文化特点和家庭背景等方面,教育计划以特殊性为基础。因此,加拿大少数民族教育是学校文化和家庭文化的有机融合。

中国政府如今致力于为少数民族学生提供更多的教育机会,诸如对西部省市的经济援助、师资力量建设、学校建设等,确保每个适龄儿童可以接受教育。政府还减免了少数民族地区义务教育的课本费用,为家庭贫困的

① 高华:特定历史文化意蕴中的加拿大多元文化教育,2010,http://www.canadastudies.com.cn/cs/73894.html

学生提供经济资助等。但是，尽管相关政策和措施已经到位，中国的少数民族教育仍存在一些问题。

首先，课本设计和课程设置存在问题。在中国，中小学课程和课本由国家统一规划，课程内容以发达地区和汉族文化为基础，难免忽视少数民族的实际情况。少数民族学生的所见、所闻、所感与课本内容大相径庭，难以充分理解课本内容。其次，一些少数民族遗失了本民族语言。很多人认为，用普通话教学有利于少数民族学生步入社会深造和求职，但事实证明，少数民族学生的普通话普及教育造成了语言和文化学习障碍，降低了学习质量，不利于少数民族语言的传承。这一点与加拿大土著居民的教育状况类似。

加拿大教育界经常回顾土著教育的失败教训。加拿大曾强制土著居民子女远离父母，远离邪恶文化的影响，统一送入寄宿学校学习，土著文化因此遭受毁灭性打击。这种行为在当时欧洲被誉为进步思想，但该行为最终导致了土著居民的教育不公现象。

当代学界认为，土著语言的丢失导致了土著文化遗产和认同感的流失。以欧洲课程和教学为中心的学校忽视了土著学生的生活和学习需求，土著学生不得不努力维护其自信和自尊。土著学生的世界观在土著文化和欧洲文化的碰撞下摇摆不定。

在过去 30 多年，加拿大的民族文化多样性受到了社会的广泛认可和支持，取得了卓越的成就。借鉴加拿大少数民族教育的发展经验，一方面，政府应加大投资力度，改善学校建设，提高少数民族学生的就学率；另一方面，国家应加强民族文化教育。与此同时，中国的教育体制应适应教育资源的分布现状，实现民族语言和普通话相结合的教育模式，确保课程内容和教学方法的多样性。

通览上面对加拿大教育公平研究的话语分析，我们看到民族文化、反种族主义和多样性成为高频词汇。同 1901 年加拿大 25 个不同民族人口普查的记录相比，2006 年的人口普查数据包含 200 多个民族。作为一个有着悠久移民传统的国家，加拿大每一次移民潮都加深了其文化的多样性。法国人和英国人是加拿大的主要人口，而其他居民都是不断增多的少数民族。因此，促进民族文化和反种族主义一直是实现加拿大社会公平与稳定的重要因素。在加拿大，早在1971年10月8日，时任加拿大总理特鲁多就在众议院宣布了一项新的国家政策——多元文化主义。特鲁多总理明确指出，基于对民族多样性及其重要性的认识，加拿大联邦政府必须具有统一的民族文化政策，不能够对英裔、法裔采取一种政策，对土著居民采取另一种政策，而对其他族裔实行第三种政策。1988年，加拿大正式通过《加拿大多元文化法》，进一步明确了加拿大政府的多元文化主义政策："承认所有加拿大人作为加拿大社会的充分和平等的参与者"。《加拿大多元文化法》较为系统地阐明了加拿大政府对于多元文化主义的认识，明确了在加拿大实施多元文化教育的主要内容及其实施办法。《加拿大多元文化法》第一次以联邦法律的形式承认加拿大多种文化社区的现实状况，肯定了多种文化对加拿大社会的贡献，提出政府有责任提高这些多元文化社区居民的公民意识，促进他们的发展以及对社会的全面参与。

尽管每个儿童都有权接受教育，但少数民族儿童仍缺乏积极的自我认同感和文化自豪感，最终实现教育平等是一项长期的任务，反种族主义和民族文化优越仍是学校制度的重要组成部分。从教育学术高度来看，某种文化传统的盛行限制了学生从与不同社会背景的人交往中获益，经验、价值观的缺乏和民族、文化弱势群体的意识阻碍了学生获得公平的学习成绩以取得成功。这种不公平现象导致了学生自尊心受挫、职业期望偏低和辍学率增高。所以，反对民族文化和种族主义不公现象的教育政策致力于识别和消除教育公平的制度性障碍，强调各民族和文化背景公民的雇佣公平。

自20世纪70年代兴起的多元文化主义政策适应了加拿大社会的发展，取得了良好的成就，并在世界上产生了广泛影响。加拿大多元文化主义在解决族际问题上的民主取向也是非常明显的。具体而言，就是承认族群独特的民主认同和集体权利，在现行国家的政治框架内创造各族裔进入国家公共权力结构的制度空间，制定和贯彻切实保障各族裔政治权利的政策，使少数族裔能够在各族裔平等地共享国家政治权力和利益的前提下，保持和发展其独特的文化传统和生活方式等。其目的就是使不同的族群融入到加拿大社会中，实现政治一体化。加拿大多元文化主义思想中的族际政治民主观点确实有积极、可取的方面。无疑，族际政治民主化和民族融合是相互促进的，但两者之间的互动也是受到相当多因素制约的。

国内学者对此有不同的看法。如：陈云生在评介加拿大多元文化主义时认为，加拿大的“多元文化主义具有超越时空的价值蕴涵，它的价值影响所及，将惠及现时人类的一切民族、种族、文化集团，荫其子孙”。[①]常士訚[②]却认为，多元文化主义坚持以族裔集体权利为基础、强调不同族群“差异平等”的观点具有一定的局限性。相关国家并未全盘照搬加拿大的多元文化主义政治思想，说明该政治思想无论在理论上还是在逻辑上并不具有“超越时空”的价值。由于国情不同，决定了多民族国家及其思想家在处理族际问题上都会建立自己的族际政治理论，如：在英国，印第安裔政治哲学家比丘·帕瑞克(B. Parekh)[③]提出了族际主义理论，指出：文化通过自身的关系而构成自己，也通过与别的文化关系构成自己。它们的内在和外在的多元性互为条件又互相加强自己。在马来西亚、新加坡等东南亚国家，也逐渐从原来的民族主义转向对和谐民族关系的强调；在中国，中国共产党人把马克思主义民族理论与中国的具体实际相结合，在承认各个民族一律平等、各民族文化都应受到平等尊重的同时，把民族之间经济与文化上的合作，特别是发达地区民族对落后地区民族的帮助，作为族际政治理论的重要内容。在全球化的今天，仅仅从形式上承认和保护少数族裔的集体权利是不够的，还必须注重通过经济和文化的合作促进各个民族的共同进步与民族融合。加拿大

① 陈云生：《宪法人类学》，北京：北京大学出版社，2005年版，第549页。

② 常士訚：超越多元文化主义——对加拿大多元文化主义政治思想的反思，《世界民族》2008年第4期。

③ 参见 Bhikhu Parekh, *What is Multiculturalism*? 载 http://www.india-seminar.com/1999/484/484%20parekh.htm.

多元文化教育无论是在政策法规的制定、学校设置、师资队伍建设，还是在课程设置、教学语言等方面都有其自己的特点。其多元文化教育对我国的启示在于：树立多元文化理念；制定相应的政策法规，为多元文化教育提供政策上、法律上的保障；设立多样化的民族学校；加强师资队伍建设，提高教师素质；注重从小教育；设置多元文化课程；实行双语教学等等，以此推动我国多元文化教育更好地发展。①

在和谐视域下研究探讨加拿大高校招生少数民族倾斜政策的一些成功经验，可以为我国高考民族倾斜政策的改革与发展提供有益启示。加拿大高校招生民族倾斜政策的实施，有效地增加了少数民族高等教育入学机会，促进了教育公平的实现。对少数族裔学生进行语言强化训练，帮助他们克服学习障碍。对残疾学生提供特殊服务。学校对困难学生实施贷款，一般每生每年可贷款 7 000～8 000 加元。学生毕业后 6 个月开始偿还贷款本息，对个别困难的学生可延期到毕业 3 年后开始偿还。政府的学生贷款由银行发放和回收，政府提供担保，贷款偿还期为 9 年。学生在学期间和毕业后宽限期的贷款利息由联邦政府和省政府负责支付。学校设立有专门的就业指导中心，并经常与雇主联系、为学生搭建就业桥梁。我国教育中也有很多对少数民族的倾斜政策，目前大部分少数民族学生来自于边远农村牧区，农村牧区的经济发展水平与其他地区相比相对比较滞后，家庭经济收入比较低，政府应进一步完善倾斜的财政资助制度，学校应进一步制定对少数民族学生实行普遍的倾斜收费政策，设立少数民族学生资助的专项基金等。更重要的是采取切实可行的措施，对少数民族学生不仅在教育机会平等，而且在教育过程和教育结果公平方面加大力度，取得更好的成效。

3. 教育立法、财政制度保障教育公平

纵观加拿大教育法的历史，其教育法制经历了 200 年的发展，已日趋成

① 张家军：国外多元文化教育的特点及启示，《教育与教学研究》2011 年第 11 期。

熟,我们可以从中发现一些有益的启示。如:教育立法加快了教育国家化进程,有利于加拿大建立联邦体制;教育立法与国家传统相结合,形成有特色的地方教育立法格局;教育判例法与教育成文法有机结合,互为所补,共同调整教育活动,形成加拿大又一教育立法特色;教育法律意识形成已久,政府、社会、团体及个人教育法律意识普遍加强,政府在依法治教中首先起到表率作用,社会、团体及个人自觉地在法律框架下规范各自的教育行为,互相促进,逐渐形成一个良好的法制大环境,并达到良性循环;教育立法保障了加拿大公民教育权的充分实现,促进了加拿大多元文化社会的稳定;教育立法推动了加拿大教育走向规范化、制度化和法制化。[①]中国在教育立法方面正在不断完善,从加拿大教育立法的成功经验中在众多方面都可以得到有益的启发。

财政拨款是教育经费的基本来源。加拿大政府始终把教育投资置于公共投资的重点和优先领域,注重发挥财政拨款的宏观调控作用。一是调控权限集中在联邦和省两级政府。二是调控的主要手段是设立目标专款。政府在教育方面设立了种类很多的目标专款,如贫困地区义务教育补助专款、社区教育均衡拨款、土著人教育专款、双语教育专款等。这些目标专款具有明显的方向性特点,体现了政府在保证教育公平性等方面应负的责任。对目标专款,大学称之为"特殊信封",地方称之为"贴有标签的拨款",使用这些专款必须承担完成政府目标任务的责任。此外,政府财政部门还特别强调增强教育与经济紧密联系的重要性,并通过教育预算滚动计划的安排等措施,对促进职业技术教育的发展发挥调控作用。这些财政制度对促进教育公平的措施对我们也有许多借鉴。

---

① 张湘洛:加拿大的教育立法及其启示,《教育评论》2003 年第 1 期。

第四章
关于教育公平的政策话语分析

所谓政策话语，是政策相关者的言说过程、表达内容和表达形式，政策文本是研究的主要对象。政策文本具有较强的操作性和实时性。

本章关于教育公平的政策话语分析一是对比研究了 OECD 和 UNESCO 的政策话语，二是对比研究了中美两国对教育公平的法律和政策文献。具体包括五个案例：OECD 教育公平话语分析；UNESCO 教育公平话语分析；OEDC 与 UNESCO 教育公平话语比较分析；中美教育法律中直接规定型公平话语比较分析；从政府工作报告看中国教育公平的发展。

案例一：

UNESCO 教育公平话语分析

本节通过对联合国教科文组织（UNESCO）近 10 年来全民教育（EFA）

全球监测报告[①]的分析，总结了UNESCO推进教育公平的客观历程，揭示了全民教育旨在促进教育公平的本质。同时，通过分析国际社会在促进教育公平过程中面临的种种问题和困难，为我国提高教育公平水平提供借鉴。

一、UNESCO全民教育全球监测报告

UNESCO自1945年创建以来，确立了自己的使命是致力于建立和平、消除贫穷、可持续发展和跨文化的对话，并把教育作为实现这一目标的基本活动之一。在教育方面UNESCO致力于以下目标：第一，支持全民教育的实现；第二，在教育上起到全球或区域领导作用；第三，从早教到成年教育建立全球范围内有效的教育体系；第四，通过教育应对当代的全球变化。

全民教育是推进实现各国教育发展的一个重要理念。自1983年UNESCO大会第一次提出全民教育以来，已经过去近30年的历程。在这一过程中，有两个关键性的事件推动了全民教育发展。即1990年3月在泰国宗滴恩召开的世界全民教育大会，155个国家和150个政府及非政府组织讨论并通过的《世界全民教育宣言》，以及2000年4月在塞内加尔的达喀尔举行的“世界教育论坛”，164个国家达成了一项集体的承诺即《达喀尔行动纲领》，并确定了到2015年前实现全民教育的六个主要目标。此后，从2002年开始，UNESCO致力于推动全民教育的发展，并陆续发布了《全民教育全球监测报告》（以下简称《报告》）以监控这六个目标的实现情况。

正由于UNESCO的重点在于增加公平和机会均等，改善质量，确保教育在一定领域如可持续性发展、HIV和AIDS的预防、人权和平等方面，形

---

① UNESCO. EFA Global Monitoring Report 2002—2012，联合国教科文组织（the United Nations Educational, Scientific and Cultural Organization）出版.

成一定的知识和技能，故而在历年《报告》中教育公平的精神均不同程度地有所体现。以下通过对近10年来《报告》的梳理，分析教育公平在UNESCO引领下的全民运动中是如何体现的，并由此揭示全民教育旨在促进教育公平的本质。

由教科文组织出版，一个独立小组完成的全民教育全球监测报告是一个权威性的参考，其目的在于告知、影响和维持全民教育确实的承诺，评估全球实现“达喀尔”六个全民教育目标的进展情况。该报告跟踪进程情况，确定有效的政策改革措施和在与全民教育相关的所有领域的最佳做法，对新出现的变化引起注意以及促进教育方面的国际合作。报告每年都有一个议程，报告全民教育六个目标（见表4.1）的进展情况。每个报告都有一个特别的主题（见表4.2），这些主题反映时代的特征，对全民教育的进程起着重要作用，充分体现出全民教育运动中教育公平的本质。

表4.1　全民教育六大目标

目标1	扩大和改善幼儿保育与教育，尤其是最脆弱和条件最差的幼儿的全面保育与教育；
目标2	确保在2015年以前所有的儿童，尤其是女童、各方面条件较差的儿童和少数民族儿童都能接受和完成免费的和高质量的义务初等教育；
目标3	确保通过公平获得必要的学习机会，学习各种生活技能来满足所有的青年人和成年人的学习需求；
目标4	2015年以前使成人脱盲人数，尤其是妇女脱盲人数增加50%，所有的成年人都有接受基础教育和继续教育的平等的机会；
目标5	在2005年以前消除初等教育和中等教育中男女生人数不平衡的现象，并在2015年以前实现教育方面的男女平等，重点是确保女青少年有充分和平等的机会接受和完成高质量的基础教育；
目标6	全面提高教育质量，确保人人都能学好，在读、写、算和基本生活技能方面都能达到一定的标准。

图表来源：作者根据资料整理所得

表 4.2　全民教育全球监测报告历年主题

年份	主　题
2002	全民教育—全世界都跟上了吗？
2003/2004	性别与全民教育—向平等跃进
2005	全民教育—必须注重质量
2006	扫盲至关重要
2007	坚实的基础—幼儿保育和教育
2008	在 2015 年之前实现全民教育—我们能做到吗？
2009	消除不平等：治理缘何重要
2010	普及到边缘化群体
2011	潜在危机：武装冲突与教育
2012	技能发展

图表来源：作者根据资料整理所得

从表 4.1 中我们可以看到 UNESCO 在引领全民教育运动中，全民教育六大目标充分体现着教育公平的思想，教育公平不仅仅在教育的机会平等上有所发展，在教育过程公平和教育结果公平上也逐渐引起重视，国际社会关注的重点，也从面向点发展，从宏观转向微观层面的关注。表 4.2 则清楚地列出了历年全民教育监测报告关注的主题，2008 年的报告对前面几年实现目标的进展情况做了小结，对全球在 2015 年之前是否能实现全民教育的目标提出了质疑。可以说 2008 年是一个分界线，之前的主题主要围绕着达喀尔目标中的教育质量、扫盲和幼儿教育三大目标进行分析；此后报告的主题则紧密与实际相结合，充分反映了目前全球所应对的新情况以及对教育的影响。

二、全民教育全球监测报告推进教育公平的具体体现

全民教育六大目标的描述当中，我们能清楚的看到每个目标尽管关注的主题不一样，但其表现的精神充分体现出教育公平的思想，即包括了教育机会公平，也包括了教育过程以及教育结果的公平；从教育阶段来看，包括幼儿的保育与教育、初等教育、中等教育乃至高等教育，以及正规教育体制

之外的青年及成年人的技能学习;从教育机会公平的角度来看,包括学龄前儿童的教育机会、初等教育和中等教育男女平等,以及青年人和成年人的获得学习技能的机会,脱盲人数尤其是女性脱盲也体现出继续教育机会的公平;从教育过程公平的角度来看,对教育的环境、手段以及教育过程中的保障措施介绍,比如教室、教科书、辅导时间等教育过程的细节方面;从教育结果公平的角度来看,目标六体现得很清楚,全面提高教育质量,确保人人都能学好,在读、写、算和基本生活技能方面都能达到一定的标准;教育公平的思想在全民教育中还体现在对弱势群体的关注。

表 4.3 《报告》中所体现的教育公平观测点

	涉及的全民教育目标	相关观测点
教育机会公平	目标 1:扩大幼儿保育与教育(ECCE)	1. 学前教育的毛入学率 2. 性别不均等 3. 贫困儿童的入学机会 4. 儿童营养和健康问题
	目标 2:提供免费和义务初等教育	1. 儿童失学率 2. 小学入学率
	目标 3:促进青年人和成年人的学习和生活技能	1. 正规教育与非正规教育 2. 职业教育与培训
	目标 4:增加成年人脱盲人数	1. 识字率 2. 扫盲
	目标 5:实现教育方面的男女平等	1. 初等教育的两性平等 2. 中等教育的两性平等 3. 高等教育的两性平等
教育过程公平	贯穿六大目标	1. 教育环境(教室) 2. 教育手段(教科书、辅导时间) 3. 教育保障(提供教育的服务部门、政府支出与捐助) 4. 教育支出 5. 师生比率
教育结果公平	目标 6:提高教育质量	学生的学习成绩

图表来源:作者根据资料整理所得

1. 教育机会公平

UNESCO 对教育公平问题的认识首先是人的基本权利的受教育权的保障问题，即教育机会公平，人人都有受教育的权利。《报告》评估全球实现“达喀尔”六个全民教育目标的进展情况，其中前 5 个目标都围绕教育机会公平问题。其具体观测点主要包括五个方面：入学率、儿童失学、识字率及扫盲、男女平等和职业技术教育培训。

（1）入学率

入学率是教育机会公平的首要指标，在全民教育历年的监测报告中，主要体现在对学前教育和初等教育入学率的监测与统计。《报告》就扩大幼儿保育与教育的追踪，强调了学前教育的毛入学率是用于监控达喀尔目标一发展的主要指标，而正是这一指标充分体现了教育的机会平等。《报告》指出影响小学入学率的因素有很多，费用、人口生育率高、艾滋病毒以及冲突均是造成无法实现目标的障碍，不同国家实行不同公共政策对初等教育的入学率也有很大的影响。

（2）儿童失学

入学以后还有儿童失学问题，也是《报告》体现教育机会公平的另一指标，主要体现在目标 2“提供免费和义务初等教育”的实现过程中。该目标要求确保在 2015 年以前所有的儿童，尤其是女童、各方面条件较差的儿童和少数民族儿童都能接受和完成免费的和高质量的义务初等教育。

在这近 10 年的监测报告中，从最初 2002 年的报告指出实现普及初等教育的目标是可能的，到 2012 年的报告指出减少失学儿童数量的发展进程有所减慢；整个初等教育的过程，也因国而异；期间对儿童失学的问题，从乐观到客观；从关注儿童失学下降的数量到儿童失学的下降速度；从儿童失学的国际关注到重点区域、弱势地位儿童的关注，尤其是在撒哈拉以南非洲以及南亚和西亚的国家在历年的监测报告中都给予了重点关注。

（3）识字率及扫盲

除了儿童入学率和防止儿童失学以外，还有成人识字率及扫盲问题，这主要体现在目标4“增加成年人脱盲人数”实现过程的监测中，该目标要求在2015年以前使成人脱盲人数，尤其是妇女脱盲人数增加50％，所有的成年人都有接受基础教育和继续教育的平等的机会。1990年宗滴恩《世界全民教育会议》和2000年达喀尔《世界教育论坛》都坚定地强调了扫盲对个人和社会发展的重要性。能读、写和计算被认为是一种人权。

（4）男女平等

UNESCO在引领全民教育运动中，追求教育公平的另一重要体现是教育中的性别平等问题，这是全民教育目标5“实现教育方面的男女平等”的主要内容，明确指出教育是基本的人权，包括女孩和女人。《达喀尔行动纲领》中指出，在2005年以前消除初等教育和中等教育中男女生人数不平衡的现象，并在2015年以前实现教育方面的男女平等，重点是确保女青少年有充分和平等的机会接受和完成高质量的基础教育。从历年的报告中我们可以看到性别平等和教育公平日益受到重视，很多国家也取得了长足进步，但是仍然无法在2015年之前实现两性均等。

（5）职业技术教育培训

职业技术教育培训已成为UNESCO优先考虑的事项之一，并强调其在经济和社会发展中的重要作用，这主要体现在目标3“促进青年人和成年人的学习和生活技能”的历年监测过程中。该目标要求确保通过公平获得必要的学习机会学习各种生活技能来满足所有的青年人和成年人。2012年的报告以技能发展为主题，并指出度量技能发展有持续的进步；生活技能教育可以帮助年轻人减少对艾滋病的感染。并从五个方面进行阐述：青年、技能和工作之间的关系；指出投资技能可以改善生活；加强学校与就业之间的联系，中等教育为工作铺平道路；技能对城市青年与农村青年的重要性，是城市青年开创美好未来，农村青年摆脱贫困的重要途径。

2. 教育过程公平

《报告》同样强调教育过程公平，即教育条件均等，主张让每个受教育者有机会享受同样的教育，以巩固教育机会公平的成果，也是实现教学结果公平的重要保障。从历年的监测报告以及社会传统的观点来看，国际社会对教育机会公平的关注较多，而对教学过程公平虽有所关注，但实际采取的措施和关注的程度还不高，主要关注点包括教育环境、教育手段、教育保障、教育支出、师生比例等问题。

（1）教育环境

教育条件均等首先反映在教育环境上。2008年的报告指出，拥挤、破旧的教室、教科书数量有限和辅导时间不足是很多发展中国家和弱势国家的普遍现象。校园安全环境，是教育的重要保障，尤其是青春期女孩的教育在一定程度上可以避免暴力和性骚扰，以保障教育的正常开展，这也是教育过程公平的体现。但部分国家的学习材料存在各种偏见，尤其是在一些落后地区的教科书里，没有充分体现女孩与妇女地位与作用的改善情况。2009年的报告中指出，学生背景、教育体系的组织和学校环境说明了各国内部的学习不平衡性。

（2）教育手段

教育手段是保证教育过程公平的重要手段方面。2008年的报告中提到课堂技巧影响教与学的质量。其中尤为重要的是开设的课程、儿童母语的运用、评估及信息和通信技术的利用是影响教育过程公平的重要因素之一。2012年的报告中指出，成百万的适龄学儿童无法学习到基础知识；在很多国家学习成果因社会经济状况不同而有所差异；教师的知识与能力是学生在校学习的核心，尤其是低年级教学中的危机所在，强调了教师的教学能力与业务水平对教育过程公平的重要性。

（3）教育保障

从提供教育的服务部门来看，许多国家仍然把幼儿保育和教育看作是私人行动领域，而非公共政策。从资金供给来看，政府在支出中也不太重视学前教育，对幼儿保育和教育的捐助不到给初等教育捐款的10%，半数以上不到2%。此外，儿童营养不良和健康不佳损害了儿童的学习能力，母亲的教育对增进儿童健康也具有一定重要作用。而且,2009 年报告指出,各国政府尚未在教育政策中优先考虑青年和成年人的学习需要。在公共资金支持等教育保障方面依然受到忽视,需要加强。

(4) 教育投入

2003/2004 的报告指出,素质教育是一个重要的潜在工具,就教育投入而言,第一个问题涉及教师有多少人,他们的资格如何,以及与在校学生人数的比较;第二关注金融资源,一般来说,它是假定学生教师比率,高级教师资格和更高水平的公共开支,都可能是良好的教育质量。

2005 年的报告指出,在公共教育支出占国内生产总值比例较高的发达国家里,全民教育的目标已经实现。在过去 10 年中,许多发展中国家增加了支出,尤其是东亚和太平洋、拉丁美洲、加勒比海。当年及之后的报告中都具体指出,各国和各地区的师生比率差距很大,一些地区教师明显短缺,而且,各国内部的不平衡性最为显著,各地区教师分布不均衡。可见,师生比率不仅体现在“量”的不够,还体现在“质”的不足方面。

3. 教育结果公平

教育结果公平主要体现在全民教育目标 6 的实现过程中,该目标在《达喀尔行动纲领》中指出,全面提高教育质量是要确保人人都能学好,在读、写、算和基本生活技能方面都能达到一定的标准。自达喀尔论坛以来,报告对世界教育质量唯一采用的质量统计指标有:教育支出和师生比率。教育结果公平是基于教育公平理论的不断演变中,逐渐引起社会的关注,尤其关注学生的学习成绩。

2007 年的报告指出,监测报告每一期都力求分析教育系统在儿童教育方面取得的成果。一些儿童很早就失学、或没有获得基本的识字和算术技巧,这部分反映了教育质量低下的问题,每个教师所教的学生人数常被作为衡量教育质量的一个指标。对世界各地学校的教学情况进行评估有两个方面:了解教师情况和学生的学习成绩。

2008 年的报告指出,(1)在 1999 至 2004 年间,有统计数据的大多数国家的小学毕业班续读率有所提高，但撒哈拉以南非洲（平均为 63%）以及南亚和西亚（79%）的水平依然很低。（2）全球大多数国家的语文和数学学习成绩偏低，而且成绩不均。

2009 年的报告显示，国际评估突出了富裕国家和贫穷国家学生之间巨大的学习成果差距。在发展中国家，学习成绩差的比例极高。近期在撒哈拉以南非洲地区开展的南部和东部非洲控制教育质量联合会（SACMEQ Ⅱ）评估中，4 个国家达到要求的阅读水平的六年级学生不足 25%，而 6 个国家则仅有 10%。

2010 年的报告指出，从全球到地方存在学习的鸿沟；各国国内学习不均衡；改进校内学习；强调教师的关键作用；同时预计了到 2015 年的教师需求。2011 年的报告，明确了各国之间和内部均存在巨大的学习成绩差异，应缩小贫穷国家的学习差距。

综上所述，UNESCO 在引领全民教育运动中，在对全民教育六大目标的实现过程中，充分体现了教育公平的思想。

三、各国在促进教育公平进程中面临的挑战

尽管在全民教育运动中教育公平在全社会取得很大的成就，尤其是以教育机会公平的实现情况表现最为突出，但是也存在很多的问题，影响着全民教育运动的发展，从而进一步阻碍着教育公平在全社会的实现。主要表现为：

1. 国际层面：战乱不止与经济危机

国际社会的大环境对实现教育公平有很大的影响，如国际或国内战争导致经济衰退，营养和健康得不到保障，儿童失学人数增加等，此外暴力及性骚扰、艾滋病都是影响教育公平实现的原因，国际社会应通力合作来应对共同的问题。

国际组织提高融资能力，鼓励更多的民间组织加入到捐助者队伍中来，提高国际组织的援助能力以及援助的综合性、针对性和实效性。同时也对

成员国的执行情况及时监控并提出指导意见。

2. 国家层面:保障不力

(1) 政策不配套

从国家和社会的层面来看,不同国家制订不同的政策,使得各国对要保证教育的公平也有所不同。各国政府在制订、实施和监测过程中与公民社会开展正式的合作。此外,还要改善政府的层次管理能力。

(2) 教育投入不足

加大教育支出是实现教育公平的重要保证,保持公共支出水平并在必要时提高公共支出。通过改善学校基础设施、取消学费、向最贫困人群、土著人口和其他弱势群体提供广泛包容的教育,使最贫穷和最边缘化的儿童也能被包容在内。此外,还要增加提供给基础教育的援助金额并实现援助方式的多样化。

(3) 师资和设备不足

可以说人、财、物是实现教育公平必不可少的因素,教育保障的内容主要探讨的是人和物的问题。首先,所谓教育保障中人的因素,主要是针对师资培训的问题,要特别关注教师培训、安全、健康的学习环境、母语教学和足够的学习资源,确保小学生能够掌握基本的技能,同时也要确保教师队伍中女教师的比例,实现性别平等。此外,需要有积极性的教师、足够的教学时间和资源、使用能够提高学习成果的监测与评估机制、充足的资金支持。其次是物,比如教室和学校环境等问题,很多关键资源,如电、课桌、凳子、教科书等,在发达国家根本不成问题,但在发展中国家十分匮乏。

(4) 社会传统落后

一个国家,尤其是低收入、贫困的国家,从历史传统来看,尤其是两性的不平等表现突出,女性的地位受到一个国家传统历史文化的影响,有的国家忽略了女性在经济社会发展中的重要性,无论是女童还是女教师都存在性别的不平等,甚至有的在教科书里也有所表现。

3. 家庭层面：力不从心

（1）家庭背景不良

家庭背景对社会实现教育公平也有一定的影响，比如一个家庭的贫富程度，母亲受教育的程度，直接影响着孩子受教育的机会公平、过程公平和结果公平。除先天能力外，学生成绩是社会、经济和文化环境的产物，如性别、家中所讲语言、父母职业及所受教育，家庭大小、移民身份等。这些因素在很大程度决定了学生能在学校学到多少知识。贫困是获得教育和技能的障碍。

（2）身体状况不佳

受教育的个体情况也是影响实现教育公平的因素之一，比如在全民教育运动中，对目标 1 的实现有很多影响因素，其中幼儿的营养、健康是影响学龄前教育机会公平的主要因素之一，同时疾病、是否残疾也是影响因素中的重要部分。

（3）个人技能匮乏

年轻人可以通过正规教育及非正规教育，即职业技术教育，获得基本技能、可转移技能以及技术和职业能力。换句话说，错过了正规学校教育的人可以从获得基本技能的二次机会，并在工作培训等技能培训中受益。提供平等的教育机会，同时加强教育质量，是确保年轻人获得改善其职业前景所需的各种技能的第一步。然而，许多年轻人尚未获得这种机会，这些年轻人最有可能被迫失业或从事低薪工作。

综上所述，近 10 年的监测报告体现出 UNESCO 对推进全民教育坚定不移的信念与工作热情，并履行着 UNESCO 作为引领全民教育（全民教育）运动为儿童、青少年和成年人提供优质基础教育的一项全球性承诺。UNESCO 引领下的全民教育体现出教育公平的思想，历年的监测报告不仅仅体现出教育的机会平等，也体现出教育过程平等和教育结果的平等。

中国的教育改革在 UNESCO 引领的全民教育运动中取得巨大的成就，

改变了中国教育的基本面貌，在全球的全民教育运动中也演绎着自己的发展之路，在这一过程中中国教育公平发展已经取得了显著的成绩，其教育公平水平远远高于UNESCO成员国的许多国家。但中国教育要达到全民教育运动的所有目标还有很长的一段路要走，还面临着很多的问题。通过以上教育公平在UNESCO历年监测报告中的分析，从很大程度上来说对中国的教育发展有积极的启示。

案例二：

OECD教育公平政策的话语分析

一、OECD教育公平政策分析语料

《国家中长期教育改革和发展规划纲要》(2010—2020年)（以下简称《纲要》）明确规定促进教育公平是国家基本教育政策。经济合作与发展组织(OECD)近年来也十分重视成员国的教育公平问题，2007年和2012年相继发布了两份报告《不再有失败：教育公平的十个步骤》（简称OECD2007）和《教育公平与质量：支持弱势学生和学校》（简称OECD2012）。

2011年教育学研究的热点之一是教育公平，[①]教育公平研究主要包括“教育公平内涵的研究、教育公平的多元视角研究、教育公平的影响因素研究、教育公平与社会群体关系的研究、教育公平测量方法的研究以及对教育公平实现途径的探讨等六个方面”。[②] 教育公平将成为政策话语的重要组成部分，[③]我国目前的教育政策研究方法中需要重视对教育政策的话语分析。[④]

---

① 宣小红等：教育学研究的热点与重点——对2011年人大复印包括资料《教育学》转载论文的分析与展望，《教育研究》2012年第2期。

② 袁敏：教育公平研究综述，《现代教育科学》2010年第1期。

③ 周谷平，余源晶：近30年来政策话语对教育公平的关注——基于《教育部工作要点》的实证研究，《教育研究》2012年第2期。

④ 李钢：《话语、文本、国家教育政策分析》，北京：社会科学文献出版社，2009年。

本文拟以 OECD2012 文本为对象，使用语料库方法开展话语分析，主要对该文本进行主题分析，以期对国内的教育公平政策研究以启示。

本文采取的话语分析为基于语料库方法的主题分析。语料库方法利用计算机技术对语言使用进行概率统计，获得词频列表、主题词列表，为各种社会科学研究提供实证依据。主题分析旨在通过观察语言使用揭示文本的主要内容。本文的研究目标是使用语料库方法考察 OECD2012 文本的语言使用以揭示 OECD 教育政策的话语变化及主要关注点。

表 4.4　主题语义域

语义域名称	语义域中代表性主题词	2012 文本频率（百分比）	2007 文本频率（百分比）	主题性值
评价:消极	弱势的、弱势、差的、贫穷的、恶劣的	386(0.76)	147(0.31)	98.64
评价:积极	提高、高质量、积极的、进步	466(0.92)	225(0.47)	73.41
权势	领导力、领导者、责任、校长、影响	295(0.58)	122(0.26)	65.01
成功	有效的、成绩、克服、成功、成功的	364(0.72)	174(0.36)	58.76
小的、窄的	低的、窄的	141(0.28)	49(0.10)	41.68
教育	学生、学校、老师、中等教育、教育体系	3 963(7.85)	3 272(6.84)	34.23
困难	困难的、危机、困难、挑战、问题	199(0.39)	102(0.21)	26.84
天气	氛围(学校)	22(0.04)	1(0.00)	22.55
变化	发展、变化、改革	357(0.71)	235(0.49)	19.15
策略	政策、计划、策略、选择	853(1.69)	647(1.35)	18.41
评价	质量、评估、标准	221(0.44)	132(0.28)	18.16
财经	金融、经济、财政、预算	150(0.30)	81(0.17)	17.39
环境	环境(学校)	49(0.10)	17(0.040)	14.52
经济	经济的	110(0.22)	60(0.13)	12.37

续 表

语义域名称	语义域中代表性主题词	2012 文本频率（百分比）	2007 文本频率（百分比）	主题性值
学习	学习（环境）	264(0.52)	183(0.38)	10.73
阻碍	防止、障碍	99(0.20)	56(0.12)	9.89
职责	需要、应该、必须	337(0.67)	248(0.52)	9.24
商务	经济、衰退、商务	60(0.12)	31(0.06)	7.91
艺术	设计（教育）	115(0.23)	73(0.15)	7.34
失业	失业	35(0.07)	15(0.03)	7.19

本文所使用的语料库工具为 Wmatrix，[①]它可将所研究语料与参照语料进行对比，产生使用频率超常的语义域即主题语义域。语义域是一组语义趋近一致的词语集合，因而以主题语义域为基础的主题分析比先前以主题词为基础的主题分析更能接近所研究语料的主题。本文使用该软件将 OECD2012 文本与 OECD2007 文本进行对比（对数似然比设为 6.63，即 $p<0.01$），获得了 OECD2012 文本中的主题语义域。表 4.4 按主题性值从高至低列出了 20 个与“教育”相关的主题语义域，以及每个主题语义域中频率较高的主题词。

表 4.4 中的主题语义域反映了 OECD2012 文本的主题，即 OECD 当前教育公平政策的关注点，包括政策要解决的主要问题、要采取的主要措施、提出这些问题与措施的原因。相比较而言，这些主题语义域所表征的问题、措施与原因在 OECD2007 文本中未获得足够重视。

二、OECD 教育公平语料分析

1. OECD 教育公平面临的问题

表 4.4 中的主题语义域［评价：消极］、［小的］、［窄的］、［教育］、［评价］、［成功］、［阻碍］及其相关主题词等表明，OECD 在实现教育公平的进程中当

① Rayson, P. Wmatrix: a web-based corpus processing environment, Computing Department, Lancaster University . http://ucrel.lancs.ac.uk/wmatrix/, 2012.

前面临的挑战是中等教育中弱势学生的教育质量问题。"弱势"(disadvantaged)是OECD2012文本中的关键主题词，OECD2012文本使用了大量"弱势"短语，如表4.5所示。从这些词组中基本可以确定"弱势学生"或"弱势儿童"来自"弱势家庭"，即他们的"弱势父母"在"社会经济上弱势"，因而"弱势学生"是"家庭社会经济地位低的学生"。

表4.5　"弱势"词丛

编号	词丛	频数	编号	词丛	频数
1	弱势学校	169	5	经济上弱势	8
2	弱势学生	98	6	社会经济上弱势	7
3	弱势家庭	12	7	弱势儿童	7
4	弱势背景	11	8	弱势父母	7

例(1)父母教育少的学生、家庭社会经济地位低的学生、第一代或第二代移民家庭的学生和男生更可能为后进生。在某些群体中，家庭社会经济地位低的学生和后进生是等同的。弱势学生比同龄的其他学生更可能为后进生。(p. 16)

例(2)提高弱势学生的受教育程度能鼓励他们获得健康的生活方式，参与民主机构和其他公民社会组织。(p. 25)

如句(1)和(2)所示，社会经济地位弱势的学生容易成为受教育上弱势的学生，即在读、写、说、听或数学等方面教育准备或教育结果低于同龄人或同年级学生的平均水平的学生。弱势群体是现代社会经济利益、社会权力分配不公平和社会结构不合理的结果，扶持弱势群体是社会民主进程的一部分。OECD认识到关注教育公平和弱势群体是追求社会、政治与经济公平的重要组成部分，需要一定的社会控制以避免过度的社会不公平。

2. OECD教育公平的措施

表4.4中主题语义域如[策略]、[职责]、[评价：积极]、[变化]、[权势]、[天气]、[环境]、[学习]、[艺术]等是OECD2012的措施部分。表4.6以这

些语义域中的关键主题词“领导者”、“领导力”、“氛围”、“环境”为中心列出了搭配的形容词和动词。

表 4.6 “领导”与“环境”搭配词

“领导力”和“领导者”的搭配词	频数	“环境”和“氛围”的搭配词	频数
支持	9	激发或促进	6
加强	6	建立或创造	5
提高	3	提高	2
高效的	5	改变	1
有能力的	5	良好的	6
高质量的	3		

从表 4.6 中的主题词的搭配词来看，OECD 为应对上述问题当前要采取的措施为支持和加强学校领导能力，使学校领导者具备管理能力，促进建立良好的学校环境和学习氛围，如例(3)和(4)所示。

例(3)在示范学校中，优秀的领导力培育了高效的教学水平和学习环境，以克服与弱势环境相关的问题。(p. 113)

例(4)学习需要有秩序的、合作的学校环境，以影响学生在学习中的行为和参与性。政策要保障弱势学校能够创建有利于学习的有效环境。(p. 110)

“领导力”和“环境”是管理学中的重要概念。领导力指在管辖的范围内充分地利用人力和客观条件以最小的成本办成所需的事和提高整个团体的办事效率，具体包括指挥能力、激励能力、感召能力和造势能力等。其中领导者的首要任务是设计和维持良好的工作环境，因为环境在很大程度上影响着组织成员的热情和效率。由此，目前 OECD 在实现教育公平的进程中重视学校管理，向管理要质量。

3. OECD 教育公平政策的动因

表 4.4 中的主题语义域[困难]、[财经]、[经济]、[商务]、[失业]表明，“经济话语”充斥着整个 OECD2012 文本，如例(5)、(6)、(7)和(8)。表 4.7

是这些语义域中关键主题词“经济”类词丛。

表 4.7 “经济”类词丛

编号	词丛	频数	编号	词丛	频数
1	经济背景	50	4	经济衰退	6
2	经济增长	8	5	经济危机	5
3	经济政策	7	6	财政激励	8

例(5)当前经济衰退导致高失业率,加剧了培养高水平技能人才的紧迫性。(P. 3)

例(6)在这些教育体制中,无论他们有什么样的个人和社会背景及经济状况,绝大部分学生都有机会获得高水平的技能……教育水平较高的人能对民主社会和可持续的经济发展做出更多贡献,并较少依赖公共救济,较少受经济下滑的影响。有高技能人才的社会能更好应对目前和未来潜在的危机。(p. 9)

例(7)我们旨在使教育制度更具融合性,确立机制提供多种方案保障每个人都获得学习成果。这虽然是巨大的挑战,但也是形成具备竞争力的经济的必备手段。(p. 14)

例(8)OECD 最近经历了金融危机,这造成了自 1929 年经济大萧条以来最严重的经济衰退。仅在 2009 年,OECD 的国民生产总值就下降了 4 个百分点。工业生产和国际贸易受到明显影响,失业率升高。政府已经采取各种财政、金融措施应对这次危机,各种政策包括教育政策都旨在提高生产力水平。(p. 29)

上述句子和词丛表明,OECD 当前的政策旨在使弱势学生能够适应经济变化的形势,在就业市场中具备竞争力。换句话说,政策取决于当前的国际社会、政治、经济状况。2008 年和 2009 年相继爆发了全球金融危机以及欧债危机,这两次危机已发展为制约并影响欧洲乃至全球经济复苏的一场“债务风暴”,导致全球大部分主要经济体的经济增长、社会稳定和就业前景更加疲弱。提高教育质量,尤其是弱势学生在市场上的竞争力,培训高技能人才，成为教育公平政策的新核心。

此外，OECD的教育政策也是"新自由主义思潮"的典型表征。20世纪初，"新自由主义"成为发达国家推行全球一体化理论体系的重要组成部分，强调经济全球化是人类社会发展的必然趋势和自然过程。因而，OECD一直秉承的宗旨之一为促进成员国的持续经济增长、就业以及生活水平的提高，同时保持财政的稳定，以此对世界经济的发展做出贡献。在全球化进程中，经济竞争力与教育密不可分，教育政策文本自然就被"管理话语"和"经济话语"所"殖民化"。此外，全球教育政策也呈现趋同化，建设知识经济和学习型社会逐渐成为共识。教育成为在全球范围内传播"新自由主义"政治经济策略的重要工具。

三、结语

本文通过使用语料库方法对OECD2012文本进行了主题分析，尤其是主题语义域和主题词分析，揭示了当前OECD教育公平政策要解决的主要问题、要采取的主要措施以及动因，从某种程度上反映了政策制订者如何定义教育目的。扶持弱势学生的"社会民主话语"体现了"教育为民主"的宗旨，即教育是为了启迪学生使他们适应未来的公民角色。以领导力为特征的"管理话语"和以竞争和技能为基础的"经济话语"则认为教育政策的制订是服务于经济发展。卡彭特(Carpenter)[①]指出了广义上的四种教育目的：自我实现、人际关系、公民责任和经济效率，而OECD教育政策主要突出后两者。

中国与OECD在教育领域内的对话与合作始于1999年，二者之间的对话与合作不断增强。2008年，由教育部发展规划司、OECD、北京师范大学共同主办了"中国—OECD教育决策与教育指标"研讨会。对OECD教育公

---

① Carpenter, D. M. Gubernational rhetoric and the purpose of education in the United States. *International Journal of Education Policy and Leadership*, No. 6, 2011.

平政策的话语分析必定对中国教育公平政策有所启示。首先，我国国情在确保解决入学难问题的同时还应积极采取措施保证质量，也应考虑逐步将中等职业教育纳入教育公平范畴。OECD2012 中的弱势学生大致等同于《纲要》中的“农民工子女”、“家庭经济困难学生”、“留守儿童”等，OECD 这些发达国家要应对的是中等教育的结果公平问题，而我国的国情决定了正着力解决基础教育入学机会公平问题。OECD 认为“学生若未完成高中教育或无掌握相关技能则生活前途渺茫，这表现在收入低、难以适应快速发展的知识经济而面临高失业风险”。OECD 设计了不同的高中教育途径，如学术教育和职业教育并重，实施鼓励学生完成高中学业的激励措施。这些都值得我国借鉴。

其次，实现教育公平和提高教育质量要加强学校领导的管理水平，如开设“学校领导准备课程”，确保学校领导具备面临挑战时所需的一般能力和专门知识。还要促进建立有利于学习的学校氛围，因为“弱势学生比例较高的学校更容易面临风险，造成学生成绩不良，从而影响整个教育体制”。

案例三：

对 OEDC 与 UNESCO 教育公平政策异同的话语分析

上面分别对国际上较有影响力的国际性组织——联合国教育、科学及文化组织（United Nations Educational，Scientific and Cultural Organization，UNESCO）和经济合作与发展组织（Organization for Economic Co-operation and Development，OECD）——的教育公平话语进行了分析，我们清楚地看到这两个组织在教育政策方面发布了不少报告，影响着各国的教育政策，其中教育公平是它们长期关心的重要领域。进一步梳理和比较这两个国际组织的教育公平政策，有助于了解国际上教育公平政策的发展进程，丰富教育公平政策的理论研究，为我国教育公平政策的推进提供借鉴。这里，UNESCO 的语料包括《全民教育全球监测报告》

(Education for All Global Monitoring Report)、全球教育政策、各国教育报告、专题报告、会议文件等；OECD 的语料包括《教育概览》(Education at a Glance)系列报告、国家教育政策评论系列文献、高等教育报告及 PISA 项目报告等专题报告。本文所采用的两个语料库是通过搜索"教育公平"关键词分别从教科文组织及经合组织的网站上收集的。通过文本分析我们发现，两个国际组织的性质定位和发展水平决定了它们在教育公平的界定上既有共同点又有些侧重点的差异。

一、OECD 与 UNESCO 推进教育公平的历史脉络

1. OECD 推进教育公平的历史

OECD 成立于 1961 年，主要关心工业发达国家的共同问题，也经常为成员国在制定国内政策、确定在国际组织和国际事务活动中的立场方面提供帮助，被誉为发达国家的"智囊"。目前该组织有 34 个成员国(基本上都是工业发达国家)和若干个对话合作国。自 OECD 成立以来，教育公平就是其教育工作的核心之一。但是由于在不同的阶段 OECD 对教育的目的有不同的理解，教育公平被赋予了不同的意义，显示出教育公平政策的阶段性特征。有学者对 OECD 教育公平政策的工作出发点在"社会的"和"经济的"两种需求状态中的变化做了历史分析。①

20 世纪 60 年代至 80 年代，OECD 的教育公平政策受社会需求驱动，具有除经济目标外更广的综合目的，对教育公平的关注不仅包括个体的教育机会，也重视教育的社会前景。这期间发表了一系列关于教育公平的报告，如《平等教育机会》(1971)、《教育、不平等和人生机会》(1975)、《把残疾学生融入中等教育：对五个案例的研究》(1986)、《教育中的女性》(1986)、《多种文化教育》(1987)、《残疾青年：走向成人的权力》(1988)、《一所学校，多种文

① 罗晓静：《OECD 教育公平政策探析—兼论对中国教育的影响》，华东师范大学硕士论文，2010 年。

化》(1989)等。报告显示,教育体制、社会阶层、民族、文化等都成为教育公平问题中的关键词。这个时期OECD把个体教育机会均等置于社会这一更广的背景下进行考察。OECD认为,接受正规教育权的概念、致力于教育机会公平的努力、学生数量的变化、社会对教育要求的提高、经济增长对熟练劳动力的需求以及知识和技术的极大发展都是教育影响社会发展的重要力量。

80年代至90年代中期,西欧经济发展进入"滞涨"状态,随着就业问题的上升以及现代人力资本理论等因素的影响,OECD的教育公平政策走向经济驱动,更加重视教育公平对促进个体生产力和国民经济发展的作用。这期间OECD又陆续发表了《残疾青年:从学校到工作》(1991)、《面向所有人的高质量的教育与培训》(1992)、《女性和结构变革》(1994)、《OECD成员国的教育和平等》(1997)等与教育公平有关的报告。2007年OECD出台了一份重要文件:《教育与培训政策——不再失败:促进教育公平的十个步骤》,指出"随着知识社会的不断发展,教育和技术的地位不断提高。教育不仅是经济增长的决定因素,也决定了个体的人生机会,包括工资和就业机会……教育机会的均等不仅可以改变个体的人生机会,还可以推进社会公平,减少对社会的公共投入而不致损害效率。"①2008年OECD颁布了《为了知识社会的高等教育》,该文献第一卷主要是讨论管理、资金和质量问题,第二卷讨论公平、创新、劳动市场、国际化的问题,其中公平一词出现了446次。

90年代末以来,伴随着知识经济和全球化进程,OECD的教育公平政策更注重用数据说话,"对教育系统内的进步和实践进行监测在很大程度上依赖于指标,这些指标有助于政府和其他利益群体更好地判断教育的背景和运行以及所取得的结果。教育指标可以揭示教育系统内最严峻的问题,可以帮助教育政策的设计和改进。"②因此,对教育公平数据的收集成为教育公平政策领域内的工作核心,教育公平政策制定走向"基于证据"。教育公平

---

① Simon Field, Malgorzataezera, Beatriz Pont. *No More Failures*: 10 *Steps to Equity in Education* . Paris, OECD, 2007, p. 35.

② *CERI*, *Education at Glance*, *OECD Indicators*. Paris, OECD 1993, p. 10.

指标的开发成为 1997 — 2001 年教育系统指标项目(Indicators for Education System,INES)的优先内容。2003 年开始了 PISA 项目,此后的文献中有很多是通过 PISA 结果对教育公平问题的分析,例如,2005 年的《关于教育质量与公平问题的学校影响因素——来自 PISA2000 的结果》。2004 年开始以教育公平为主题,对成员国开展了直接的主题评估。从 2005 年开始关注残疾儿童、学习困难和处境不利的学生,自 2006 年开始关注高等教育公平的问题。OECD 在指标开发和数据收集中的专业表现取得了巨大成果,现已成为教育统计专业技术知识的最主要来源。

2. UNESCO 推进教育公平的历史

UNESCO 与 OECD 不同,它是联合国的一个机构,到 2011 年 4 月共有 193 个会员国及 7 個准会员国。UNESCO 自 1945 年成立之日起就非常关注发展中国家,关心贫困、发展问题,特别强调教育作为人的一项基本权利的重要性。UNESCO 在 1990 年 3 月在泰国宗滴恩召开的世界全民教育大会,155 个国家和 150 个政府及非政府组织讨论通过《世界全民教育宣言》。20 世纪 40 年代发起"基本教育(Basic Education)"运动,旨在使全球各国降低文盲率,在保证人人平等受教育的基础上基本扫除文盲现象。20 世纪 70 年代提出风靡全球的"终身教育(Lifelong Education)"思想,促进教育公平已内化为 UNESCO 的精神追求。2000 年 4 月在塞内加尔的达喀尔举行的"世界教育论坛",164 个国家达成了一项集体的承诺即《达喀尔行动纲领》,并确定了到 2015 年前实现"全民教育"(Education for All, EFA)的六个主要目标,更将教育公平理念推向高潮。

全民教育的目的是:为人们能生存下去、充分发展自己的能力、有尊严地生活和工作、充分参与发展、提高自己的生活质量、做出有见地的决策并能继续学习。因此 90 年代 UNESCO 最初对教育公平问题的关注主要集中在性别平等方面,大量的研究文献讨论如何在课堂教学中对男孩和女孩实现公平的教学问题,讨论男孩和女孩如何能够平等的学习科学与技术,讨论女性人力资源开发问题。1997 年 UNESCO 发布了《教育与发展:传统与革新》,讨论了教育发展中的公平与卓越问题。同年还发布了另一份文件,关注高等教育入学与资助中的公平问题。1999年的一份文献讨论教育中的卓越、公平和多样性问题。2000年UNESCO对全民教育10年进行了评估与反思,认为:全民教育10年仅只关注到学校内的儿童,忽视了学校外人口的学习需求。因此,2000年以后UNESCO对教育公平的关注点也在发生变化,性别依然是UNESCO组织关注的重点之一,但是出现了很多新的关注热点,包括质量与公平,公平与发展,公平与效率等。①

UNESCO自2002年开始,每年出版一份"全民教育全球监测报告",由独立专家组撰写完成,目的是评估160多个国家承诺实施全民教育六大目标的进展状况。本章第一节对近10年的"全民教育全球监测报告"已经进行了详细分析,这里就不重复了。下面我们比较这两个国际组织的教育公平话语的异同。

二、OECD与UNESCO教育公平政策的相同之处

首先,教育公平都被界定为平等与全纳两个方面。OECD在2007年的报告中,定义教育公平有两个维度:一是公正,即个人与社会背景(如性别、社会经济地位、种族等)不应该成为教育潜能发展的障碍;二是全纳,即要确保全民教育的最低基本标准(例如,保证每个人都能够阅读、书写和进行简单的算数)。UNESCO在2000年的《达喀尔纲领》中"重申按《世界人权宣言》和《儿童权利公约》的精神制订的《世界全民教育宣言》的目标,即所有的儿童、青年和成人均享有接受教育的人权,这种教育应能真正地和充分地满足他们的基本学习需求并应包括学会认知、学会做事、学会共同生活和学会生存。这种教育的目的是开发每个人的才智和潜力和发展学习者的个性,使他们能够改善生活和改造社会。"可见,国际组织对教育公平问题的认识首先包含人的基本权利的受教育权的保障问题,即教育机会公平,人人都有

① 王素:国际组织文本中的教育公平问题分析,《小学时代教育研究》2011年第1期。

受教育的权利。而且，公平和全纳两个维度之间是相互联系、相互影响的。

其次，在两个组织的教育公平文献中，教育过程的参与方均涉及到各个方面，包括政府、国际组织、教师、投资及捐助者等等，政府在推动教育公平发展中起着举足轻重的作用。OECD在2007年和2012年相继发布了两份报告《不再有失败：教育公平的十个步骤》和《教育公平与质量：支持弱势学生和学校》。通过对2012年的报告所做的基于语料库方法的主题分析，发现其以领导力为特征的“管理话语”。如从语义域中的关键主题词“领导者”、“领导力”、“氛围”、“环境”的搭配词来看，OECD为应对教育公平问题当前要采取的措施为支持和加强学校领导能力，使学校领导者具备管理能力促进教育公平，指出“在示范学校中，优秀的领导力培育了高效的教学水平和学习环境，以克服与弱势环境相关的问题。”(p. 113)[①]UNESCO《达喀尔行动纲领》的第八个部分就是为了实现六个目标专门对出席世界教育论坛的各国政府、组织、机构、团体和协会提出的要求。而且，2009年的《全民教育全球监测报告》题目就是“去除不公平：为什么管理很重要?”强调了政府和社会各方的重要作用。

再次，两个组织均强调在教育的整个过程中推行教育公平，包括起点(相同的受教育机会)、过程(相同的受教育环境、条件及师资)和结果(相同的受教育结果)。OECD在教育公平定义的两个维度上就包括机会公平、过程公平、结果公平与结果使用公平四个方面，也反映出OECD对教育公平的理解具有鲜明的机构特色：首先，重视结果公平与结果使用公平；其次，重视教育公平与教育效率的统一；最后，重视校外因素对教育公平的影响，把教育公平置于社会制度系统中进行考察。作为教育公平内涵具体化的教育公平指标，OECD所建构的与教育公平相关的指标也深刻体现出这些特点。UNESCO虽然集中在发展中国家的保障学龄儿童入学机会公平上，而且主

① 孙亚、窦卫霖：《OECD教育公平政策的话语分析》，《全球教育展望》2013年 第4期第61～67页。

要关注贫困地区和教庭儿童特别是女童的入学机会公平问题，但也通过开展行动、提供资助等方式积极推动教育过程和教育结果的公平。UNESCO全民教育六个主要目标中的第六项就是“全面提高教育质量，确保人人都能学好，在读、写、算和基本生活技能方面都能达到一定的标准。”而且，在六个目标的描述中都贯穿了教育过程公平的视角，包含对教育的环境、手段以及教育过程中的保障措施介绍，比如教室、教科书、辅导时间等教育过程的细节方面。

三、OECD与UNESCO教育公平政策的差异

一个国家的教育公平发展水平直接受其经济发展水平和综合国力的影响，OEDC成员国为发达国家而UNESCO的成员国多为发展中国家，两者在不同时代对教育公平政策制定的侧重点和关注程度等方面有所不同。

1. OECD与UNESCO在不同时期对教育公平政策制定的侧重点有所不同。从上文对OECD与UNESCO教育公平政策的历史分析中，我们清楚地看出这两个组织在不同时代对教育公平问题的关注点和关注程度有所不同，都是从其成员国的实际情况出发，对教育公平进行界定并制定相关政策。OECD和UNESCO对教育的权利公平或机会公平有同样的重视，但前者成员国仅限于实行市场经济和多元民主国家，以发达国家居多，很多国家已经超越了追求教育机会平等的阶段，因此对学习环境、手段公平、成果平等、使用教育成果的平等(技能展示机会平等)更加强调，这与其成员国的经济发展水平和教育质量较高有紧密的联系；UNESCO则考虑到普遍发展中国家的实际情况，侧重对“消除歧视”(包括性别、种族歧视等)和“消除不平等”的政策制定，从根本上保证全民教育是其一贯宗旨。可见教育受经济、政治等因素的影响之大，在不同时期呈现出不同的内涵变化。在近60年的发展历程中，随着教育公平政策环境以及教育公平理论的发展，如人力资本理论等相关理论的兴起于发展，OECD与UNCESCO的教育公平政策不断发生着改变，具有阶段性特征。就是在这样一种历史发展过程中，两个组织逐渐形成了对教育公平内涵的新的认识。

2. OECD与UNESCO对教育公平及教育结果的测重点有所不同

在UNESCO的研究中，重点关注受教育者性别方面的教育公平，因为全民教育的一个目标就是要去除小学和中学教育中存在的性别歧视，而且应当是教育公平的重点。在OECD的研究中，成人教育被认为是终身教育项目的一个短板。“那些一开始没有接受好教育的成人不仅很难找工作，而且也很难有机会来提高自己的知识技能……对学习、知识与再培训，人们又开始抱有很大的期望，认为经济问题以及一般的社会问题都可以通过教育得到缓解……公平和效率可以共存，而且必须共存。”①

两个组织对教育层次的着重点也有所不同。UNESCO更关注基础教育，包括小学和中学教育，而OECD更关注高等教育。因而，在教育结果方面，二者也有不同的倾向。UNESCO的报告中提到，“教科文组织成员国的目标是提高教育质量以便每个人都有好的受教育结果，尤其是在识字、算术等基本能力方面。”对于OECD的报告，受教育结果主要是以职业为导向的。举英国为例，从1997年起，职业教育对于14—16岁的学生是必要的；2003年初，政府宣布11岁起就可接受职业教育。这一点区别也主要是因为两个组织成员国的经济状况及教育水平不同造成的，发展中国家在教育发展方面还远远落后于发达国家。

3. OECD与UNESCO对教育公平的对策有所不同

对于OECD的成员国来说，经济的相对发达和教育体系的相对完善对其教育公平的发展提出了更高的要求——将教育质量和教育公平相结合，或者说看成一个问题的两个方面。现存问题中比较突出的是，OECD国家面临着学业失败和退学问题。在OECD国家中，近五分之一的学生未能达到在当今社会发挥作用所需的基本最低技能水平，高中教育完成之前的退学现象发生概率高达20%，这对个人发展和社会前景造成了深深的忧患。因此，一方面，政府应消除体制层面有碍于公平性的惯例，如消除留级、避免

① *OECD. Education and Equity in OECD Countries*. Paris. OECD, 1997, p. 8.

较早分班、管理择校程序等；另一方面，改善成绩较差的弱势学校，如支持学校领导、吸引并留住高质量的教师、确保课堂教学策略等。

对于UNESCO，由于成员国以发展中国家居多，要实现“全民教育”、“终身教育”还需一个艰辛的过程。当前存在的突出问题有：经济水平较低地区的儿童遭受营养不良之苦，无法保证教育质量；失学儿童较多，其中54%为女童；扫盲工作不受重视，对女性尤为严重；部分地区教学质量低下，无法保证课堂上基本技能的掌握；教师资源仍然紧缺，等等。面对这些问题，需要全世界的共同努力，因为问题背后更多折射了经济发展状况的限制对教育的负面影响。首先，应改善学习环境，公平分配师资力量，为弱势学校提供资金和教学支援；其次，通过实施反歧视法、提供社会保护计划以及重新分配公共资金来扩大权利和机会；加强教师的征聘、配备与激励工作等等。从根本上说，加快经济的发展和消除性别歧视更是当务之急、重中之重。

四、OECD和UNESCO教育公平政策的启示

中国是最大的发展中国家，中国教育公平发展已经取得了显著的成绩，其教育公平水平远远高于UNESCO成员国的许多国家，但还面临着很多的问题，与西方发达国家还存在较大距离。中国与OECD在教育政策领域内进行对话与合作已经十几年了，在这个过程中，OECD教育公平政策开始对中国的基础教育评价、教育指标体系建构的理论和实践产生了影响。

以社会公平大环境促进教育公平问题。国际组织关于教育公平的分析和政策是从政治、经济、文化等多角度展开的，把教育公平问题放在一个广泛的社会现实背景和历史背景中来研究。我国当前存在的种种教育不公平现象，主要是历史原因造成的，因此必须通过经济发展和社会进步才能从根本上加以解决。当前教育中的制度性不公平主要表现是资源配置失衡和教育政策中的“城市导向”，因此制订公平合理的教育政策和相关法律法规是实现教育公平的重要保证，以确保教育公平在国家教育发展规划中真正执行并有突出的体现，改变不公平竞争的升学考试制度，阻止权力和金钱对优

质教育资源的占有甚至垄断，将“倾斜农村”“倾斜中西部”“倾斜弱势群体”的原则变成更有力的行动，反过来又以教育公平促进社会公平。

保障教育机会公平为主，兼顾教育过程和教育结果公平。我国是一个人口大国，总量大，人均水平低，历史欠账多，要在一个比较短的时期内实现过程和结果的公平还不现实，但确保受教育权利平等、竞争机会公平，是应该也是可以做到的。《教育规划纲要》明确提出把促进公平作为国家基本教育政策，其基本内涵是：教育公平的关键是机会公平，基本要求是保障公民依法享有受教育的权利，重点是促进义务教育均衡发展和扶持困难群体，根本措施是合理配置教育资源，向农村地区、边远贫困地区和民族地区倾斜，加快缩小教育差距。因此，为缩小校际教育差距，要制定更新义务教育基本办学标准和质量标准，推进义务教育学校标准化建设，促进义务教育均衡发展；大力改造义务教育阶段薄弱学校，促进优质教育资源共享，确定教育生均经费底线，等等。为努力缩小城乡教育差距，我们将新增教育经费主要用于农村，将农村义务教育纳入公共财政保障范围；创新农村教师补充机制，建立城乡一体化的教育发展机制，逐步统一城乡教师编制和工资标准。为努力缩小区域教育差距，招生计划应向西部地区倾斜；要重点支持中西部农村教师培训；完善高等教育资助体系，确保高校家庭经济困难学生顺利完成学业。要加强农村寄宿制学校建设和管理，保障留守儿童上好学；完善特殊教育体系，关心和支持特殊教育事业。

在我们强调机会公平的同时并不是说对过程和结果公平不予努力。我国是一个发展不平衡的国家，在很多地方人均GDP已经接近或达到发达国家水平，在这些地方无疑需要把过程和结果公平作为重要工作任务和政策内容。OECD在向其所有成员国的政策建议中提到，如果没有高质量的教学和学习过程，这样的教育参与和机会的增加将是没有意义的。从促进教育过程公平的角度来看，应进一步提高教师队伍的社会地位，吸引更多优秀的教育者进入到师资队伍；加强师资队伍的培训及学习，提高教师队伍的业务水平，以保证教学质量。建设文明安全的校园环境以保证教育秩序的正常开展;充分利用各种教学手段和教学方法,利用现代化信息技术开展教学,保证足够的教学时间和教学资源,并推进教育过程公平的实现;关注特殊群体和弱势群体,通过促进教育公平的发展以减少教育放弃的发生。从教育结果公平的角度来看,加强教学监控体制的建立,进一步完善教育教学评价体系,全方面评价学生的综合素质及能力。进一步弘扬中国文化,由关注受教育者的技能进一步转向关注教育者的心理状况,树立受教育者正确的人生观及价值观,并适时干预以疏导受教育者的心理状态,并从思想上转变,使受教育者在关注就业教育的同时也关注为提高生活质量的教育。

在采取积极措施的同时,清除不利于教育公平的政策。近 10 年来我国采取一系列有力措施促进教育公平,特别是在资源分配上,向农村、西部、民族地区、贫困地区和困难人群倾斜,教育公平迈出了重大步伐。但我们不得不指出的是,在国家采取这样一系列措施的同时,原有的不利于教育公平的政策并没有得到有力清除,重点支持政策有增无减,"马太效应"在有些方面更加严重。所以推进教育公平必须系统考虑,统筹政策安排,在采取积极措施的同时,清除不利于教育公平的政策,确保教育公平水平不断提高。

案例四:

中美教育法律中有关教育公平的话语比较研究

一、中美教育法律与教育公平

教育公平一直是世界上很多政府关心的焦点问题。与其他国家对比,中国的教育公平问题一直处于比较低的水平。美国拥有世界上最先进的教育系统,在学术方面也处于领先水平。中美两国教育公平的对比尤其具有代表性。

自 1978 年来,中国的教育公平已经有了很大进步。我国努力把实现教育机会均等作为自觉追求的目标之一，其成效也举世瞩目。我国建立了从学前教育到高等教育的完整的教育体系，为实现教育机会均等奠定了基础。九年制义务教育目标的提出并在中国追求教育机会均等的历程中无疑具有里程碑的意义。我国政府提出对于残疾人以及流动儿童等弱势群体的特殊政策体现了教育公平的均衡性。近几年国家对西部贫困地区教育发展的重大举措，将对于逐步削弱教育的地区差别起到积极作用。解决教育平等的问题也是美国教育的当代追求。为了维系其民主的基石，美国自建国以来逐步建立了其公共教育体系，废除了种族隔离，使印第安人、黑人、美洲土著人等少数人群和白人有共同的受教育机会，这是美国教育公平追求的集中体现。美国以最大财力保障公立中小学免费，并对弱势群体教育给予补偿，家庭贫苦的孩子吃饭也不用家长负担。

社会公平是和谐社会的基本准则，教育公平是社会公平的重要基石，教育本身就是实现社会公平的重要手段之一。法律的手段在促进教育公平方面是极其重要的。各个国家都在不断强化国家利用法律手段干预教育的管理。我国于 1980 年通过《中华人民共和国学位条例》，这是改革开放后我国第一部教育法律。之后颁布的《残疾人教育条例》，《职业教育法》，《高等教育法》等都对保障受教育权利做出了相关规定。1995 年自《中华人民共和国教育法》颁布以来，我国的教育法制建设已经步入正轨。2006 年修订了《义务教育法》。美国是法治发达国家，在建国初期就开始用法律来保障教育公平问题。在第二次世界大战之后美国出台了一系列相关政策法律：1965 年专门制定了《初等和中等教育法》，1968 年制定了《双语教育法》，对移民子女的教育提供帮助。1993 年，克林顿总统提请国会通过了一个全国性的教育改革法案——《2000 年目标：美国教育法》。1994 年通过了《美国教育改革法》。2001 年 1 月，布什总统签署了《不让一个孩子掉队》法案。由此可见，各个国家非常重视用法律来强化教育公平，同时，对相关教育公平法律的研究也势在必行。

近年来我国有许多学者开始对教育公平以及相关法律进行研究。钱国平从法学的视角来探讨教育公平的保障问题，认为法律是实现教育公平的最常见，最可靠的途径，在教育公平的实践中发挥着越来越重要的作用。为了从法律上更好地保障教育公平的实现，教育必须法治化。[①] 刘晓婧提出：我们应当把促进教育公平作为社会成员义不容辞的责任，把推进依法治教作为爱国公民应履行的法律义务。[②] 王康，盛鹏，吴万群从法律价值方面来分析教育公平理念，认为：受教育权人人平等即人人都能通过平等的法律手段得到国家提供的教育机会并从中获益。[③] 孙晶晶认为：不仅要在法律上强调受教育权利的平等，更应该将这些法律原则细化成具有可操作性的法律法规，并提供与之相配套的财力保障，才能在实践中确保教育公平之实现。[④] 张严方也提出：如何保障弱势青少年群体的教育权利并真正实现教育的公正和公平，已经成为全社会的普遍焦点，而法律则是青少年保护的最有效手段。[⑤] 汪习根等对我国目前教育体系中的法律和行政法规进行逐条梳理，分析了这些法律中的公平因素，并发现公平法条占比例较小。[⑥] 王雪梅等也讨论了法与教育公平的关系，提出要树立教育公平和教育法制化的宗旨，明确教育法的法律地位，建立和完善我国教育公平法律保障体系。[⑦] 以上研究大部分是从法学、社会学的角度出发来进行研究，很少有语言学角度的分析。

教育公平在很大方面是从教育政策及法律上体现出来的，话语是用来沟通政策和法律的工具，话语的使用是带有某种目的、意义和联系的，法律话语具有很强的社会构建功能，它不仅是存在的内容，也是社会现实的反应。从语言学角度来分析教育公平法律有一定意义。本文采用批判性话语

---

① 钱国平：教育公平的法律保障，《辽宁教育学院学报》2003 年第 1 期。

② 刘晓婧：促进中小学教育公平的法律思考，《中国青年研究》2011 年第 6 期。

③ 王康，盛鹏，吴万群：和谐社会语境下教育公平理念的法律价值分析，《教育科学研究》第 2009 年第 3 期。

④ 孙晶晶：教育公平法律保障的基本原则，《湖北社会科学》2010 年第 7 期。

⑤ 张严方：论我国弱势青少年群体的教育与法律保护，《福建师范大学学报（哲学社会科学版）》2009 年第 11 期。

⑥ 汪习根，周翠彬：中国教育公平的法律规范分析及改革构想，《湖北社会科学》2010 年第 7 期。

⑦ 王雪梅，张玉霞，陈立峰：《法与教育公平》，北京：中国农业科学技术出版社，2007 版。

分析的方法对相关中美教育公平的法律进行分析。批判性话语分析诞生于20世纪70年代。当代英国语言学家费尔克拉夫的话语研究融合了很多语言学家的观点:他反对对语言的研究仅停留在语言学层面上,从而忽略了对社会实践、意识形态斗争的批判性研究。也批判了缺乏对文本的关注和分析。在*Critical discourse analysis, the critical study of language*一书的引言中,费尔克拉夫将CDA(critical discourse analysis)阐述为:"一种致力于语言,权利与意识形态之间关系的研究框架","批判性话语研究"整合了a)文本分析,b)文本生产消费与分配的过程分析,C)对各种社会实践的社会文化分析"。费尔克拉夫认为,任何话语的三个部分与语境(情景语境;社会语境)有紧密的联系。任何话语的生成与理解,都涉及到认知结构,而具体某一话语所运用到的认知结构与文本生产者和文本接受者的社会身份、社会关系以及社会阶层等息息相关。这样语言与社会就联系起来了。社会上的权利利用某些方式制造认同关系,主要方式之一就是意识形态。而语言运用、话语的产生很大程度上依赖于意识形态。简而言之,权利关系,意识形态,话语三者之间是相互关联的。因此本论文选取了中美教育法律相关公平的话语作为研究对象,采用了语言学上的批判话语分析方法,通过对话语的比较分析,来研究中美教育公平这一社会问题怎样通过法律话语和政策变化反应出来。

在法律法规政策话语方面,法律的手段在促进教育公平方面是极其重要的,各个国家都在不断强化国家利用法律手段干预教育的管理。教育公平在很大方面是从教育政策及法律上体现出来的,相比较其短暂的教育法律发展历史,美国可称得上是教育法制大国。中美双方都有比较良好的教育体制,良好的教育体制可以保障教育公平的发展。因此本论文选取了中美教育公平相关法律的话语作为研究对象,采用了语言学上的批判话语分析方法,运用了语料库软件wordsmith,通过对话语的比较分析,来研究中美教育公平这一社会问题怎样通过法律话语和政策变化反应出来。

中国的法律中选取中华人民共和国宪法以及与教育相关的法律,如《教师法》、《教育法》、《职业教育法》、《高等教育法》等等，以及管理性条例，如《扫除文盲工作条例》、《残疾人教育条例》等，本研究共选取了中国21部法律。美国是一个法制大国，美国相关教育法律选取的标准是时间、立法机关以及语料库的大小，共有美国19部法案作为研究对象。这些法律都与教育公平相关。下面两图中将列出所选法律。

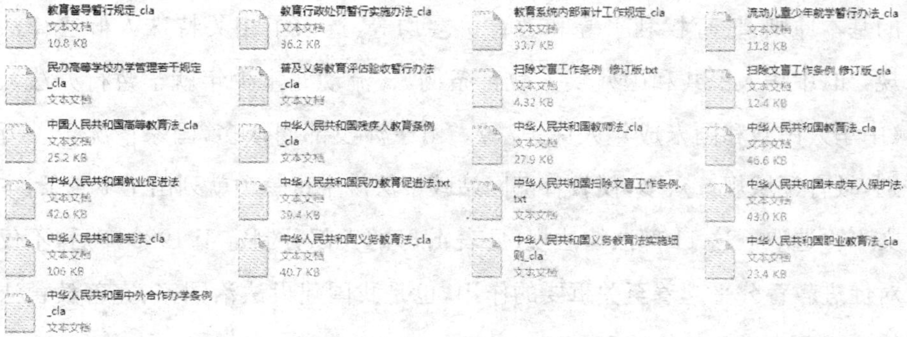

图4.1　所选取的中国教育法律

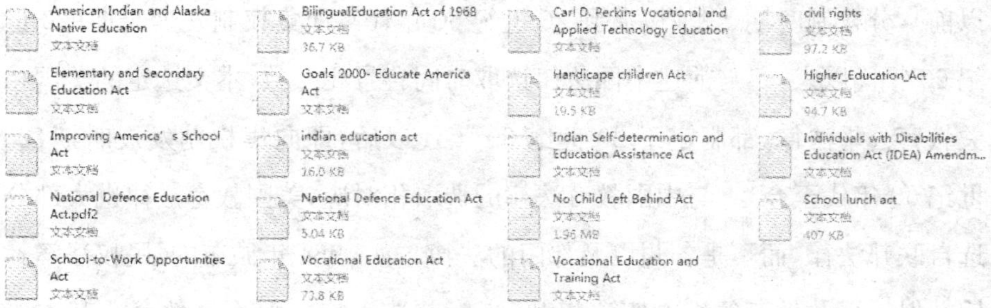

图4.2　所选取的美国教育法律

参照中华人民共和国教育部网站政策法规的分类，与教育相关的法律、政策法规由以下几类组成：宪法，教育法律，教育行政法规，教育部门规章，其他相关法律，其他相关规章。其中《中华人民共和国宪法》是中华人民共和国的根本大法，涉及面最广并拥有最高法律效力，受教育权为《宪法》所保护，因此本文首先选择了《中华人民共和国宪法》作为研究对象。另外教育行业基本法律也是必不可少的，在这方面，则选取了《中华人民共和国教育法》、《中华人民共和国义务教育法》以及《中华人民共和国义务教育法实施细则》、《中华人民共和国民办教育促进法》、《中华人民共和国教师法》、《中华人民共和国高等教育法》、《中华人民共和国职业教育法》。在教育部网站中,教育法律中同时列出了《中华人民共和国国家通用语言文字法》、《中华人民共和国学位法》,前者是关于语言文字的专门法律,后者是相关学位授予学位评定等,不属教育行业基本法律,因此不予选取。另外根据教育公平的基本原则:教育权利平等和教育机会均等,选取了相关特殊人群法律法规,如《中华人民共和国残疾人教育条例》、《流动儿童少年就学暂行办法》、《中华人民共和国未成年人保护法》。由于涉及部门众多,国家情况千差万别,教育领域规章众多,仅教育部网站政策法规中这一项就列出了144条,本文不再选取。这11部法律法规(见表4.8)的大部分制定于1980年后,不仅对促进教育公平起着至关重要的作用,也是我国建设法治国家、完善教育法律法规历史进程的体现和见证。

美国国内的相关教育法律的发展可以分为三个阶段:散权制时期(内战以前),分权制时期(二战以后到20世纪60年代),向集权制发展时期(20世纪60年代以来)。与前述中国法律选取时间背景相一致,本文选定的美国相关教育公平法律,都制定于20世纪60年代以后,即向集权制发展时期(20世纪60年代至今)。与中国教育法律的选取相对应,美国教育法律也大部分选自联邦法律,而不是各州以及部门的法律。如1964年颁布的《民权法案》,旨在保护公共教育领域的宪法权利,当为首选。与中国阶段教育法基本对应,选择了《初等与中等教育法案》、《高等教育法案》、《帕金斯职业教育法案》、《学校到工作机会法案》。同样也选取了针对特殊人群的下列法案,《双语法案》、《印第安人教育法案》、《残障儿童教育法案》、《美国印第安人以及阿拉斯加人教育法案》。另外《2000年目标:美国教育法》、《不让一个孩子掉队》是美国当代基础教育改革的主要法律,方向都是在兼顾公平的基础上着重于提高质量与效率,都是美国教育部门恪守的不二准则,因此也一并选取参考。综上,本文共选取美国教育法律11部(见表4.9)。

表 4.8 所选取的中国教育法律

法律名称	制定机关	颁布时间
中华人民共和国宪法	全国人民代表大会	1982—2004
中华人民共和国义务教育法	全国人民代表大会	1986—2006
中华人民共和国义务教育法实施细则	国家教育委员会	1992
中华人民共和国教师法	全国人民代表大会	1993
中华人民共和国残疾人教育条例	国务院	1994
中华人民共和国教育法	全国人民代表大会	1995
中华人民共和国职业教育法	全国人民代表大会	1996
流动少年就学暂行管理办法	全国教育基础委员会	1998
中华人民共和国高等教育法	全国人民代表大会	1998
中华人民共和国民办教育促进法	全国人民代表大会	2002
中华人民共和国未成年人保护法	全国人民代表大会	2006

表 4.9 所选取的美国教育法律

法律名称	制定机关	颁布时间
民权法案(Civil Rights)	国会	1964
初等与中等教育法案(Elementary and Secondary Education)	国会	1965
双语法案(Bilingual Education Act)	国会	1968
印第安人教育法案(Indian Education Act)	国会	1972
残障儿童教育法案(Education for all Handicapped Children Act)	国会	1975
帕金斯职业教育法案(Carl D. Perkins Vocational and Technology Education)	国会	1984
2000 年目标:美国教育法(Goals 2000: Educate America Act)	国会	1993
学校到工作机会法案(School-to-work Opportunities Act)	国会	1994
高等教育法案(Higher Education Act)	国会	1997
不让一个孩子掉队(No Child Left Behind Act)	国会	2001
美国印第安人以及阿拉斯加人教育法案(America Indian And Alaska Native Education)	国会	2004

二、对中美法律的文本比较分析

1. 法律名称比较分析

从法律名称来看，中美教育法律的颁布都按不同教育层次各有区分，中国的如《中华人民共和国义务教育法》、《中华人民共和国职业教育法》、《中华人民共和国高等教育法》，美国的如《初等与中等教育法案》、《高等教育法案》、《帕金斯职业教育法案》。中美双方都有比较良好的教育体制，良好的教育体制可以保障教育公平的发展。

中美一些教育法律都以法律对象以及弱势群体命名，中国的如《流动儿童少年就学暂行办法》、《中华人民共和国未成年人保护法》、《中华人民共和国残疾人教育条例》。与之相同，美国法律中如《残障儿童教育法案》、《美国印第安人以及阿拉斯加人教育法案》、《印第安人教育法案》。从双方法律的题目上，都一定程度上反映出了教育公平的实施。中国的《流动儿童少年就学暂行办法》保证了一部分农民工随迁子女能进入城市中小学就读；《中华人民共和国残疾人教育条例》缓解了残疾儿童受教育水平远落后于普通儿童这一状况，这些法律保障了群众接受教育机会平等，这也是教育公平的一部分内容。美国教育法律同样也涉及了弱势群体和少数人群，有针对残障儿童的专门法律，在美国法律名称中出现了“Indians”、“Alaska Natives”，这是为了避免种族歧视为印第安人等少数人群特别制定的法律，同样出于保证公平的缘由，使所有人受教育机会均等。国家对教育弱势群体加以补偿，是对现实教育不平等的纠正，是实现教育公平的基本途径。①

不同之处在于，中国教育法律多以“中华人民共和国”开头，如《中华人民共和国宪法》、《中华人民共和国义务教育法》、《中华人民共和国教师法》等。这些法律强调此法律涉及全国范围，是国家的义务以及责任。而美国的法律则很少出现“America”、“National”等字眼，这由两国的法律体

① 孙晶晶：教育公平法律保障的基本原则，《湖北社会科学》2010 年第 7 期。

系决定。中国全国性法律是全国人民代表大会及其常委会制订，地方行政部门只有制订地方性法规的权力。美国法律体系分为联邦法律和各州自己的法律.联邦法律由议会制定，各个州都会派代表.联邦法律在全国有效.各州也有自己的议会，并通过其制定各州自己的法律，各州的法律只在本州有效。美国有些教育法律是以个人名字命名的，这是在中国法律中没有出现过的，比如《帕金斯职业教育法案》。类似法律中的人名大多是法官的名字，这是由不同的案件法律系统造成的，或是为了纪念那些为正义权利斗争的人。

2. 直接规定型法律条款比较分析

直接规定型法津条款，指的是在法律条款中直接体现教育公平的法条。在法律法规中，使用了“公平”、“平等”、“同等”等字眼的，都属于直接规定型法条。把平等、公平、同等作为关键词在选定的中国教育法律语料中进行检索，得到结果如下：

表 4.10　教育公平关键词在选定中国教育法律中的体现

法律名称	平等	公平	同等	所占比例
中华人民共和国宪法	7	0	0	0.000 8%
中华人民共和国义务教育法	3	0	0	0.001 0%
中华人民共和国义务教育法实施细则	0	0	0	0
中华人民共和国教师法	1	0	1	0.001 0%
中华人民共和国残疾人教育条例	1	0	0	0.000 5%
中华人民共和国教育法	4	0	0	0.001 2%
中华人民共和国职业教育法	0	0	0	0
流动少年就学暂行管理办法	0	0	0	0
中华人民共和国高等教育法	1	0	3	0.001 2%
中华人民共和国民办教育促进法	0	0	4	0.001 4%
中华人民共和国未成年人保护法	1	0	0	0.000 3%

把 equal、equality、equity 作为关键词在选定的美国教育法律语料中进行检索，得到结果如下：

表 4.11　教育公平关键词在选定美国教育法律中的体现

法律名称	equal	equality	equity	所占比例
民权法案(Civil Rights)	19	0	2	0.001 3%
初等与中等教育法案(Elementary and Secondary Education)	10	0	0	0.000 6%
双语法案(Bilingual Education Act)	3	0	0	0.000 5%
印第安人教育法案(Indian Education Act)	1	0	0	0.000 4%
残障儿童教育法案(Education for all Handicapped Children Act)	0	0	0	0
帕金斯职业教育法案(Carl D. Perkins Vocational and Technology Education)	11	0	0	0.000 4%
2000 年目标：美国教育法(Goals 2000：Educate America Act)	0	0	1	0.001 0%
学校到工作机会法案 School-to-work Opportunities Act	1	0	0	0.000 06%
高等教育法案(Higher Education Act)	2	3	1	0.000 4%
不让一个孩子掉队(No Child Left Behind Act)	104	0	50	0.000 5%
美国印第安人以及阿拉斯加人教育法案(America Indian And Alaska Native Education)	2	0	1	0.002 1%

从表 4.10 和 4.11 中，可以看出《中华人民共和国教育法》和《中华人民共和国高等教育法》拥有最多的平等关键词，美国法律中，《2000 年目标，美国教育法》拥有最多的平等关键词，而拥有关键词多少并不能就此判断出这些条文与教育公平相关。把中国选取法律中含有平等关键词的法条全部拿出总结，共有九条法律条款属于直接规定型法条，其中《中华人民共和国残疾人教育条例》中有一条，《中华人民共和国教育法》中有两条，《中华人民共和国民办教育促进法》中有两条，《中华人民共和国义务教育法》中有三条，《中华人民共和国未成年人保护法》中有一条。在这些直接规定型法律条款

中,大多数直接规定各类人群享有平等受教育的权利,如:在《中华人民共和国教育法》中规定公民不分民族、种族、性别、职业、财产状况、宗教信仰等,依法享有平等的受教育机会。在《中华人民共和国义务教育法》中,规定凡具有中华人民共和国国籍的适龄儿童、少年,不分性别、民族、种族、家庭财产状况、宗教信仰等,依法享有平等接受义务教育的权利,并履行接受义务教育的义务。

在选取的美国法律中,《双语法案》中提到了那些英语不够熟练的儿童应该与其他孩子一样享有平等受教育权利:LEP children must have equal access to schooling, including, if necessary, special programming that allows them an opportunity to effectively participate in public education。《人权法案》中也力在促进教育公平:任何人不管种族,肤色,宗教如何,都应该享受平等的教育权利:SEC. 402. The Commissioner shall conduct a survey and make a report to the President and the Congress, within two years of the enactment of this title, concerning the lack of availability of equal educational opportunities for individuals by reason of race, color, religion, or national origin in public educational institutions at all levels in the United States, its territories and possessions, and the District of Columbia.《印第安教育法案》的目的就旨在促进美洲印第安学生享有公平的教育机会:The general goal of the Indian Education Act "was to give all Native American students equal educational opportunity."《不让一个孩子掉队》法案中,这种直接规定型法条最多,有些是关于政府拨款问题:provide funds for the implementation of equity programs in schools throughout the Nation. 有些是关于性别教育平等:(A) to implement effective gender-equity policies and programs at all educational levels, including — (vii) evaluating exemplary model programs to assess the ability of such programs to advance educational equity for women and girls; (viii) introduction into the classroom of textbooks, curricula, and other materials designed to achieve equity for women and girls; (A) address the needs of women and girls of color and women and girls with disabilities；有针对不同种族肤色以及弱势人群提出的教育公平权利：(1) Each State educational agency shall ensure that each child of a homeless individual and each homeless youth have equal access to the same free, appropriate public education, including a public preschool education, as provided to other children and youths.

3. 中美教育法律中直接规定型法条相似之处

通过上述数据可以得知，在我国有关教育的宪法和法律中，体现公平因素最多的是《中华人民共和国义务教育法》，其次是《中华人民共和国民办教育促进法》，其原因是与我国教育公平的发展历史紧密相关的。“十一五”期间，我国把促进公平作为国家基本教育政策，在保障教育机会公平方面迈出重大步伐。我国于 2003 年推行了教育公平政策，而《民办教育促进法》是于 2003 年开始生效，《义务教育法》最后修订于 2006 年，因此所含教育公平因素较多。不难看出，随着社会发展进步，我国的法律赋予了越来越多的教育公平理念。

对比美国的选定法律，可以看到，美国的直接规定型法律条款明显多于汉语语料。这是因为美国拥有促进教育公平的更长历史，美国教育公平在法律层面也进行了渐进的演化。自从建国以来，美国就把“人人生来平等”作为宪法遵循的原则。通过经历了种族隔离制度斗争中的教育公平萌芽时期，教育机会平等博弈的公平拓展时期，以及逐渐成型的完善时期，美国逐步形成了由联邦政府的补偿性教育政策，州政府的责任政策，以及学区学校改进政策的公平政策网络，大大改善了美国的教育公平程度。① 上述数据表明，2002 年实施的《不让一个孩子掉队》法案中含有最多直接规定型法律条款，此法律旨在保障每个孩子都能得到公平的教育。

在此方面，中美教育法律的公平因素是相似的，那就是：随着社会历史的发展，中美法律中的教育公平因素越来越多，范围也越加扩大。

---

① 薛二勇：美国促进教育公平发展的政策体系，《高等教育研究》2010 年第 4 期。

4. 中美教育法律中直接规定型法律条款的不同之处

（1）内容详细度不同

中国法律直接规定型法律条款的话语中，大多是大体规定，具体政策较少。比如《中华人民共和国教育法》中提到：公民不分民族、种族、性别、职业、财产状况、宗教信仰等，依法享有平等的受教育机会。《中华人民共和国民办教育促进法》中提出民办学校的教师、受教育者与公办学校的教师、受教育者具有同等的法律地位。《中华人民共和国未成年人保护法》中规定：未成年人不分性别、民族、种族、家庭财产状况、宗教信仰等，依法平等地享有权利。而美国的法律话语中，规定更为详细，并指出了怎样才能使教育公平得以发展，比如通过政府补偿拨款（provide funds for the implementation of equity programs in schools throughout the Nation.）。在不同性别教育公平权利规定话语中，我国《中华人民共和国教育法》第三十六条提到：受教育者在入学、升学、就业等方面依法享有平等权利。学校和有关行政部门应当按照国家有关规定，保障女子在入学、升学、就业、授予学位、派出留学等方面享有同男子平等的权利。美国法律不仅提到了应该实行性别公平政策（to implement effective gender-equity policies and programs at all educational levels），而且在下面的子条文中提到应该具体实行哪种性别公平政策：如设置促进不同性别教育公平的课本以及课程（introduction into the classroom of textbooks, curricula, and other materials designed to achieve equity for women and girls）。总之，美国教育公平相关法律中直接规定型法规比我国的规定更为详细具体，不仅仅有规定，更提出了解决问题的方法以及途径，教育立法保障比较强大，我国的教育立法还相对薄弱，不利于执行。这与我国立法系统不健全相关，还应继续发展。

（2）法律实施对象范围不同

由于不同的社会构成和历史发展等原因，中美法律在对特殊群体的关注方面也有较大区别。我国教育法律直接规定型法条提到了如下人群：1）女子，如：学校和有关行政部门应当按照国家有关规定，保障女子在入学、升学、就业、授予学位、派出留学等方面享有同男子平等的权利(《中华人民共和国教育法》),2)民办学校的教师、受教育者,如:民办学校的教师、受教育者与公办学校的教师、受教育者具有同等的法律地位(《中华人民共和国民办教育促进法》),3)未成年人,如:未成年人享有受教育权,国家、社会、学校和家庭尊重和保障未成年人的受教育权。未成年人不分性别、民族、种族、家庭财产状况、宗教信仰等,依法平等地享有权利(《中华人民共和国未成年人保护法》)。美国法律中则提到了如下人群:1)英语能力有限儿童。这些孩子大多是外来移民或者移民后代,他们应与其他孩子一样拥有同等入学权利(《双语法案》),2)印第安学生。美洲印第安学生享有平等的教育权利(《印第安教育法案》)。3)女性以及女童。在《不让一个孩子掉队》中,多次提到了性别平等问题,以及针对不同种族,不同肤色,不同英语水平,有残疾的妇女和女孩子的教育平等问题。4)无家可归少年的教育公平问题。可以看到,美国这些直接规定型法律比我国的法律中有更多对于特殊群体的关注。这与中美不同文化历史背景不无关系。

(3) 实施措施不同

美国法律的许多直接规定型法律条款,都对政府财政对教育的投资做出了相应规定,即由政府拨款进行资助以达到教育公平的目的,这是一种补偿教育政策。比如,在《不让一个孩子掉队》法案中提出在全国内拨款促进教育公平项目的施行(provide funds for the implementation of equity programs in schools throughout the Nation.),也提到这些项目的花费必须与公立学校学生的花费平等(EQUAL EXPENDITURES. — (1) IN GENERAL. — Expenditures for programs under subsection (a) shall be equal (consistent with the number of childrento be served) to expenditures for programs under thispart for children enrolled in the public schools of the localeducational agency.)除此之外,通过对表四中统计的相关教育公平关键词上下文的考察,可以看到美国法律中很多次使用“等同于(equal to)”来谈论政府教育拨款问题。教育是美国政府开支比较大的项目。长期以来，美国教育投资体系注重于教育投资的平等性，教育经费与学生受教育的机会紧密联系。美国以补偿教育计划确保儿童平等权利。相对而言，我国则主要以政策性文件形式推进教育公平，其侧重点在保障弱势群体入学机会均等方面。

总而言之，中国政府已越来越多把教育的重点放在了教育公平上，中央政府在教育资源公平化方面起到了重要作用，但目前中国教育公平尺度稍显不够，仍然缺乏具体实施政策，所有这些都导致教育公平的履行不彻底，现状依然不容乐观。美国的教育公平发展较好，其中有些是值得中国借鉴的。

5. 社会历史原因分析

通过对中美一些法律教育公平直接规定型法律条款的话语分析，可以得出如下结论：两国在教育公平方面都在不断发展完善，比较而言，美国在教育公平发展方面更为完善，公平涉及的人群更多更广泛，实施措施更为详细具体，也把更多的教育重点放在了公平上面，这是由两国不同社会历史发展状况、不同国家状况以及不同社会文化因素所决定的。

首先，两国教育发展历程和时间长短不同。美国从建国就把“民主与公平”作为重要的社会思想基础，在20世纪60年代以后，开始进入教育公平的萌芽时期，这个时期主要是与种族隔离教育的斗争，而《民权法》及其修订案使美国经历了教育公平的拓展时期，主要是教育机会平等的博弈，而后，美国加快速度制订法律，以更加务实以及明确的姿态保护公民平等接受教育，教育公平发展的制度基本形成。这是美国教育公平发展的第三个时期：完善时期，教育公平制度的成型。而我国的教育公平起步较晚，第一部教育法律是在1980年制订，“十一五”期间，我国才把促进公平作为国家基本教育政策。从时间上来看，我国的教育公平起步比美国要晚几十年，比较起来当然不如美国完善。美国是法治大国，法制体系发展也较中国完善，中国立法系统还不健全，因此我国促进教育公平的任务还很艰巨。

第二，两国的社会文化背景不同，与美国移民国家背景不同的是，虽然我国是多民族国家,但各民族均为本土民族。因此我国的教育公平主要体现在普及义务教育,教育机会扩大两方面。美国是一个多元化、多民族、多种族国家,美国从起源上就是一个移民国家,移民众多,是多文化背景的国家,对教育公平的追求主要集中在使所有人不分种族、肤色、家庭出身、原有国籍等,都可获得同等的教育机会。具体指黑人、美洲印第安人、美洲土著人等少数人种与白人有同等的教育机会。因此美国政府对移民、不同肤色人群等特殊人群的教育公平更为关注。

第三,两国的不同具体实施措施是与两国的不同思维方法密不可分的。中美由于历史和文化背景的差别,思维方式有显著的不同,某种程度上这也决定了国家社会制度的不同。社会制度的不同差异也在影响着不同民族的思维方式。中国强调集体,个人利益服从集体利益,从整体出发,做什么事都要顾全大局,因此我国的规定性政策性文件更多,主要以政策性文件推进教育公平的实施。而美国则是强调个人,一切以个人的利益为主导,每个人都是利益的中心,每个人都是具体的,很多措施也都是从具体出发,从详细措施出发。措施的不同同时也是由两国教育公平的重点不同决定的,美国把更多重点放在了公平方面而不是平衡发展方面,这与他们的民主意识相关,可追溯到国家建立初期。中国的教育重点放在了促进发展义务教育,使教育得到均衡发展方面,这是因为我国地区间经济社会发展不平衡, 城乡、区域和学校之间的教育水平还存在着较大差异,不同群体受教育的机会也不均等。

在教育公平方面,如果想赶上发达国家发达地区,我国还有很长的道路要走。不同的社会政策偏见会加剧教育不公平,通过修订政策法律可大大改善这一情况。

案例五:

从我国政府工作报告的话语看中国教育公平的发展

每年的三月,我国中央政府都会按惯例召开“全国人民代表大会”和“中国人民政治协商会议”(简称“两会”)。其中,在全国人大的开幕之时,国务院总理会代表国务院向全国人民做政府工作报告,回顾过去,展望未来,为当年的各方面工作做好部署,指明方向。政府工作报告作为官方文本,具有正式性和权威性的特点,并且有很强的指导性。因此,每年两会召开之际,总理的政府工作报告成为各阶层人民包括国内外媒体十分关注和热议的一个焦点。教育是民族振兴的基石,因此教育便成为每年的政府工作报告必不可少的一部分。有关政府工作的文章繁多,教育领域学者们对教育的研究也较深入,然而将两者相结合的文章却屈指可数。因此,笔者以政府工作报告为素材,运用定性和定量相结合的方法,来看近10年中国的教育各方面的发展。首先对政府工作报告中有关教育的内容加以量化分析,从整体来看中国教育的发展趋势。进而从不同角度来看中国教育的发展,包括教育经费投入和教育公平问题,以及教育公平中的农民工子女教育问题。

一、《政府工作报告》中“教育”话语分析

1.“教育”一词在历年《政府工作报告》中的词频

笔者以政府工作报告的全文为文本材料,运用语料库统计软件wordsmith,对2003年至2012年的政府工作报告中教育的词频进行量化统计。通过统计结果我们可以看出(见表4.12),每年政府工作报告中提及教育的次数是处于不断变化中的。

表4.12　“教育”一词历年《政府工作报告》中的词频

年份	2003	2004	2005	2006	2007	2008	2009	2010	2011	2012
词频	34	22	16	23	35	37	19	24	22	72

注:本表借助 Wordsmith 软件统计所制

有些年份“教育”一词出现的次数较多,如2003年报告中提及“教育”34次,2008年为37次,2012年多达72次。这三个年份都是转折年,如2003年是朱镕基总理任职期间的最后一次做政府工作报告,因此报告的内容具有总结性,综述在他任职的过去几年在教育等各方面做出的贡献和存在的不

足。2008 年温家宝总理做政府工作报告时,他已经任职 5 年,也是第十届全国人民代表大会第一次会议以来的五年。而 2012 年是换届之年,也是十分重要的转折之年。通过这三年的政府工作报告的具体文字表述也可以看出转折之年,如"本届政府初期,亚洲金融危机冲击,世界经济增长放慢。"(2003),"过去五年是改革开放和全面建设小康社会取得重大进展的五年"(2008),"今年是"十二五"时期承前启后的重要一年,也是本届政府任期的最后一年"(2012)。而其他非转折年份,"教育"的词频则相对较小,如 2004 年,2005 年,2006 年,2009 年和 2010 年等。但是,总体来看,"教育"在政府工作报告中出现的次数是呈现整体上扬的趋势。通过图 4.3 我们则能更加直观的看出这一整体上升趋势。

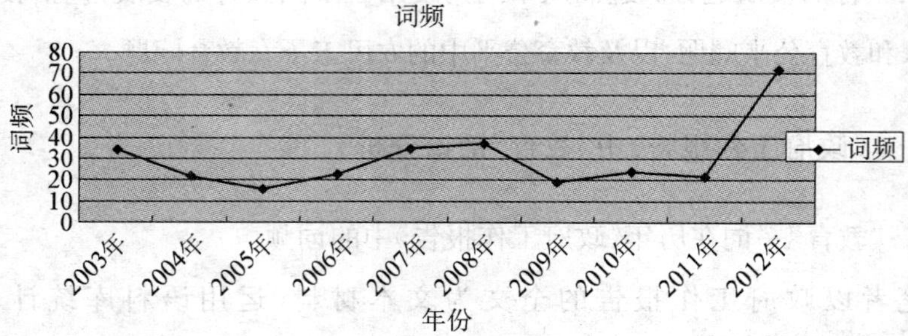

图 4.3 "教育"一词在历年《政府工作报告》中的词频

2. 历年《政府工作报告》中有关"教育"的文字表述概况

每年的政府工作报告中都会对"教育"问题有详细的报告,既有对上一年在教育方面取得的成就的总结,也有对下一年在教育方面工作的部署和指导。笔者将这两部分有关教育的文字从近 10 年的政府工作报告中摘录出来,借助电脑软件,着眼于政府工作报告有关教育文字的字数总量变化,通过图表的直观反映来试图分析我国教育的发展变化情况。

表 4.13 是 2003 年至 2012 年历年全国人民代表大会政府工作报告中有关"教育"文字表述的基本情况统计,包括涉及阐述"教育"的字数,政府工作报告总字数,和阐述"教育"的字数占政府工作报告总字数的百分比。

表 4.13　历年《政府工作报告》中有关“教育”的文字表述概况

政府工作报告年份	涉及阐述“教育”的字数(个)	政府工作报告总字数(个)	阐述“教育”的字数占政府工作报告总字数的百分比
2003	1 882	23 460	8.02%
2004	741	16 864	4.39%
2005	852	18 365	4.64%
2006	1 079	20 656	5.22%
2007	1 367	20 108	6.80%
2008	1 012	24 083	4.20%
2009	831	19 705	4.22%
2010	1 414	19 898	7.11%
2011	1 305	19 813	6.59%
2012	1 088	17 481	6.22%

注:本表根据中国人大网(http://www.npc.gov.cn)的历年政府工作报告,借助 Microsoft Word 软件统计所制,表中数字包括标点符号。

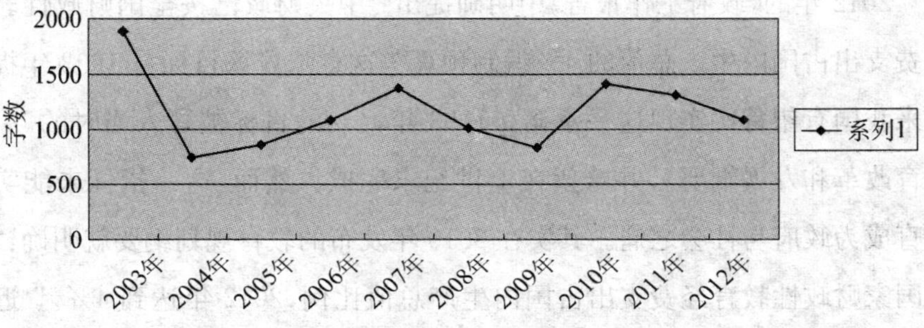

图 4.4　历年《政府工作报告》中有关“教育”的文字表述

从表 4.13 中的数据可以看出,每年政府工作报告中有关“教育”的文字表述的字数同样也是处于不断变化中的。有些年份阐述详细,如 2003 年,2007 年和 2010 年,2003 年字数有 1882 个,2007 年有 1367 个,2010 年有 1414 个。有些年份则着墨很少,如 2004 年和 2009 年。

由图 4.5 可以看出,“教育”的字数占政府工作报告总字数的百分比,如 2003 年,2007 年和 2010 年的政府工作报告中,阐述“教育”的字数占其总字数的百分比较高,分别为 8.02%,6.80%和 7.11%;2004 年,2008 年和 2009

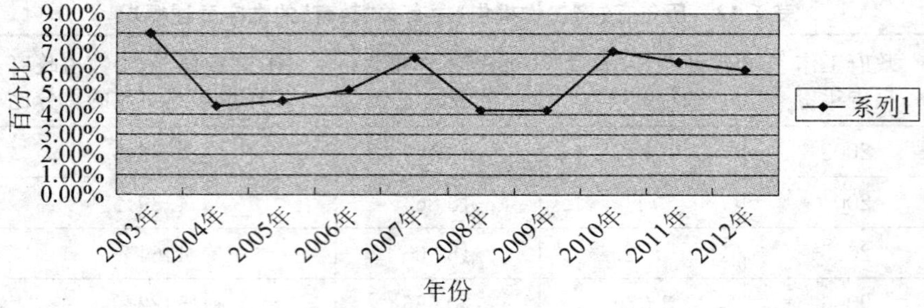

图 4.5　阐述"教育"的字数占政府工作报告总字数的百分比

年阐述"教育"的字数占政府工作报告总字数的百分比较低。可见，政府报告中阐述"教育"字数多的年份，其阐述"教育"的字数占政府工作报告总字数的百分比也相应的高，图 4.4 和图 4.5 的曲线图走势基本一致。

二、不同维度看中国教育发展

1. 从历年政府工作报告看"国家对教育的投入"

2012 年的《政府工作报告》中明确提出"中央财政已按全国财政性教育经费支出占国内生产总值的 4%编制预算"，这意味着该目标自 1993 年提出以来我国有望首次实现这一承诺。1993 年，4%的目标被写入当时的《中国教育改革和发展纲要》，并希望在上世纪末完成。然而，这一指标未能实现一直成为政府与社会之痛。其实在 2010 年发布的教育规划纲要就明确："提高国家财政性教育经费支出占国内生产总值比例，2012 年达到 4%。"近年来，国家对教育的投入是不断增多的，通过以下对历年政府工作报告的分析我们也将能看出这一趋势。

按时间顺序来看，通过表 4.14 我们可以看出：第一，政府工作报告中明确指出，中央财政用于教育、卫生、科技、文化、体育事业的总支出在 2003 年为 855 亿元，比上年增长 12.4%。2004 年这一数字为 987 亿元。2005 年则为 1 168 亿元，比上年增长 18.3%。由此我们可以看出，这连续三年，中央财政对教育、卫生、科技、文化、体育事业的总支出是逐年增加的。

表 4.14　从历年政府工作报告看“国家对教育的投入”

年份	教育、卫生、科技、文化、体育事业的总支出	中央财政用于教育	全国财政用于教育支出		科技投入	职业教育发展	全国财政安排农村义务教育经费	农村初中学校改造	建立健全国家奖学金、助学金制度	义务教育阶段教师工资	财政性教育经费支出占国内生产总值比重
2003 年	855 亿元（比上年增长 12.4%）		2.43 万亿元（比前五年增长 1.26倍）								
2004 年	987 亿元										
2005 年	1 168 亿元（比上年增长 18.3%）										
2006 年		536 亿元（比上年增长39.4%）		4.45 万亿元（年均增长22.4%）	6 197 亿元，年均增长 22.7%	计划投入 100 亿元	1 840 亿元	100 亿元	20.5 亿元		
2007 年		1 076 亿元					2 235 亿元		98 亿元		
2008 年		1 562 亿元							223 亿元		
2009 年		1 981 亿元					中央下达 666 亿元			120 亿元	
2010 年									306 亿元		
2011 年											
2012 年											4%

注：若未特殊指出，以上均为“中央财政”用于各方面的投入

第二,在政府工作报告中明确指出了中央针对教育的投入。2006 年中央财政用于教育的投入是 536 亿元,比上年增长 39.4%。2007 年这一数字为 1 076 亿元,2008 年为 1 562 亿元,2009 年 1 981 亿元。我们能很明显的看出中央财政对教育的投入不断增加,4 年内接近翻了两番。第三,2010 年中央财政仅仅在建立健全国家奖学金、助学金制度方面就投入 306 亿元。这一举措有力地促进了教育公平。第四,政府工作报告中明确提出"2012 年财政性教育经费支出占国内生产总值比重达到 4%",并对这一目标及其经费的使用有了更详细明确的说明:"中央财政已按全国财政性教育经费支出占国内生产总值的 4%编制预算,地方财政也要相应安排,确保实现这一目标。教育经费要突出保障重点,加强薄弱环节,提高使用效益。"历经 19 年,4%的目标终于有望在 2012 年首次实现。

因此,中央财政和全国财政对教育的总投入是逐年不间断增加的。如表 2 中还显示,全国财政用于教育支出自 2003 年至 2007 年的五年之间为 2.43 万亿元,比前五年增长 1.26 倍。除了对教育的总投入逐年不间断增加外,中央和全国财政还在科技,职业教育,农村义务教育,农村初中学校改造,国家奖学金、助学金制度和义务教育阶段教师工资方面有不断增加的投入。例如,全国财政用于安排农村义务教育经费在 2006 年为 1 840 亿元,2007 年已达到 2 235 亿元,2009 年仅仅中央就下达 666 亿元经费。在建立健全国家奖学金、助学金制度方面,2006 年中央财政投入 20.5 亿元,2007 年这一投入迅速增加到 98 亿元,2008 年更是达到 223 亿元。可见在经费方面,中央财政和地方财政不仅一方面保障对教育的总投入不断增加,而且另一方面经费投入的重点是旨在促进教育公平。

2. 从历年政府工作报告看"教育公平"

"教育公平"问题一直是近几年来教育领域关注的热点问题之一。2007 年首次在政府工作报告中出现"教育公平"字样,报告中提到"为了促进教育发展和教育公平,我们将采取两项重大措施"。其实,之前的报告中提及的各项教育措施都是旨在促进教育公平,如实施西部"两基"攻坚计划和重视农村和偏远地区义务教育等。2007—2009 年是对教育公平更为重视的三年，中央明确提出促进教育公平，并且作为教育的重点，采取相应的重大措施促进教育公平。例如 2007 年的政府工作报告提出“为了促进教育发展和教育公平，我们将采取两项重大措施：一是从今年新学年开始，在普通本科高校、高等职业学校和中等职业学校建立健全国家奖学金、助学金制度，为此中央财政支出将由上年 18 亿元增加到 95 亿元，明年将安排 200 亿元，地方财政也要相应增加支出；同时，进一步落实国家助学贷款政策，使困难家庭的学生能够上得起大学、接受职业教育。这是继全部免除农村义务教育阶段学杂费之后，促进教育公平的又一件大事”。又如 2008 年的政府工作报告明确指出，“在试点基础上，从今年秋季起全面免除城市义务教育学杂费，这是推动义务教育均衡发展、促进教育公平的又一重大举措。”从 2010 年开始，政府工作报告中在阐述促进教育公平问题时，将重点放在了“促进义务教育均衡发展”。

表 4.15　从历年政府工作报告中看“教育公平”问题的发展

年份	促进“教育公平”的重大措施	说明
2003	1. 继续做好助学贷款和设立国家奖学金工作。	虽然没有提及“教育公平”四字，但是众多措施都是旨在促进教育公平。
2004	1. 实施新一轮《教育振兴行动计划》，重点加强义务教育特别是农村教育； 2. 要启动西部地区“两基”攻坚计划，到 2007 年使西部地区基本普及九年义务教育，基本扫除青壮年文盲；	
2005	1. 从这年起，免除国家扶贫开发工作重点县农村义务教育阶段贫困家庭学生的书本费、杂费，并补助寄宿学生生活费，到 2007 年在全国农村普遍实行这一政策； 2. 认真解决好进城务工农民子女上学的问题。	
2006	1. 从这年起用两年时间，全部免除农村义务教育阶段学生学杂费，当年在西部地区实施，第二年扩大到中部和东部地区； 2. 将农村义务教育全面纳入国家财政保障范围，建立中央和地方分担的农村义务教育经费保障机制。	

续 表

年份	促进"教育公平"的重大措施	说明
2007	1. 普通本科高校、高等职业学校和中等职业学校建立健全国家奖学金、助学金制度；	"教育公平"在2007年首次提出，并且连续3年被明确提及及其相应措施。
2008	1. 在全国城乡普遍实行免费义务教育；	
2009	1. 提高农村义务教育公用经费标准，把小学、初中学生人均公用经费分别提高到300元和500元； 2. 争取三年内基本解决农村"普九"债务问题。	
2010	1. 促进义务教育均衡发展。在合理布局的基础上，加快推进中西部地区初中校舍改造和全国中小学校舍安全工程，尽快使所有学校的校舍、设备和师资达到规定标准； 2. 为农村中小学班级配备多媒体远程教学设备，让广大农村和偏远地区的孩子共享优质教育资源； 3. 加强学前教育和特殊教育学校建设；	以"义务教育均衡"发展代替"教育公平"，但是措施依然是旨在促进教育公平。
2011	1. 促进义务教育均衡发展。加强义务教育阶段学校标准化建设，公共资源配置重点向农村和城市薄弱学校倾斜； 2. 公办民办并举，增加学前教育资源，抓紧解决"入园难"问题	
2012	1. 促进义务教育均衡发展，资源配置要向中西部、农村、边远、民族地区和城市薄弱学校倾斜； 2. 继续花大气力推动解决择校、入园等人民群众关心的热点难点问题； 3. 农村中小学布局要因地制宜，处理好提高教育质量和方便孩子们就近上学的关系。 4. 办好农村寄宿学校，实施好农村义务教育学生营养改善计划。	

通过表4.15我们可以清晰地看出在历年的政府工作报告中提及的促进"教育公平"的重大举措。例如，2004年政府工作报告中提出要"实施新一轮《教育振兴行动计划》，重点加强义务教育特别是农村教育"并且开启西部地区"两基"攻坚计划。2007年的报告中指出要在"普通本科高校、高等职业学校和中等职业学校建立健全国家奖学金、助学金制度"等等。

通过以上图表中关于"教育公平"的内容措施，我们可以看出这样的一个特点：这些教育措施主要是围绕农村地区、中西部地区、民族地区、边远山区，以及城市贫困弱势群体的义务教育问题，切实保障这些地区的孩子能有公平的接受教育的机会。这符合“教育公平”的内含，就是要保障每个公民都能公平的有接受义务教育及其他再教育的机会。因此从历年政府工作报告中关于教育的诸多措施和着墨分量，我们也可以看出国家一直对“教育公平”问题的关注。

3. 从历年政府工作报告看中国“农民工子女教育”问题

教育公平关注的很重要的一个问题是“农民工子女教育”。农民工子女的教育问题不仅仅是教育领域关注的重点问题，也一直是社会上关注的热点问题之一。农民工子女的教育状况并不乐观，存在诸多问题。例如有的地区农民工子女能否适时入校读书依然是个问题，其次城乡差异使农民工子女心理压力大等。解决好农民工子女的教育问题有利于促进教育公平。我们试图通过分析历年的政府工作中有关农民工子女教育问题的文字，来看国家对农民工子女的教育问题的政策关注。笔者从历年政府工作报告中摘取出提及“农民工子女教育”问题的内容，详见表 4.16。

表 4.16　从历年政府工作报告看中国“农民工子女教育”问题

年份	政府工作报告中的相关原文表述
2003 年	无
2004 年	许多城市开始实行以流入地政府管理为主的办法，努力使进城务工农民的子女能够上学。
2005 年	认真解决好进城务工农民子女上学的问题。
2006 年	要解决城市低收入家庭和农民工子女义务教育阶段上学困难问题，让每个孩子都有平等接受义务教育的机会。
2007 年	继续解决好城市困难家庭和农民工子女接受义务教育问题。
2008 年	无
2009 年	逐步解决农民工子女在输入地免费接受义务教育问题。
2010 年	无
2011 年	以流入地政府和公办学校为主，切实保障农民工随迁子女平等接受义务教育。
2012 年	初步解决农民工随迁子女在城市接受义务教育的问题。

除了过渡年份的政府工作报告没有提及农民工子女教育问题外，近10年的政府工作报告每年都会提及农民工子女的教育问题，可见中央政府一直对农民工子女的教育问题的关注。同时，我们也发现，对于农民工子女的教育问题，在每年的政府工作报告中仅仅只有一句话，而且也没有详细的较具体的落实措施，只是给予了宏观指导。

通过对表格中历年的关于农民工子女教育问题的话语分析，我们可以从中看出细微的变化。2004年报告中提到“许多城市开始实行以流入地政府管理为主的办法，努力使进城务工农民的子女能够上学”，指出了解决农民工子女上学问题的办法是以流入地政府管理为主的办法。而2005年的报告中仅仅只有一句“认真解决好进城务工农民子女上学的问题”，不再强调“流入地政府管理”，而是意识到先要解决农民工子女的“上学”问题，不论是在原户籍地还是在城市。因此，2006年的报告中指出，“要解决城市低收入家庭和农民工子女义务教育阶段上学困难问题，让每个孩子都有平等接受义务教育的机会。”我们可以看出，对于农民工子女的教育问题，我们首先是要解决他们“上学困难”问题，以确保教育的公平，并特别指出农民工子女的义务教育问题。2007年的报告延续上年，依然强调解决农民工子女接受义务教育问题，指出“继续解决好城市困难家庭和农民工子女接受义务教育问题”。而且我们发现，2006年和2007年的报告中将农民工子女教育问题和城市低收入家庭的教育放在一起并列提及。从2009的开始，报告对农民工子女的教育问题的关注由解决“上学”问题特别是义务阶段教育转到“在输入地接受义务教育”问题。可见，我们已经基本保障了农民工子女能够“上学”，接下来的重点是回到最初的“农民工子女随父母在城市接受教育”问题。所以2011年的报告又重提2004年的目标，“以流入地政府和公办学校为主，切实保障农民工随迁子女平等接受义务教育”，并且由2004年提出的仅仅“以流入地政府为主”到“以流入地政府和公办学校为主”，加入了公办学校。2012年的报告我们可以看出，政府已经开始将这一问题真正落实到实处，但是不是一蹴而就，需要一步一步解决，即“初步解决农民工随迁子女在城市接受义务教育的问题”。

总之，通过对历年政府工作报告中有关农民工子女教育的文字分析，我们可以明显看出中央政府对农民工子女的教育问题的切实关注，并逐步采取措施，认真解决这一问题，同时反映出政府在促进教育公平方面做出的不断努力。

第五章
关于教育公平的大众话语分析

所谓大众话语，是老百姓思想观念的表达，通常通过调查、访问、信件等获得，随着新媒体的兴起，博客、微博为获得大众话语提供了前所未有的来源。大众话语具有真实生动的特点，同时也具有比较明显的个性和感性特征。

本章的教育公平的大众话语分析，主要是通过网络语言研究和访谈调查反映民众对具体教育公平问题的观点和诉求，选择了百姓特别关注的高考、择校、自主招生中突出反映的教育公平问题为研究对象，比较研究中美媒体对高考公平关注点的差异，中美家长择校倾向的差异，以及中国官员、校长、家长、学生对高校自主招生的看法，揭示不同利益群体对教育公平的理解和期盼。

案例一：

从《中国日报》与《纽约时报》的报道看中美高考公平关注点的差异

高考是一个国家基本教育制度的重要组成部分，承载着选拔人才和促进公平的双重任务，各国对高考在保障和促进教育公平中的作用都非常关注。本文希望通过对《中国日报》和《纽约时报》关于高考公平性报道的比较研究,发现中美两国对高考公平关注的共同点和不同点,探讨不同发展水平对教育公平理解和诉求的影响,获得改革我国高考制度促进高考公平的启示。

一、研究语料

全国性的统一考试是中国以及一些东方国家的特点,美国等一些西方国家并没有中国式的全国统一高考。但 SAT 是美国应用最为广泛的高校标准化入学考试,其成绩是美国多数高校本科录取的一个重要依据。中国的高考与 SAT 虽然在唯一性、权威性方面有很大的不同,但作用和功能基本是一致的,而且近年来 SAT 在美国高考中的地位有提升的趋势,对录取外国学生的作用更加突出。

《中国日报》是中国发行量最大的英文报纸,《纽约时报》的发行量以及网站浏览量在美国位列前茅,都属于综合性报纸,在全世界都具有广泛的影响。虽然这两份报纸有明显的不同,但从反映的问题来看,都比较集中地反映了社会的关注点,两者具有比较高的客观可比性。以这两份报纸关于高考与教育公平关系的报道作为比较的对象,可以管窥两国媒体观点和社会思潮。当然由于《中国日报》是官方报纸,《纽约时报》是商业报纸,在报道的取向上有所不同。从 2001 年至 2012 年 6 月止,关于高考和 SAT 的公平性问题,《中国日报》涉及到的报道共有 50 篇,《纽约时报》共有 37 篇。通过这些报道的比较分析,我们可以发现,两国媒体对高考与教育公平的关系都给予了高度关注,但两国对教育公平的关注点具有明显差异。中国倾向于高考与机会公平关系的探讨,美国倾向于高考与过程公平和结果公平关系的探讨;两国对高考改革都很关注,其取向有很高的一致性。

作者对 2001 年至 2012 上半年期间《中国日报》(www. chinadaily. com. cn)有关高考以及《纽约时报》(www. nytimes. com)有关 SAT 的报道中体现"公平"("fairness"、"equity")和"平等"("equality")的词语进行检索,考虑到

拼写差异对搜索结果的影响,列入检索范围的词语包括“fair”“equal”“equities”“equitable”。结果表明,从报道的年分布量来看,美国每年的报道比较均衡,2003、2006 年关注性提高,中国 2009 年以后关注性爆发性增长,反映出我国社会对高考公平性的关注程度明显提高,这与中国强调改善民生、实现公共服务均等化的国家发展战略有着密切联系。

二、美国对高考公平的关注点

《纽约时报》全部 37 篇报道对 SAT 所持的态度基本是批评性的,例如,有报道指出“更多的大学会意识到整个考试已经成为多么愚蠢的做法”;[①]“越来越多的大学开始质疑这些考试对于衡量未来表现的有效性”;[②]甚至有报道认为:“SAT 与美国人对于才能的定义以及机会的分配的观念背道而驰”。[③] 其关注点集中在如下 5 个方面。

1. 对考试内容的关注

《纽约时报》相关报道有 9 篇。质疑的方面主要包括:无法对中学教学起到积极的引导作用[④];对于“能力”的界定不合理、不清晰、不完整;[⑤]考察的是应试能力和接受考前辅导的情况[⑥];对于大学和以后工作表现的可预测性有限;考察的范围和目的模糊[⑦];许多有能力和有创造力的学生考试成绩

---

① Kate S. Lombardi. County Lines. A Score to Settle Over a Pointless Test . *New York Times*, 2006-04-09.

② Diana J. Schemo. College Board Asks Group Not to Post Test Analysis . *New York Times*, 2005-12-04.

③ Diana J. Schemo. Head of U. of California Seeks To End SAT Use in Admissions . *New York Times*, 2001-12-17.

④ Michael Winerip. Watchdog of Test Industry Faces Economic Extinction . *New York Times*, 2006-2-22.

⑤ Diana J. Schemo. Head of U. of California Seeks To End SAT Use in Admissions . *New York Times*, 2001-12-17.

⑥ Diana J. Schemo. Head of U. of California Seeks To End SAT Use in Admissions. *New York Times*, 2001-12-17.

⑦ Diana J. Schemo. College Board Asks Group Not to Post Test Analysis. *New York Times*, 2005-12-04.

不佳等。[①] 2006 年的一篇报道这样写道：

> “SAT 并不真正说明任何问题，这一点较为明显。最初，这些首字母表示‘学术能力测试’。考试委员会对此描述感到不安，后来将其改成‘学术评估测试。’现在考试委员会又说这些首字母不再有任何意义—这不得不令人质疑这个考试究竟衡量的是什么。”[②]

值得注意的还有，报道对 SAT 是否应当反映高中所学科目展开了辩论。2008 年的一篇文章说，SAT 应当更好地体现高中所学内容；[③]而同年的另一则报道则给出了相反看法，认为：由于少数族裔与白人学生在数学推理和语文方面的能力差距比高中成绩的差距小，所以 SAT 应当更多地考察学生的能力，减少课堂内容，从而减少种族差异。[④]

2005 年 3 月起 SAT 实行了新题型，取消了类比，取而代之的是写作。对此，《纽约时报》有 5 篇报道进行了回应。报道中只有一则肯定了这一题型变化，表示写作能够更好地展现个人能力。如一位考生表示：写作更为公平，“能有机会表达自己的观点，比词汇或其他技术性问题更能反映真实的自己”。[⑤] 而另有 4 篇报道关注的则是这一改革可能带来的问题：对少数族裔(主要是)移民以及母语不是英语的考生不公平；[⑥]对非郊区的孩子不利(因为班级人数太多，不能得到很好的写作指导)；[⑦]不能公平地预测大学期

---

① Marek Fuchs. Questions on Education. *New York Times*, 2007 - 01 - 07.

② Kate S. Lombardi. County Lines; A Score to Settle Over a Pointless Test. *New York Times*, 2006 - 4 - 9.

③ Sara Rimer. College Panel Calls for Less Focus on SATs . *New York Times*, 2008 - 09 - 21.

④ Debra Cafaro. Seeking the Upside . *New York Times*, 2008 - 09 - 13.

⑤ Corey Kilgannon. Amid the Usual Nail-Biting, Warming Up to a New SAT . *New York Times*, 2005 - 03 - 13.

⑥ Tamar Lewin. College Board Announces An Overhaul For the SAT . *New York Times*, 2002 - 06 - 28.

⑦ Charles McGrath. The New SAT; Writing to the Test . *New York Times*, 2004 - 11 - 07.

间是否能够写出好文章；[1]对提高写作和思考能力意义不大。[2] 换言之，对于这一改革是否在真正意义上提高了考试的公平性的争议一直在继续。

相比之下，《中国日报》仅有2009年的一篇文章对高考作文题目进行了报道，指出一些题目对于教育资源匮乏的农村考生、或者对题目不熟悉的考生是不公平的。[3]

2. 对残疾人的关注

《纽约时报》涉及残疾人高考问题的报道有6篇。在美国，每年考生的2%由于具有相关证明而获得了照顾（尤其是时间上的）。从报道中，我们可以看到，保障这部分人的权益已经不再是是否有资格参加SAT的问题，而是对不同身体障碍者的具体应对问题。例如：

> "给盲人学生布莱叶考试很简单，而我们更为不确定的仍然是考试给多少额外时间能够公平地弥补有阅读障碍的人阅读上的吃力，或对有注意缺失紊乱的学生给出何种照顾才恰当。"[4]

美国对残疾人的相关公平性问题的讨论较复杂、深入，争论很激烈。有维护残疾人权益的组织认为要求有学习"不能"问题的学生在没有照顾的情况下进行标准化考试是不公平的，因为这无异于"让有身体残疾的儿童在没有轮椅的情况下参加赛跑"。[5] 而有教育学家担忧的是越来越多的人寻求特殊照顾，整个标准化考试的理念可能会面临崩溃。[6] 对于这个敏感话题的讨

---

① Tamar Lewin. College Board Announces An Overhaul For the SAT. *New York Times*, 2002 - 06 - 28.

② Charles McGraph. Writing to the Test. *New York Times*, 2004 - 11 - 07.

③ Li Xing. Test topics reflect writing problems. *China Daily*, 2009 - 06 - 11.

④ Tamar Lewin. Abuse Feared as SAT Test Changes Disability Policy. *New York Times*, 2002 - 07 - 15.

⑤ Tamar Lewin. Abuse Feared as SAT Test Changes Disability Policy. *New York Times*, 2002 - 07 - 15.

⑥ Li Xing. Test topics reflect writing problems. *China Daily*, 2009 - 06 - 11.

论焦点主要集中在对“不能”(disability)的界定标准、在何种程度上进行照顾、是否在成绩单上对照顾情况下取得的成绩进行特殊标注这三个方面,而这三个方面所围绕的核心事实是时间上的照顾(通常是 100 到 125 分钟)对考试的分数影响很大。首先,从报道中可以看出,美国所关注的不仅有身体上的残疾,而且对“不能”的理念范围涵盖了所有“学习不能”的情况。[①] 美国对此非常谨慎,不仅要出示相关鉴定证明是否真正影响考试成绩,还得证明在平时的学习中也是需要相关照顾。[②] 第二,有关有“不能”的考生需要多少额外时间才能公平地显示自己的能力;就此,会有部门专门从研究正常人与残疾人的分数差别入手。有考试组织担心“不当的照顾,影响考试的公道性”。[③] 第三,2003 年,大学委员会在一场官司后,取消了在 SAT 成绩单上对在照顾的情况下取得的成绩进行标注的规定,因为有人提出标注是对残疾人的侮辱和歧视。然而报道显示,这一新的规定依然存在问题,因为有数据表明,“这会为那些认为他们能够通过购买诊断书给自己的孩子争取额外时间来与制度周旋的人打开闸门”。[④] 这其中所特指的是来自白人富裕家庭的学生更多地因残疾证明来钻空子,因为他们能够花钱买到诊断书。审计人员发现私立学校比公立学校、白人富裕家庭比其他族群的残疾孩子更多地得到了照顾,从而怀疑存在对“不能”的证明有夸大或伪造的可能;进而关注贫困家庭的孩子出具证明所面临的困难,因为毕竟牵扯到费用问题。[⑤] 因此,这种公平性的讨论,常常与其他社会问题交织在一起,尤其是如何保障贫困阶层的利益。

《中国日报》仅有 2005 年 1 篇有关残疾人的报道,有关残障人士首次在考试条件上得到了照顾,从而能够顺利参加全国统一高考;报道对这一举措进行了赞扬,指出参加高考的机会使他们能够更好地把握未来,也给了中国

① Charles McGraph. Writing to the Test. *New York Times*, 2004-11-07.

② Abigail S. Moore. Accommodations Angst. *New York Times*, 2010-11-04.

③ Abigail S. Moore. Accommodations Angst. *New York Times*, 2010-11-04.

④ Debra Cafaro. Seeking the Upside. *New York Times*, 2008-09-13.

⑤ Li Xing. Test topics reflect writing problems. *China Daily*, 2009-06-11.

其他残疾学生希望。[①]

3. 对少数族裔的关注

《纽约时报》有6篇报道关注到少数族裔，主要是黑人和拉美裔人的高考。据2003年的一篇报道，黑人和拉美裔考生人数大幅度上升；[②] 2009年的一篇报道指出，白人与非亚裔少数族裔的SAT分数差距实际在拉大；[③]加州大学校长在力倡高校录取时不应再将SAT成绩作为要求，强调SAT加深了入学机会的不平等。[④] 透过《纽约时报》的另外3篇报道，可以看到，亚裔虽为少数族裔，但这一群体SAT的平均分数上升很快，超过了其他群体（如白人、黑人和拉美裔人），因此，没有被称为弱势群体。美国教育的不公平实际上是种族不平等在教育领域的反映。20世纪60年代联邦政府制定的"肯定性行动"(Affirmative Action)政策，也主要适用于黑人和拉美裔人，这使亚裔并没有因白人的种族歧视而在大学录取中得到任何照顾，反而要将招生名额让给黑人和拉美裔人，不少亚裔甚至美国人也认为是一种反向歧视。

怎样通过缩小社会差别来缩小分数上的差别，保障弱势群体的权益，成为美国高等教育入学考试所关注的一个核心问题。对于其他弱势群体，美国同样不存在考试资格问题；他们的关注焦点是更为实际地帮助他们达到大学录取的标准，着眼点落在SAT的分数在各族群之间的差别。正如一篇报道所指出，考试分数看起来固化了阶层、种族以及父母受教育程度的差别，[⑤]而公布这类差别的目的是教育公众，使其意识到考试的分数差别以及偏见存在的可能性。[⑥] 而这种差别也最终被归咎于没有公正地分配教育

① Zhu Zhe. Poor Eyes No Barrier to Entrance Exams. *China Daily*, 2005-06-07.

② Zhu Zhe. Poor Eyes No Barrier to Entrance Exams. *China Daily*, 2005-06-07.

③ Walter Kirn. Life, Liberty and the Pursuit of Aptitude. *New York Times*, 2009-07-01.

④ Diana J. Schemo. College Board Asks Group Not to Post Test Analysis. *New York Times*, 2005-12-04.

⑤ Michael Winerip. Watchdog of Test Industry Faces Economic Extinction. *New York Times*, 2006-2-22.

⑥ Diana J. Schemo. College Board Asks Group Not to Post Test Analysis. *New York Times*, 2005-12-04.

资源。

4. 对性别的关注

《纽约时报》有 2 篇报道关注考生性别问题，因为男女成绩的差距在持续扩大。有趣的是，其性别差距与我国女生具有高考优势相反，女生相对处于劣势。据 2003 年的报道，女生落后男生 43 分之多。[①] 而社会对这种差距所导致后果的担忧与我国有所不同：在录取时使用 SAT 分数线会不利于高校学生的多元化。《中国日报》2012 年有一篇文章涉及高等教育入学环节的男女性别差异，讨论了在高校招生录取上适当对男生进行照顾的提议。[②] 此提议的背景是高考男生表现落后于女生、高校中男生比例较低，而这会对国家的科技创新及国际竞争力有负面影响。但也有人提出，对男女生采用不同标准是一种歧视。

5. 对家庭背景的关注

(1) 考前辅导影响考试成绩，与贫富差距密不可分

《纽约时报》对考前辅导的相关报道有 6 篇之多，并且均为专题报道，减少辅导班所可能造成的不公平的呼声非常强烈。例如报道提出一系列尖锐的问题：SAT 的分数是体现了学生的能力还是所得到的辅导帮助？[③] 对花不起钱的人是否公平？[④] 这些问题的提出的依据是辅导确实能够提高成绩；而富人和穷人的此项花费有天壤之别，因此，这直接影响到 SAT 成绩，因此无疑是关乎公平性的。2006 年一篇报道讽刺说，SAT 所能准确衡量的只是谁能付得起辅导费以及谁能上昂贵的公立或私立学校。[⑤] 简言之，对考前辅

---

① Diana M. Schemo. High School Seniors Get Highest SAT Math Scores in 35 Years. *New York Times*, 2003-08-27.

② Gao Changxin, Wang Hongyi. Bars should be Lowered for Exams, Lawmaker Says. *China Daily*, 2012-03-09.

③ Julie Bick. The Long (and Sometimes Expensive) Road to the SAT. *New York Times*, 2006-05-28.

④ Coeli Carr. The Multiple Choices of Prepping for the SAT. *New York Times*, 2004-10-03.

⑤ Tamar Lewin. College Board Announces An Overhaul For the SAT. *New York Times*, 2002-06-28.

导的讨论与考试的合理性和公平性以及对弱势群体的关注交织在一起。

(2) 家庭收入、父母受教育程度影响考试成绩

在社会阶层问题上,有8篇文章涉及到来自贫困家庭和富裕家庭的学生差别。据2006年的一篇报道,SAT成绩与家庭收入有直接关联:家庭收入每多1万美金,考生的数学和语文的分数合起来会增加12—31分。① 《纽约时报》多次发文,指出这对家境不富裕的学生事实上不公平。SAT成绩也与父母的受教育程度有一定关联,据2003年的一则报道,父母有硕士学历以上的与高中未毕业的相差272分。② 就此,《纽约时报》的报道中也提出了一些具体建议,如:为了减少贫富差距对考试成绩造成的不公平,可限制一年内参加考试的次数;③在题目的设计上更多地顾及贫困人群和少数族裔;④此外,为减少性别、收入、区域、父母受教育程度等社会差异,甚至有建议将这些因素融合到SAT的分数计算里。⑤ 目的是切实地提高弱势群体更多接受高等教育的机会。

《中国日报》的报道反映出的贫富差距与公平性关联没有那么高。在我国,参加各种辅导班已经成为普遍的社会现象,社会的关注点主要落在了学生的学习负担方面;而与公平性的关联在《中国日报》基本没有单独成为话题,仅有1篇报道在一处间接地提到了考前辅导所涉及到的公平性问题,提到了贫困家庭支付不起考前辅导班。⑥ 换言之,考前辅导对高考公平性的影响还没有成为一个关注焦点。

---

① Michael Winerip. Watchdog of Test Industry Faces Economic Extinction. *New York Times*, 2006-02-22.

② Michael Bérubé. The Way We Live Now: Testing Handicaps. *New York Times*, 2003-09-21.

③ Mark Neustadt. The Measures of a Student's Potential. *New York Times*, 2008-09-27.

④ Debra Cafaro. Seeking the Upside. *New York Times*, 2008-09-13.

⑤ Tamar Lewin. College Board Announces An Overhaul For the SAT. *New York Times*, 2002-06-28.

⑥ Wang Hongyi. China Daily Rural Students Can Feel a Class Apart. *China Daily*, 2011-08-09.

三、中国对高考公平的关注点

《中国日报》有14篇报道(占总数的30%)明确肯定了高考,指出高考在中国仍然是选拔人才的最为客观、公平的制度,尤其是"当考生数量远远超出高校的录取人数时,录取高分学生的制度对于所有人来说都是相对公平的;而且,高考还是穷人和弱势群体改变命运的有效途径。"这固然同《中国日报》的性质有关,但也反映了社会的普遍看法。其对高考公平的关注点集中在如下4方面。

1. 对进城务工人员随迁子女考试资格的关注

《中国日报》所关注的主要弱势群体是城市里的农民工子女,有6篇报道涉及这一问题。这个群体面临的首要问题不是分数的问题,而是更为基本的参加考试的平等权利问题。由于户口所在地管理,农民工子女无法就地参加高考。对随迁子女来说,在其他城市参加高考使得高考难上加难。在2009年的一则报道中,据一位随迁子女说,多数人会放弃高考,而选择进职业学校或者直接参加工作。① 2005年一篇报道指出,户籍制度是阻止农民工子弟取得进入高等院校入学权利的最后障碍,被视为影响其入学机会公平性的主要问题。② 2011年还有一篇文章也呼吁:"国家鼓励地方政府解禁,允许考生在居住地参加考试。③ 明确了承认和落实随迁子女异地高考权利的大原则,这对各地落实随迁子女的受教育权利具有决定性的推动作用。

2. 对地区差异的关注

《中国日报》7篇报道关注城乡差距,有3篇报道关注东西部差距,从报道数量上来看,对城乡差别的关注更为突出,这与我国长期以来形成的城乡二元结构有关。在相关语料中,所凸显的问题是教育资源("educational

---

① Lin Qi. Growing Ambitions. *China Daily*, 2009-06-10.

② Zhu Yuan. China Daily, Equal rights to take exams. *China Daily*, 2005-04-26.

③ Wang Wei. No change to college exam policy as capital waits on ministry plan, *China Daily*, 2011-03-31.

resource”)的分配；与之搭配的词语有：差异（disparity）、差距（gap）、不均uneven）、不公平（unfair）、缺乏（lack）、有限（limited）、不平衡（unbalanced，imbalance）、不平等（inequality）等。从报道中我们可以看出，这两类差距的主要根源在于教育资源分配不均衡。2009 和 2011 年的两篇报道表明，为了减少东西部差异，大力发展这些地区的教育，国家颁布了新的照顾性录取政策，在高考分数以及录取政策上予以更多优惠。①

《纽约时报》所体现出的地域差别则是人文意义上的，即都市郊区与市区和农村地区之间的差别，有 4 篇报道对此有所涉及。其城乡差别恰恰与我国相反。美国都市是指中心城市以及与其有关联的郊区共同组成的区域，其城区和郊区的矛盾与种族问题交织在一起，因为郊区是白人中上层阶级一统天下，而城区则是黑人和少数民族的蜗居之处。据 2003 年的一篇报道，农村地区和大城市考生的 SAT 平均成绩几年来持续落后于市郊的考生。②尤其是大都市区的城乡差别。例如一篇报道中指出，郊区的孩子相对于其他孩子，其父母教育水平更高，能负担得起课外辅导和帮助，导致了孩子的起跑线不同。③ 这些都是事实意义上的教育资源，所反映出的本质依然是贫富差别。

3. 对高考录取名额分配的关注

中国高考录取名额分配被认为是当前中国高考制度不公平的集中体现。由于地区间高校办学条件差距较大，录取分数线和重点大学招生名额存在地区差异。我国户籍制度维护下的城乡二元结构的社会经济结构，致使我国城市和农村教育资源配置不平等。在高等教育资源竞争加剧的背景下，各省之间高考录取分数线的差距，以及中央部委高校招生生源计划的地域差异较大，即直属高校在属地投放的招生计划比例较大，导致稀缺的优质

① Tan，Yingzi. More university spots go to poor. *China Daily*，2009－07－17.

② Diana M. Schemo. High School Seniors Get Highest SAT Math Scores in 35 Years. *New York Times*，2003－08－27.

③ Ruth Fremson. After the Last Lap，It’s Time for SAT Prep. *New York Times*，2007－01－24.

高教资源配置的合理性受到质疑和社会上的广泛关注。如2010年7月刊登的一篇题为“废除与户口有关的高考入取名额”的文章指出：“应当是能力而不是出生地决定是否能够上大学……户口制度使得随迁子女以及农村孩子很难进入大城市上大学……大学给所在城市提供的录取名额太多，不成比例……此制度不公平因为其他省份更为优秀的学生没有机会被录取。”还以北京为例说明：“北京生源比非北京生源的分数低，但录取几率大的多。对北京户口的照顾关系重大，因为北京聚积着许多重点高校。户籍制度也降低了北京的大学质量，使得第二梯队的大学成为较为平庸的北京生源的倾泻场。”① 2011年有一篇文章还把北京与山东做了对比：“2010年北京大学的文科录取的北京生源为101人，而山东生源只有24人。2010年，有300多名家长上访，要求同等对待非北京户口的考生。”②

异地高考也是由于高考录取名额分配带来的另一种不公平现象。早在2002年就有报道指出为了在异地参加高考而买房的现象：“海南对于准备参加高考的其他地区的高中生吸引力很大。因为，海南的考生数量较少，而招生名额不少。在北京的一些乡镇，家长如果能够花50万元买一个两居室的房子，便能够买到户口。”该文尖锐批评道：“如今，只要家长有钱买房，考生分数低也能进好学校。这对其他考生不公平。接受教育的机会应当对所有学生公平。”③

4. 对考试作弊的关注

中美高等教育入学考试都有严格的考试规则，从考场纪律到过程监管，都有监管的严格程度问题。

两份报纸虽然均有涉及考试作弊的报道，但《纽约时报》只有1篇、《中国日报》则有11篇之多，涉及之多令人震撼。

---

① Daniel Garst：Abolish hukou-related university admission quotas，*China Daily*，2010-07-05.

② Wang Wei. No change to college exam policy as capital waits on ministry plan，*China Daily*，2011-03-31.

③ MA XIAO：Home-buying trend to get into good colleges，*China Daily*，2002-08-09.

《中国日报》有4篇报道强调根据相关制度对考试作弊行为进行严惩。通过报道可以看到，高考作弊情况较为严重、形式多样，存在利用高科技手段、[1]贿赂监考人员、利用关系以及教师的配合等各种情况。[2] 报道强调，作弊影响了公平原则，而教师的介入更是突破了高考公平性的最后一道防线。[3] 通过惩罚手段(如取消考试资格、对考生信用进行记录)以及加强监考力度，强调了相关部门对防治作弊的决心。[4] 作弊的猖獗与高考的权重太大不无关系。某些人的铤而走险，对高考的公平性造成了严重威胁。这也部分映射了诚信的缺失。报道的主导理念是，通过惩罚来维护公平性。

《中国日报》另有7篇报道涉及为了取得考试资格或加分机会进行作假的事件和评论，包括如下情况：民族作假；[5]利用职权、使用他人姓名和身份证号参加高考；[6]年级作假，以提前取得考试资格；[7]高考移民。[8] 这些报道的一个共性是，所涉及的事件均违反了相关的法规，有损于考试的公平性，无可争议地需要严惩。

《纽约时报》有关作弊的报道有3篇。文中体现的作弊形式为考生利用手机短信相互作弊、考后在网上公开题目、[9]以及替考。[10] 报道主要介绍了考试安全公司如何通过技术和数据分析手段对试卷进行分析，从而判断是否存在作弊，此做法的理念是为了整体上减少作弊，而不是针对单独作弊案例；由于作弊者即使面对强有力的证据也基本不会承认，因此要重点惩治最

---

① Li Yao. Sellers of Cheating Equipment Arrested. *China Daiy*, 2011-06-07.

② Wang Hongyi. China Daily Rural Students Can Feel a Class Apart. *China Daily*, 2011-08-09.

③ Come Clean over Cheating. *China Daily*, 2006-06-03.

④ Fair Play for All Students. *China Daily*, 2006-06-06.

⑤ Rules Equal for All. *China Daily*, 2009-07-01.

⑥ Power Erodes Justice. *China Daily*, 2009-05-22.

⑦ MA XIAO: Home-buying trend to get into good colleges, *China Daily*, 2002-08-09.

⑧ Ma Lie. Immigrants not Eligible for Exam. *China Daily*, 2008-05-28.

⑨ Trip Gabriel. Cheaters Find an Adversary in Technology. *New York Times*, 2010-12-27.

⑩ Jenny Anderson. SAT and ACT to Tighten Rules After Cheating Scandal. *China Daily*, 2012-03-27.

为恶劣的案例，忽视边缘案例，通过侦查确保考试公平有效。[①] 而对于替考的现象，有新规定要求学生考试时提供照片，同时，考试中心会把考生考试时的照片邮寄回考生所在学校，以加强对替考的防范。[②]

四、对高考改革的期待

《中国日报》和《纽约时报》均有文章提出了对考试进行改革的必要性，都意识到把考试作为高等院校入学主要或唯一标准的弊端，同时都特别强调降低高考分数在高校录取中的权重的必要性。

《中国日报》共有5篇报道对完全依靠高考分数来录取学生提出疑义，提倡考核方式多样化，倡导学生的自主性，强调培养学生创造力的必要性和想象力重要性。例如，2011年的一篇文章提到，高考迫使孩子们死记硬背，考什么，学什么，对学习没有发言权。[③] 其中，在谈及高校自主招生时，也简短地提到了对高中阶段成绩的考量的必要性。[④] 总的来说，关注的焦点为高考对学生成长的自主性的影响。

《纽约时报》涉及相关议题的有9篇之多，多次提到高校录取应当降低SAT分数的权重。《纽约时报》在报道中涉及到了如下方面：对SAT的过分依赖有损于整个教育体系，无益于高校的多元化以及学术质量的平衡；[⑤]高校录取应当降低SAT分数的权重，更多地关注高中阶段的学习；[⑥]一旦考试判分出现问题，对考生的影响太大。[⑦] 甚至有大学校长建议，招生时不再要求有SAT成绩，因为对于SAT的依赖与美国人对于价值的定义以及机会

---

① Power Erodes Justice. *China Daily*, 2009-05-22.

② Power Erodes Justice. *China Daily*, 2009-05-22.

③ Flaws in Our Education. *China Daily*, 2011-11-01.

④ Chen Jia. Chinese Government to Reform College Enrolment. *China Daily*, 2010-11-20.

⑤ Diana J. Schemo. Head of U. of California Seeks To End SAT Use in Admissions. *New York Times*, 2001-12-17.

⑥ Kate S. Lombardi. County Lines; A Score to Settle Over a Pointless Test. *New York Times*, 2006-04-09.

⑦ Michael Winerip. Watchdog of Test Industry Faces Economic Extinction. *New York Times*, 2006-2-22.

的分配相悖。[①]

五、结论

《中国日报》和《纽约时报》十多年来关于高考公平的报道，数量之多，内容之集中，反映了两国高考的重要性和社会对高考公平的高度重视，但中美两国社会对高考公平的关注点明显不同。从关注的领域和内容来看，美国更多关心的是家庭背景、社会差距对考生的影响和在机会公平的情况下，机会能否充分利用的问题，基本上属于过程公平和结果公平的范畴。中国更多关心的是资格的公平（户籍制度、高考录取名额分配）、资源的公平享有（城乡差别）以及高考成绩能否得到真实反映（高考作弊），基本上属于机会公平的范畴。这与我们的认识和国家政策是一致的。中国在确定了把促进教育公平作为国家基本教育政策之后，强调“教育公平的关键是机会公平”，反映了我国社会发展的现实水平，也反映了我国切实促进教育公平的务实态度和坚定决心。同时我们也清晰地看到，我国高考在过程公平中存在的大量问题还未引起社会足够重视，必然是下一阶段社会关注的内容。历史不会简单重复，当今美国社会由于社会不公、种族、民族差距到来的许多高考不公平问题，我国完全可以早加重视，早加防范，同时解决。

案例二：

对中国高校自主招生的话语分析

（一）研究设计

我国高校自主招生改革在 2013 年已迈进第十一个年头。2003 年教育部推行自主招生制度以来，截止 2012 年底全国已有超过 80 所高校拥有招生

① Diana J. Schemo. Head of U. of California Seeks To End SAT Use in Admissions. *New York Times*, 2001 - 12 - 17.

自主权。自主招生改革不仅是教育部扩大高校自主权和深化高考改革的重要举措，而且也是选拔创新型人才的新探索。作为改革新政策，自主招生从出台、实施到现在一直备受社会各阶层的关注和争议。相关行政管理者认为该政策克服了“一考定终身”的弊端，是高考制度的重大改革和重要组成部分；各高校和中学的校长呼吁更大力度的招生自主放权；大众及媒体争论其作为公平机遇的道德性、合法性和腐败可能性；研究学者们从政治学、经济学、社会学和跨文化交际等多视角客观分析自主招生政策的复杂性和随意性。而批评话语分析鲜少涉及该政策的话语分析。2010 年国务院审议并通过了《国家中长期教育改革和发展规划纲要(2010—2020 年)》(下文简称《纲要》)，标志着“新教改”全面展开。笔者选取《纲要》颁布前后(2007 年至 2012 年)四个群体(行政、校长、学者、家长及学生)在公共媒体上关于自主招生的典型话语进行批评话语分析，意欲揭示来自不同利益群体的自主招生主体各自在权力关系中所处位置不同，导致对待自主招生的视角不同，话语关注点存在显著区别；同时话语又维护现有权力关系和群体利益。

费尔克劳夫的批评话语分析模式在不断发展和完善，大致经历了三个阶段：早期阶段、成熟阶段和第三阶段。[①] 费尔克劳夫在第三阶段的话语分析模式核心概念是话语秩序和互文性。在这一阶段，他认为话语是社会实践的一大要素。话语秩序包括话语、体裁和风格：话语是表征方式，将文本与外部世界联系起来；体裁是行为方式，将文本与社会事件联系起来；风格是存在方式，将文本与社会事件中的人联系起来。费尔克劳夫藉此把话语分析模式简化为文本分析和社会分析两个层次，更具操作性。

笔者采用费尔克劳夫第三阶段话语分析模式作为自主招生批评话语分析理论框架，分析自主招生文本的组织结构(如：叙述，论述等)、语法和语义特征(如：行为，语态，语气，情态)和词汇(如：词汇搭配，使用隐喻等)如何表现出表征、行为和认同意义，以及文本话语、体裁、风格和互文性。

---

① 纪卫宁、辛斌：费尔克劳夫的批评话语分析思想论略，《外国语文》2009 年第 6 期。

二、自主招生话语分析

1. 教育行政者的话语

围绕自主招生节点话语，相当数量教育行政文本出现，涵盖了自主招生试点实施过程中产生的各种问题。其中政策文本（如《纲要》）使用修辞和隐喻来说服和影响读者。[①] 而批评话语分析擅长分析政策话语中权力关系的构建和利益维护。

《纲要》经过与相关利益群体广泛协商之后于2010年正式颁布，制定了到2020年实现教育现代化和构建学习型社会的明确目标，是政策体裁的范例。“考试招生制度改革”单列一章共六段，其中“高校招生制度”独占三段，覆盖自主招生试点过程中问题的解决措施，可见政府高考制度改革的决心、力度和制定相关政策的细致。此节所分析文本摘自第十二章三十六、三十七节：

“（三十六）完善高等学校考试招生制度。深化考试内容和形式改革……完善国家考试科目试题库，保证国家考试的科学性、导向性和规范性。探索有的科目一年多次考试的办法，探索实行社会化考试。

逐步实施高等学校分类入学考试……

完善高等学校招生名额分配方式和招生录取办法，建立健全有利于促进入学机会公平、有利于优秀人才选拔的多元录取机制。普通高等学校本科招生以统一入学考试为基本方式，结合学业水平考试和综合素质评价……

（三十七）加强信息公开和社会监督。完善考试招生信息发布制度，实现信息公开透明，保障考生权益，加强政府和社会监督……”[②]

---

① 孙亚：教育公平话语的积极隐喻分析——以《同在蓝天下——怎么看教育公平》为例，《华文教学与研究》2011年第3期。

②《国家中长期教育改革和发展规划纲要（2010—2020年）》（2010－2－20）．http://www.moe.gov.cn/publicfiles/business/htmlfiles/moe/moe_177/201008/93785.html，http://www.wyxy.snnu.edu.cn/yy/List.asp?ID=451。

以上摘录是典型的政策文本，具有很强的导向性和强制性。其受众是相关利益群体，并预设受众已知晓自主招生过程中出现的问题，采用问题-办法的结构，但文本中未明示存在的问题，而是将问题隐含在解决办法中。首先，所摘文本采用祈使语气，体现政策制定者的权威和权力，强调措施或任务的重要性。其次，"完善"、"深化"、"探索"、"健全"、"加强"等动词意义相近，暗示目前的考试招生制度亟需变革，高校招生考试内容和形式改革尚未成功。这些动词的叠加使用强化了政策发布的单向性，有利于督促相关人群付诸行动。第三，"完善高等学校招生名额分配方式和招生录取办法"和"加强信息公开和社会监督"揭示了阻碍自主招生改革的不公平问题，即日渐突出的城乡差异和地区差异问题。而改革的不确定方面则见诸"探索"二字，政策制定者通过借鉴国外的招生模式（如："有的科目一年多次考试"，"实行社会化考试"）提出建议。最后，该文本体现出话语间杂性的特点。不同话语（如："考试招生制度"、"信息公开"、"社会监督"）组合在一起构成自主招生改革的目标。教育政策制定者从考试招生、教育立法和社会民主等多维度产生政策话语，巩固维护政策权威，指导高考改革进程。

全国政协第九、十届常委，国务院参事任玉岭在谈教育改革时说：

"……就我所知，也有一些既得利益者是反对教育均衡发展的，当你提出均衡和公平问题时，他会说你要'杀富济贫'，要'削峰填谷'，这就是教育改革的难点，但也彰显了强调切中时弊的重要性。从社会发展来讲，我们本来有些地方经济已经明显落后了，如果这些地方的青少年在教育上再被拉大差距，那个地区的经济社会将会更加落后。我们的区域统筹发展和城乡统筹发展将会更艰难……"①

① 任玉岭谈教育：教育改革重在切中时弊突出重点，《科学时报》发布时间：2010-3-15 9:08:04，http://news.sciencenet.cn/htmlnews/2010/3/229447.shtm。

首先，该摘录中代词（我，你，他，我们）的使用颇有意味："就我所知"表明知晓其后事实的个体性。但政府官员是政府集体意志的代言人，这种说法实际上是个体和集体话语风格的混搭。"你"可以推断出是所有参与教育改革的实体，他们处理平衡和公平的问题，可以是个人、机构或组织；"他"显然是指既得利益的个人、机构或组织；这两个代词所指代实体的交锋导出本句结论"这就是教育改革的难点，但也彰显了强调切中时弊的重要性"。而两个"我们"指代的范围却有不同，第一个泛指一般人，第二个指代范围缩小，指代关注改革和发展的人群，并且使用了假设-结果的句式结构。其次，其目的是说服人们遵循政府正在采取的新政策。再次，该文本可看作是与"既得利益者"的对话，但并没有指出谁是既得利益者和他们做了什么，由此可推断在此方面并无实质性的改善措施。

2. 校长的话语

高校校长和中学校长是政策执行者，二者相互依存。一方面，他们须执行自主招生政策，准备并完善相应实施细则；另一方面，他们必须谨慎对待自主招生的每个环节，因为会"一步错全盘输"。他们代表教育运作群体，关注高校或中学的定位和发展。笔者分别选取高校和中学校长话语加以分析。

上海交大副校长黄震强调高校需要更多的招生自主权：

"…… 高校招生应当进一步明确两个模式，即自主招生录取和统一高考录取。自主招生安排在统一高考前，为的是让更多具有创新潜质和特长的学生通过自主招生进入高校。高校应获得更大的自主招生权，学校自主招生录取的学生，不再参加统一高考，真正实现'申请入学制'…… 高中学生也需获得自主招生更多的选择权。学生可以根据大学的招生条件，自主申请多所大学的自主招生，也可以同时获得多所大学的录取通知书，然后再根据学校的育人理念、办学质量、录取专业、奖助学金情况，选择心仪的学校就读，打破眼下高校争先“掐尖”的格局。”①

同前文《纲要》摘录文本结构一样，话语生产者面对自主招生改革的是与非，并未明确指出日益突出的问题，而是直接提出有针对性的解决方案——放权，放权的对象是高校和高中生。首先，情态词（“应当”，“应”，“需要”，“可以”）大量使用表明了这所历史名校副校长的主要关注对象。第二，对高校和高中生更多自主权的关注实质是主张招考分离。该话语与发达国家的招生话语“申请入学制”相交织，目的是想尽可能降低任何单次考试的偶然性。第三，文本中的解决方案均涉及细节，如自主招生时间、具体模式和学生如何择校，体现了话语生产者细致的信息收集和研究。最后，高校和高中生需要更多自主权的呼吁主要基于高校的群体利益。双向选择对高校和高中生是双赢的举措，而且会促使高等教育良性发展。作为高教的执行主体，高校毫无疑问要最大化群体利益。

全国百所重点中学之一的北京三十五中校长朱建民认为“…… 中学的选修课可以与高校的自主招生对接，高中成为高校的人才培养基地，高校的专业课程可以过渡下放到高中。扩大高校和高中的办学自主权，多种考试形式，多种招生制度，不拘一格选拔人才。今后，什么样的学校最有发展前途？什么样的学校最具有竞争力？有特色的学校，有特色的课程，有特色的校园文化是最有生命力的。我想，这也是招生制度改革所要实现的最终目标和努力的方向……”②

首先，该文本中“对接”，“基地”，“过渡下放”等词汇简洁准确地表述了高中和高校所需自主权的细节，同时亦提供了互文性的佐证：这些词均来自交通话语。其次，三个“最”字描绘了高中和高校发展的美好蓝图，而这种发

① 黄震：高校招生要“两条腿走路”，http://news.xinhuanet.com/yzyd/edu/20120328/c_111712969.html，浏览时间：2012-3-28-11：50。

② 朱建民：教育不能只培养“标准件”，http://edu.people.com.cn/BIG5/8216/181899/183033/11094948.html.浏览时间：2010-3-10。

展是基于二者在招生改革中能够得到更多自主权。第三，文本中两个问句并未采用反问句句式，而是自问自答。话语生产者通过总结他在学校实践中获得的第一手经验，非常自信地为话语接收者提供答案。第四，中学校长的身份决定了话语的体裁和风格，他们专注于中学的定位和发展，能根据学校教育实践贡献更具建设性的提议。

3. 学者的话语

学者们从2001年南京率先试点自主招生就开始持续关注这项改革新政。据万方数据库统计，截止2012年底，关于自主招生的学术论文已达565篇。学者话语运用多种分析方法对自主招生政策进行定性或定量分析，因此，相较其他群体话语更理性、更客观。

学者刘进和王静(2009)从政策科学的视角分析了自主招生，他们的论文从政策制定、实施和评估方面探讨了自主招生政策以及该政策与最迫切的公平问题之间的关系。学术论文的结构相对固定，研究方法和研究成果本身建构了话语背后的权力关系，学者话语的专业性亦限制了访问该话语的任意性。以下是该论文的摘录及框架：

“一、自主招生政策制定分析…… 从掌握的材料来看，自主招生的政策出台很可能属于动员模型，即既有政府自发作为的因素，也有外在压力因素。第一，……第二，……第三，……

二、自主招生政策执行分析……

1. 政策宣传分析……

2. 物质准备、组织准备和制度环境准备分析……

3. 政策实验与推广分析……

三、自主招生政策评估……

一是自主招生政策设计缺乏评估制度。……

二是无确切的自主招生政策评估价值导向和评估标准。

三是自主招生应以效率为主还是公平为主存在争议。

四、结论与讨论[①]

首先,文本中情态词“很可能”表明政策科学研究方法的谨慎探索;其次,每个方面的分析中的体裁混合和话语杂糅是由外部变化在话语中的内化结果:新招生政策的结构、关系和话语出现并与传统政策混合交织。然后,分类分析是该文本的特点。为增加可信度,文本采用大量事实、主张、断言、定义、解释、图表和数据进行详细的(普通大众难懂的)专业剖析。最后,话语中基于专业分析的隐含权力关系驱使更有针对性的建议提出以推进招生制度改革。

上述文本从学科专业视角分析自主招生,学者研究中亦不乏贴近大众的话语,如学者胡瑞(2009)[②],通过对近几年我国自主招生试点工作的了解和总结,分析了自主招生本身的优势,肯定了其在弥补传统高考制度弊端、促进素质教育开展、扩大高校自主权、保持高校独立性等方面取得的进展,同时指出了当前试点过程中存在的主要问题,并对其中较为突出的诚信问题、腐败现象、成本和效益问题等做了成因分析,并针对这些问题提出了相应的改进措施。其文本陈述大量事实,尤其是来自各相关利益群体对自主招生的怨言,并不要求读者具备专门学科知识和研究方法。提出改进措施部分使用官方话语中常见的祈使句式,体现文本的互文特点和话语生产者的权威和建言革除自主招生弊端的迫切诉求。学者对自主招生的研究可以是特定学术研究,也可以是一般社会研究。该文本沿用一般论述结构,降低了学术性,提高了话语的大众参考价值。

4. 家长及学生的话语

家长和学生话语属公众话语。公众是权力体系中的弱势群体,其话语具有口语化特点。家长及学生关于自主招生的话语常见诸博客和访谈中。

---

① 刘进,王静:政策过程分析:自主招生公平问题的内在机理探讨,《上海教育科研》2009 年第 6 期。

② 胡瑞:当前我国高校自主招生政策分析,《现代企业教育》2009 年第 6 期。

面对自主招生，家长和学生有惶恐，有抱怨，但大多数家长认为他们的孩子在大学招生中多了一次机会，并辅助孩子积极准备认真把握。以下摘录文本是一位父亲(2012)陪伴女儿亲历自主招生备考和考试后在博客中分享的体会，可窥家长们对自主招生的普遍态度：

> “自主招生是一次机会，是一次缩短孩子跨入理想大学距离的机会，没有理由不珍惜。根据现在的情况，即使你的裸分可以考到你的目标大学，如果你不参加自主招生拿到加分，就意味着你的难度要加大，因为会有很多人是拿到加分与你竞争的。拿到加分参加高考，就好像带着救生圈去游泳，哪怕你水性再好，起码增加一个安全系数。”①

第一句话是话语生产者的认知主张，后紧跟“裸分”考取和不“加分”的前提和假设。事实上，由于监管不力，“加分”政策是造成自主招生不公平和腐败的原因之一。家长们无力改变招生现状唯有适应，他们必须接受现实：更多的学生将获取“加分”，如果自己的孩子不参加，就意味着甚至在竞争之前就已失败。因此在家长看来，“救生圈”和“水性好”的类比对成绩好的孩子无疑是双保险。

家长对自主招生的看法无疑会影响学生，但学生作为自主招生考试的参与者更关注考试形式和内容。笔者随机节选一位学生(2012)参加自主招生考试后所写博客：

> “备战自主招生考试并没有和我日常的学习形成冲突，反而是相互补充，共同提高。笔试也同样是考核语文、数学、英语、物理、化学这些科目，只是在题型方面会更加灵活多变。按照老师的正常进度按部就

① 考爸分享：《关于高校自主招生的体会与感受》. http://blog. sina. com. cn/s/blog_acf2bbd10101343i. html，浏览时间：2012-11-8.

班地进行复习，我觉得应该不会在笔试中感到手足无措。如果确实有一些所谓的偏题、难题、怪题出现，也只能凭自己的能力解答了。面试的题目像是脑筋急转弯，这样的题目确实无从准备，更多的是考查一个人的综合素质和能力。”①

首先，文本使用“相互补充，共同提高”等动词词组积极评价备战自招考试；其次，通过形容词比较级“更加灵活多变”和情态词“应该不会”表明话语生产者备战自招笔试的自信心态和准备状态；最后，用“脑筋急转弯”类比面试题目，说明面试中考生无法提前准备并掌控的不确定因素，凸显“综合素质和能力”表现的重要性，同时暗含听天由命凭运气的无奈心态。

三、结语

不同利益群体话语关注自主招生，维护各自群体利益并输出群体意识：教育行政者的话语从领导者和政策制定者的视角，关注高考改革政策的制定和推行，维护和支持自主招生，涉及自主招生弊端措辞谨慎，其方向自上而下，常用祈使句式，具指导性和强制性；相关中学和大学校长的话语基于政策执行者视角，关注政策范围内各自学校在自主招生过程中的生存与发展，呼吁下放更多自主权，从办学角度对自主招生提出专业可行的改进建议；学者利用学术研究方法从学科或非学科视角对自主招生进行多维度定性或定量分析，其话语尤其是学科专业研究话语具有较强学术性，一般要求话语接收者储备相关知识，因此脱离普通大众，但学术话语相对的客观性和建议的可行性使其成为政策制定的重要参考来源；家长和学生位于自主招生权力体系的底层，无力解决自主招生过程中出现的社会问题，从个体实际出发关注自主招生流程、考试形式和内容，不断总结应试技巧适应自主招生

---

① 燕语呢喃——女儿自主招生的感受，http://blog.sina.com.cn/s/blog_acf2bbd101013cxz.html。

和传统高考双轨制。

国内高考改革正在探索阶段，自主招生是其中的重要内容，其发展方向应根据国情，借鉴高教发达国家相关模式，平衡各群体利益，走中国道路。

案例三：

从中美家长择校倾向的调查研究

“择校”现象在很多国家都普遍存在，一直是教育界及社会各界备受关注的问题，在我国则可以说是一个顽症。择校的原因很多，择校的根本原因无疑是学校间的差距造成的。但有没有其他原因，特别是有没有深层文化原因，有没有对教育价值和理念认识不同的原因？

本研究通过对中美两国家长择校倾向进行问卷调查，考察中美家长在择校问题上文化倾向的差异，从而为更新教育观念、深化教育改革提供实证研究基础。

一、研究方法

本实证研究涉及两个国家，因此问卷设计为内容相同的中英两个版本。问卷分别发放给中美两国的家长，要求家庭中孩子正在小学至高中就读。本次调查于 2011 年 5 月开始进行，共发放问卷 108 份，收回有效问卷 103 份，其中中国家长问卷 57 份，美国家长问卷 46 份。笔者通过在美国西雅图的同学和朋友联系到符合问卷调查条件的家长，通过电子邮件的形式发放和回收。针对中国家长的问卷主要通过笔者的两位在北京和石家庄的两所中学任教的同学发放，部分是面对面调查，部分是通过电子邮件发放和回收。

被访的美国家长有 45 人从事专业技术、管理或者非体力劳动的工作，有 1 人暂时待业。被访的中国家长有 54 人就职于国家机关、事业单位、国有大型企业，或者是企业管理者，3 人暂时待业。笔者主要使用 Excel 对调查问卷的数据采用频数分析的统计方法，刻画出中美两国大城市中，中产阶级家庭对择校态度和文化倾向。

本研究的问卷主要分为五个部分，分为客观选择和开放问题两种。第一部分调查家长对子女择校必要性问题的看法，选项分为五级，从“非常有必要”到“没必要”；第二部分调查家长的择校动因，哪些是家长择校时重点考虑的因素，问卷列举出家长普遍关注的10个因素，被访家长按照从“非常重要”到“不重要”五级选项中选择；第三部分调查家长择校类型的倾向，问卷列举出中美两国普遍存在的5种学校类型，要求被访家长按照顺序从“首选”至“不考虑”五级选项中排序；第四部分调查家长对择校公平性的看法，问卷列举出四个关于择校的陈述，被访家长根据对其认同度从“非常同意”至“完全不同意”五级选项中选择；第五部分是开放问题，如果家长认为完全没有必要为子女择校，需要填写此问题，陈述不必要为子女择校的原因。

二、调查结果及分析

1. 择校的必要性

从统计分析中看出，在回答“您认为为孩子选择学校有必要吗？”这一问题时，中美家长的回答存在巨大差异。61.4%的被访美国家长认为完全没有必要为子女择校，而100%的被访中国家长都认为有必要为子女择校，尽管认同的程度不同。

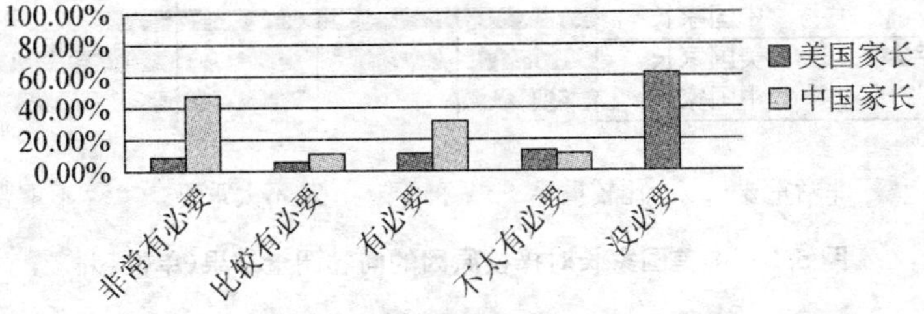

图 5.1　中美家长对择校必要性看法的问卷调查结果

2. 择校的原因

对中美家长择校原因的调查显示，绝大部分美国家长并没有考虑过为子女选择本学区以外的学校入学，主动择校的家长考虑的因素也比较多，但其中占主导的因素是学校良好的学术环境，这一点与中国家长不存在很大差异。超过50%的被访美国家长认为学校的师资、标准化考试成绩、学校的校风校纪及学校的教育理念是择校时重点考虑的因素。被访的中国家长与美国家长同样关心的是学校的教育质量。由于美国属于多民族国家，家长在择校时也会考虑种族因素，比如黑人比较集中的城区学校就不受家长欢迎。与美国家长的想法有类似之处的是，中国家长在择校时，会避开农民工子弟比较集中的学校。

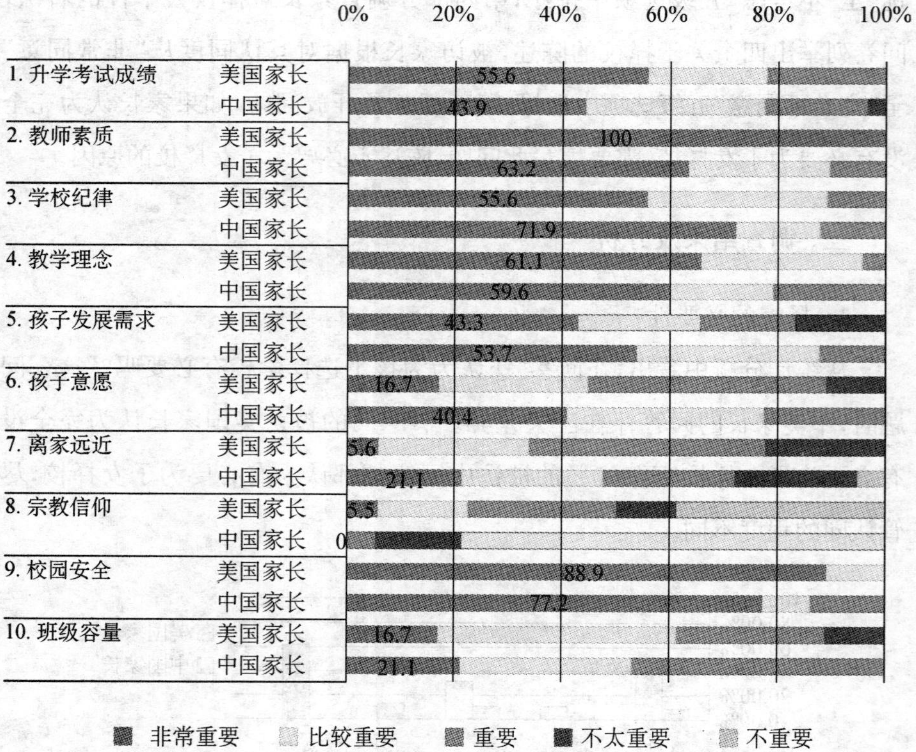

图 5.2　中美国家长对择校原因的问卷调查结果(单位:%)

为了给孩子提供好的就学条件，美国家长也会进行事先调查，收集资料。孩子在学龄前，美国父母就开始打听附近学校的情况，倾听教育专家有关择校的指导。与中国家长择校时不同，美国家长除了看学校评级、学生学习测验成绩、班级人数多少等基本情况以外，还很关心学校是否鼓励家长参观学校，观察教师在课堂如何教学，校长如何引领学校教职员工等多种因素。

（1）择校类型的倾向

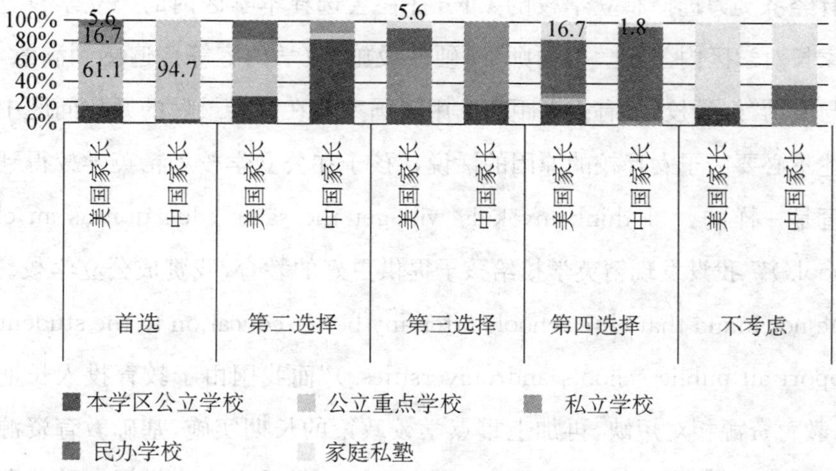

图 5.3　中美家长选择学校类型倾向调查结果（单位：%）

（2）对择校公平性的看法

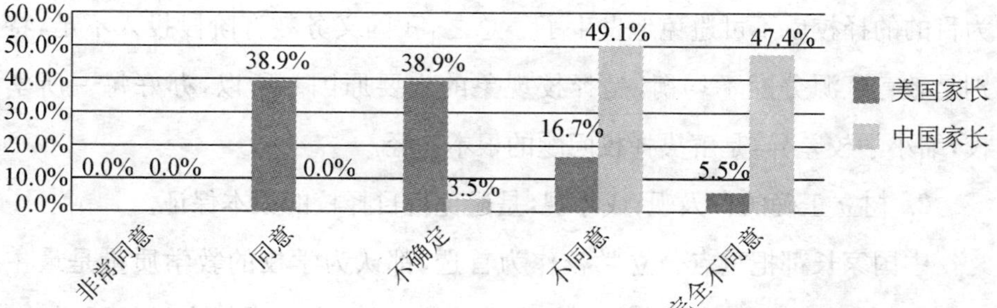

图 5.4　中美家长对择校公平性的看法调查结果

三、对深化教育改革、缓解择校现象的启示

1. 办好每一所学校，缩小学校差异，是解决择校问题的根本途径。

学校本身的差距是家长择校的首要原因。由于中美两国的经济发展水平存在较大差距，中美两国的教育资源状况也存在很大差异。中国家长100%认为择校很有必要，重点学校几乎是所有家长的首选，而美国家长认为择校有必要的只有39%，这是因为在美国占基础教育主体的公立学校校际差距不大。美国学校之间的差距主要存在于公立和私立学校之间，因此没有经济实力选择私立学校的家长，往往会选择本学区内的公立学校。美国家长对学区内公立学校的师资、硬件设施、教学内容等普遍感到满意，认为与所谓"好学校"没有很大距离。用美国家长在问卷最后的开放问题中所陈述不必要为子女择校的原因的话说，"孩子在公立学校和精英学校得到的教育是一样的。(I think my kids will get the same education as an elite school.)""我没发现精英学校给孩子提供更好的教育，我赞成公立学校。(I have not found that elite schools offer any better education to the student. I support all public schools and universities.)"而我国由于教育投入长期不足，教育资源相对短缺，再加上重点学校政策的长期实施，基础教育资源的分配严重失衡，优质教育资源相对集中到了一批重点中小学里。随着我国政治、经济体制改革的深入，地区之间、行业之间和家庭收入之间的差距有增大的趋势，原来就存在的不平等现象有所放大，于是以争夺优质教育资源为目的的择校就不可避免地发生了。总之，我国义务教育阶段投入不足，特别是教育资源分配不均衡，是择校现象的主要原因。所以，办好每一所学校，缩小学校差异，是解决择校问题的根本途径。

2. 树立正确的育人观、成才观，是避免盲目择校的根本保证。

中国家长都把重点公立学校作为首选，都认为学校的教学质量是最主要的选择考虑，进入重点学校本身就是目的，可以为考进好大学铺平道路。而美国家长的选择则比较分散，私立学校、特许学校，甚至家庭私塾式的教育都可能是首选，认为适合孩子特征和能力发展的学校才是最好的学校。正如美国家长们所说："学校好坏是相对的，合适孩子发展的学校才是最好的。(I do what is right for my child and my family. Actually, all types of schools have pros and cons.)""是否择校取决于孩子本身和公立学校是否能满足孩子的发展需要。(I think it depends on the child and what their public school is like.)”“如果你不一定要孩子将来上斯坦福大学或哈佛大学,公立学校已经很好了。(If we don't want our child to go to Stanford or Harvard, these public schools are already good enough.)”在大多数美国人的心目中,一定要上名校出人头地的意识并不那么强烈,美国家长更希望让子女自己做出选择,找到自己在社会中合适的位置。一方面,“如果孩子很聪明,上不上精英学校对他们未来的成功没有多少关系。(If the child is talented, whether they attend an elite school makes no difference to their future success.)”况且,“精英学校也有自身的问题,其学生在生活中也不都成功。(Elite schools have their own problems. Not every kid from elite schools will succeed in life.)”另一方面,“送孩子去精英学校对一些孩子也许有帮助,但也不能保证将来会成功。(Going to an elite school is helpful but does not guarantee success in life.)”他们认为家长应该多花些时间在孩子身上,甚至有美国家长决定自己在家教育孩子。另外,部分非常富裕家庭的家长也会考虑为孩子选择条件更好的私立学校。但也有家长不赞成,认为:“公立学校能让孩子接触到更多层次的社会群体朋友,扩大他们的社会交往范围,有利于他们的成长。(Kids can learn more things from public school. They can meet all kinds of friends which will enlarge their social circle.)”这种客观全面地看待学校好坏的态度,认为学校好坏是相对的认识很值得我们借鉴,合适孩子发展的学校才是最好的学校,树立正确的育人观、成才观,是避免盲目择校的根本保证。

3. 发挥学生的自身能力是摆脱择校依赖的根本动力。

在教书育人的理念上,美国家长看重孩子学习动力的激发和学习能力的培养,他们说:“孩子需要习得在现实中生存的能力,将来的成功主要取决于他们自己的努力而不是家长能给与他们多少东西。(Children need to learn how to live in the real world. Their success in the future depends on their own efforts, not how much parents can provide.)”“孩子内在的学习动机比学校本身更重要。（The inner motivation of a child is more important than the school itself. . ）”况且，“只要学生守纪律、努力学习，我认为公立学校完全可行。（If a student is disciplined and dedicated to school，I think a public school works. ）” 而且，“孩子认知能力除了学校以外还取决于家庭和社会环境。家长有责任教育孩子在社会环境中学习并提问，这将加速他们的学习进程（The learning ability of the child depends on the family and social environment. It's the parents' responsibility to teach the child to learn and ask questions in a social environment that enhance the learning process. ）” 而中国家长择校的目的基本上都是为了考进重点高中或好大学，认为这样才能保证孩子毕业后找到好工作，除此以外的因素往往被忽视，导致很多学生成为高考的奴隶，一旦进入大学便产生厌学情绪，甚至出现严重的心理问题。所以，发挥学生的自身能力是摆脱择校依赖的根本动力。

政府的主导作用也不容忽视，中美政府对待家长择校采取不同的政策，因此两国家长在择校态度和择校行为上也产生了很大差异。在美国，择校有深厚的理论基础和政府支持，联邦和地方政府都曾颁布支持鼓励择校行为的政策。选择学校被认为是一种赋予家长的正当权益，被看作是打破政府公立学校效率低下的手段。而且，与我国不同，美国的择校不是表现为一种社会现象，而是体现为一项变革“政策”。[①] 美国理论界长期一直在探讨如何打破政府对教育资源的垄断，将教育的经营权与所有权分离，避免出现在政府垄断下为少数人服务和官僚化的教育。在政府的主导下，美国的家长择校已经成为教育改革、发展教育的一种主要制度和措施，用法律条文的形式加以规定。因此，美国家长有更多的选择。而在我国择校行为尚未得到真正的倡导，[②]是家长的自发行为。择校在美国主要体现为“自上而下”的政

---

① 董辉，卢乃桂：国外择校研究的前沿图景：现象与政策[J]，《比较教育研究》，2010 年第 12 期，第 27～31 页。

② 胡咏梅，卢珂，薛海平：中小学择校问题的实证研究，《教育学报》2008 年第 4 期，第 74～78 页。

府安排，而在中国更多地表现为“自下而上”的社会现象。①

我国择校问题是优质教育资源相对集中与民众对优质教育资源需求日益增长之间的矛盾所造成的。在治理我国“择校”乱象的过程中，政府如何变革公立学校的体制是关键问题。《国家中长期教育改革和发展纲要》提出，“教育公平的关键是机会公平，重点是促进义务教育均衡发展和扶持困难群体，根本措施是合理配置教育资源，向农村地区、边远贫困地区和民族地区倾斜，加快缩小教育差距。”政府应制定义务教育的办学标准和质量标准，均衡学校的办学条件、经费投入和师资配备及待遇；应通过体制和机制创新，加大义务教育阶段校长和教师的培训和交流力度，探索和创新农村中小学教师补充机制。同时，在义务教育阶段，引入市场机制，打破公立学校垄断局面，鼓励私立学校发展，为家长提供更多、更丰富的选择。

① 胡咏梅，卢珂，薛海平：中小学择校问题的实证研究，《教育学报》2008年第4期，第74～78页。

后　记

话语分析以批判的态度、解构的主张、多元主义的取向和基于语料库的实证研究为特色，风靡于社会科学研究已有四十年了，它不仅丰富了社会科学的研究方法，也促进了语言学以及哲学、社会学、历史学、文化学等的发展和变革。话语分析的另一个很大特点和成就是促进了学科间的交叉融合，打破了以前学科归属的疆界。学科是为解决社会问题而立的，当学科已有的框架、概念、方法不能满足回答和解决社会问题的需要时，学科的交叉和界限的突破就是必然的了。教育话语分析是话语分析方法在教育问题研究中的运用，由于教育公平更具有一般社会意义和高度的政策关联性，教育话语分析集中于教育公平的话语分析也是顺理成章的事。对于教育公平的研究，许多不同领域的国内外学者已从多种角度对其进行了广泛而富有成效的探索，从话语分析的角度研究教育公平问题则是近年来的新亮点。

本人关于教育公平的话语分析，就是在这样的研究背景下展开的。作为一种研究新范式，话语分析流派很多，在我看来，教育话语分析是解读和研究不同层次教育话语的一种认识论实验工具。我在经历了一番有关教育公平的政策话语、学术话语和大众话语的批判性话语分析后体会到，虽然话语分析的适用性很广，但只有来源于实践的真实话语才有意义；只有从人们司空见惯、耳熟能详的话语分析中发现不被人注意的规律和隐藏于表象后面的秘密时才有力量；只有根据事物本来的面貌，打破学科界限，进行跨学科研究的尝试，才能更有效地回应社会关切。

尽管拙作只是努力进行了一些初浅的尝试，理论体系还不成熟，语料库建设尚不宽厚，研究方法还不够统一，理论探讨和案例分析之间的联系还不够紧密，但本人从着手研究到完成这一项目，自己的认识得到了不断的深化，特别是找到了政策话语、学术话语、大众话语的分析框架后，使一些纠缠不清的问题一下迎刃而解了，对有效地进行比较研究更加自然了，对提出更有针对性的建议，对把理论研究的发现转化为实际有借鉴价值的成果更有信心了。

《教育公平的话语分析》得益于全国教育科学规划项目国家一般课题（批准号为 BFA090016）的资助，也得到了我的领导和同事、同仁的大力支持，特别是学院支持我在这期间参加了多次国内外的话语分析研讨会，汲取了许多研究养料，获得了许多学者有价值、有见地的意见和建议。我的博士论文《中美官方话语的比较分析研究》的指导老师冯庆华教授在比较研究方法和语料库的运用等方面给予了我很多指点；挚友温建平教授在选题、语料收集和处理、调查对象、网络运用等方面给予我很多很有价值的建议；批评话语分析大家 Rath Wodak、Paul Chilton 教授在话语分析理论在实际问题中的运用上给与我很好的背景指导；在剑桥大学访学期间相识的国际学友 Frederick Hale 在写作和中外对比分析的过程中提出的许多尖锐问题令我深思，在与黄国文、辛斌、田海龙、施旭、曹青、吴宗杰、王玮、钱毓芳、丁建新、刘立华、尤泽顺、黄敏等学者有关话语分析的学术交流中我受到了很多重要启发。在这里，我要对他们表示感谢！同时，我也要感谢本书所引用的教育学界关于教育公平研究的学者们的贡献！我更要感谢下面的合作者们的贡献：

参与案例分析的课题组成员有：对外经济贸易大学英语学院孙亚教授

(撰写“对《同在蓝天下——怎么看教育公平》中教育公平话语积极隐喻的分析”和“对OECD教育公平政策的话语分析”)、对外经济贸易大学英语学院魏明副教授(参与撰写“从《中国日报》与《纽约时报》的报道看中美高考公平关注点的差异”)、北京物资学院田丽老师(参与撰写“对中美家长择校倾向差异的调查研究”)、山东滨海学院宋桂霞老师(参与撰写“《哈佛教育评论》与《教育研究》的比较研究:中美教育公平关注重点的差异”)、云南国土资源职业学院刘晓波老师(参与撰写“对UNESCO教育公平政策的话语分析”)、四川文理学院刘慧老师(撰写“对中国高校自主招生的话语分析”),还有研究生郭晓芬(参与撰写“从《加拿大教育》看加拿大教育公平研究”)、胡琪琰(参与撰写“中文知网(CNKI)与英文SAGE期刊的比较研究:中美教育公平的研究现状”)、王倩(参与撰写“从我国政府工作报告的话语看中国教育公平的发展”)等。此书在编辑出版过程中得到了江苏教育出版社的大力支持,赵明编辑付出了大量精力,给予了许多建议和帮助,在此一并表示诚挚感谢。

窦卫霖

2013年12月于对外经济贸易大学

英语参考文献

Anastasia Liasidou，Critical discourse analysis and inclusive educational policies：the power to exclude，Journal of Education Policy，Vol. 23，No. 5，2008.

Bhatia，A. Critical Discourse Analysis and Political Press Conferences. *Discoures & Society*，17(2)，2006. pp. 173 - 203

Billig，M. Conversation analysis and the claims of naivety，*Discourse & Society*，1999，Vol. 10，No. 4，pp. 572～576；Schegloff，"Schegloff's texts" as "Billig's Data"：A critical reply，*Discourse and Society*，1999，Vol. 10，No. 4，pp. 558～873.

Billig，M.，A critique of the "critical"，*Discourse & Society*，2000，pp. 291～292.

Blommaert，J. *Discourse：A Critical Introduction* [M]. Cambridge：Cambridge University Press，2005：22.

Blommaert，J. *Discourse：A Critical Introduction*. London：Cambridge University Press.

Charteris Black，J. *Politicians and Rhetoric*："*The Persuasive Power of Metaphor*" [M]. Basingstoke & New York：Palgrave Macmillan，2005.

Charteris Black，J. Politicians and Rhetoric：The Persuasive Power of Metaphor [M]. Basingstoke & New York：Palgrave Macmillan，2005.

Chomsky，N. *knowledge of Language*：*Its Nature，Origins and Use*. Beijing：Foreign Language Teaching and Research Press & Greenwood Publishing Group. 2002/1985.

Edwards，R.，K. Nicholl，N. Solomon & R. Usher，Rhetoric and Educational Discourse：Persuasive Texts?，London：Routledge，2004，p. 2.

Englund，T.，The discourse on equivalence in Swedish education policy，*Journal of*

Education Policy, Vol. 20, No. 1, 2005.

Fairclough, N. (ed.): 1992, Critical Language Awareness, Longman Group, UK.

Fairclough, N. and Wodak, R. Critical Discourse Analysis. In can Dijk, T. (ed.) *Discourse as Social Interaction*. London: Sage Publications, 1997, pp. 258～284.

Fairclough, N. *New Labour*, *New Language* [M]. London: Routledge, 2000.

Fairclough, Norman. *Critical Discourse Analysis*. Boston: Addison Wesley, 1995.

Fairclough, Norman. *New Labour*, *New Language*? London: Routledge, 2000, pp. 167～168.

Fairclough, Political Discourse Analysis and the Marketization of Public Discourse: Universities, Discourse & Society, 1993, No. 4, pp. 133.

Foucault, M. the Order of Discourse. In M. J. Shapiro(ed.) *Language and Politics*. Oxford: Blackwell. 1984. pp. 108～138

Fowler, R. *Linguistic Criticism*. Oxford: Oxford University Press, 1986.

Gee, J. P.: 1999, *An Introduction to Discourse Analysis*: *Theory and Method*, *Routledge*, *New York*.

Goatly, A. Washing the B rain — Metaphor and Hidden Ideology [M]. Amsterdam: John Benjamins, 2007.

Goffman, E. The Presentation of Self in Everyday Life, Anchor Books, New York, 1959.

Halliday, M. A. K. An Introduction to Functional Grammar. Beijing: Foreign Language Teaching and Research Press & Edward Arnold. 1994/2000.

Hicks, D. *Discourse*, *Learning and Schooling*, Cambridge University Press, New York, 1996.

Hymes, D. *Foundations in Sociolinguistics*: *An Ethnographic Approach*, University of Pennsylvania Press, Philadelphia, 1974.

Jan Blommaert and Chris Bulcaen: Critical Discourse Analysis, *Annual Review of Anthropology*, Vol. 29, 2000, pp. 447～466.

Kress, G & van Leeuwen, T. Muctimodal Discourse. London: Arnold. 2001.

Lakoff, G. & M. Johnson, *Metaphors We Live By*. Chicago: University of Chicago Press, 1980/2003; *Philosophy In The Flesh*: *The embodied mind and its challenge to western thought*. New York: Basic Books. 1980, p. 3.

Lakoff, G. M. *Oral Politics*. *"What Conservatives Know That Liberals Don't"* [M]. Chicago: Chicago University Press, 1996.

Lewis, C. What's discourse got to do with it? A mediation on critical discourse analysis in literacy research, Research in the Teaching of English, 2006, Vol. 40, No. 3, p. 356.

Luke, A. Text and discourse in education: An introduction to critical discourse analysis, *Review of Research in Education*, 1995/1996, 21, p. 20

Martin, J. R. Positive discourse analysis: solidarity and change. *Revista Canaria de Estudios Ingleses* 2004, Vol. 49, No. 1. ——Comment. *World Englishes*, 2007,

Vol. 26, No. 1.

Mulderrig, J. *The* Language *of* Education *Policy: from Thatcher to Blair* [M]. Saarbucken: VDM Dr Muller Verlag, 2009.

Qian, Y. F. *Discursive constructions around terrorism in the People's Daily (China) and the Sun (UK) before and after* 9. 11. Switzerland: Peter Lang, International Academic Publishers, 2010, p. 8.

Rebecca Rogers, Critical Discourse Analysis in Education, in M. Martin-Jones, A. M. de Mejia and N. H. Hornberger (eds), *Encyclopedia of Language and Eduaction*, 2nd edition, No. 3, 2008, *Discourse and Education*, pp. 53～68, Springer Science + Business Media LLC.

Richard M. Rorty. *The Linguistic Turn: Essays in Philosophical Method*, Chicago, University of Chicago Press, 1967.

Rogers、Berkes、Mosley、Hui & O-Garro. Critical Discourse Analysis in Education: A review of the literature, *Review if Education Research*, Vol. 75, No. 3, 2005, pp. 365～416.

Ruth Wodak _ & Meyor. Meds. *Methods of Critical Discourse Analysis*, SAGE Publications, 2001, p. 12.

Simon Field, Malgorzataezera, Beatriz Pont. *No More Failures*: 10 *steps to Equity in Education*[M]. Paris, OECD, 2007, p. 35.

Sinclair, J. and Coultard, R. *Towards an Analysis of Discourse*. London: Oxford University Press. 1975.

Stubbs. M. *Text and Corpus Analysis: Computer assisted Studies of Language and Culture* [M]. Oxford and Cambridge, Mass.: Blackwell, 1996.

Taylor, S. Researching education policy and change in 'new times': using critical discourse analysis [J]. *Journal of Education Policy*, 2004, Vol. 4.

Tomas Englund, The discourse on equivalence in Swedish education policy, *Journal of Education Policy*, 2005, Vol. 20, No. 1, pp. 39～57.

Torsten Huse, *The International encyclopedia of education: research and studies*. Supplementary volume, Pergamon Press, 1989.

Van Dijk. Ideological discourse analysis. New Courant (English Dept, University of Helsinki), Vol. 4 1995, pp. 135～161. Eija Ventola and Anna Solin (ed.). *Special issue Interdisciplinary approaches to Discourse Analysis*.

William, Wiersma, *Research methods in education*, Pearson Education India, 2009.

Wortham, S. and Rymes, B. (eds.) *Linguistic Anthropology of Education*, Praeger, Westport, CT. 2003.

Young, J. P. Boys talk: Critical literacy and masculinities, *Reading Research Quarterly*, Vol. 35, No. 3, 2000, pp. 312～337.

Young, L. and Harrison, C. *Systemic Functional Linguistics and Critical Discourse Analysis*, Continuum International Publishing Group, Ltd. 2004, p. 2.

中文参考文献

[瑞典]T. 胡森、[德]T. N. 波斯尔韦特主编:《国际教育百科全书》第 3 卷,贵州教育出版社 1990 年版,第 437～439 页。

(美)班尼(Bany,M. A.),约翰逊(Tohnson,L. V.)著,邵瑞珍等译:《教育社会心理学》,昆明:云南教育出版社,1986。

[美]鲍尔斯(Samuel Bowles):《不平等的教育和社会分工的再生产》,张人杰主编:《国外教育社会学基本文选》,华东师范大学出版社,1989 年版。

陈群:高等教育话语的批评话语分析综述,《湖北函授大学学报》,2011 年第 6 期,第 27～28 页。

村田忠禧:从《人民日报》元旦社论看中华人民共和国历史,《中国党史研究》,2002 年第 3 期,第 78 页。转引自李钢. 话语、文本、国家教育政策分析[M]. 北京:社会科学文献出版社,2009。

窦卫霖:《中美官方汉语比较研究》,上海:上海外语教育出版社,2011 年版。

窦卫霖、陈丹红:对中美两国领导人演讲的互文性现象的对比分析,《外语与外语教学》2009 年第 10 期。

窦卫霖、杜海紫、苏丹:中美国防白皮书与国家身份构建,《华东师范大学学报》2012 年第 3 期。

窦卫霖、唐健:美国总统就职演说的话语分析——从相关高频词看美国政治的延续性与时代性,《华东师范大学学报》2009 年第 3 期。

窦卫霖、王宇婧:中美"可持续发展"官方话语分析,《商务英语教学与研究》第三缉,2011 年 12 月。

窦卫霖、张晓莹:中美政府发言人闪避策略的对比分析——朝鲜核问题的个案研究,《外语教学理论与实践》2008 年第 4 期。

傅建明:《教科书价值取向研究——人教版小学〈语文〉教科书分析》,中国社会出版社,2004版。
傅建明:《教科书价值取向研究——人教版小学〈语文〉教科书分析》,中国社会出版社,2004年版。
傅建明:教科书性别意识形态的话语分析,《全球教育展望》2010年第5期。
胡壮麟:《语篇的衔接与连贯》[M].上海:上海外语教育出版社,1994年版。
黄国文:《语篇分析概论》[M].长沙:湖南教育出版社,1988年版。
黄国文:中国的语篇分析研究——写在中国英汉语篇分析研究会成立之际,《外语教学》2007年第9期。
黄国文、徐珺:《语篇分析与话语分析》[J],《外语与外语教学》2006年10期。
纪卫宁、辛斌:费尔克劳夫的批评话语分析思想论略,《外国语文》2009年第6期。
李钢:《话语、文本、国家教育政策分析》[M].北京:社会科学文献出版社,2009.
马博森:语料库与基于语料库的话语研究,《外国语》2009年第5期,第28～35页。
庞继贤、李小坤:《话语研究新进展》介绍,《外语教学与研究》2009年第1期,第77～79页。
秦秀白:《文体学概论》[M].长沙:湖南教育出版社,1988年版。
施旭:媒体话语中的文化制衡:中国理论与实证分析.《新闻与传播研究》2006年第3期第53～60页。
孙亚:教育公平话语的积极隐喻分析——以《同在蓝天下——怎么看教育公平》为例,《华文教学与研究》2011年第3期。
孙亚、窦卫霖:OECD教育公平政策的话语分析,《全球教育展望》2013年第4期第61～67页。
孙咏梅:机构话语研究述评:研究现状、研究意义与展望,《北京科技大学学报》2013年第2期,第40～46页。
滕珺:价值理性与工具理性的抉择—联合国教科文组织教育政策的话语演变,《教育研究》2011年第5期。
田海龙:《语篇研究:范畴、视角、方法》,上海:上海外语教育出版社,2009年版。
王根顺、王倩:国内教育公平研究的现状与趋势——基于2000—2010年国内核心期刊教育公平研究的文献综述,《中国电力教育》2011年第13期,第2～4页。
王素:国际组织文本中的教育公平问题分析,《小学时代教育研究》2011年第1期。
王熙:批评性话语分析对教育研究的意义[J].《教育研究》2010期第2期。
吴宗杰:抑制课程自主性的控制符号——教师发展的话语权,《外语与外语教学》,2004年第6期,第32页。
谢维和:《中国的教育公平与教育发展(1990—2005)》教育科学出版社,2008版。
辛斌:《批评语言学:理论与应用》,上海:上海外语教育出版社,2005年版。
辛斌:批评性语篇分析:问题与讨论[J],《外国语》2004年5期。
徐赳赳:话语分析二十年,《外语教学与研究》1995年第1期。
徐涛,张迈曾:高等教育话语的新变迁—机构身份再构建的跨学科研究,《河北大学学报》(哲学社会科学版)2004年第29卷第3期,第108～110页。

阳荣威:国内教育公平研究文献综述:1997—2005,《高校社科信息》2005 年第 6 期,第 38 页。
袁敏:教育公平研究综述,《现代教育科学》2010 年第 1 期。
张灵芝:话语分析与高等教育研究,《江苏高教》,2010 年第 5 期,第 32~35 页。
赵海燕:近十年我国教育公平研究综述,《教育探索》2010 年第 10 期,第 21~22 页。
周谷平,余源晶:近 30 年来政策话语对教育公平的关注——基于《教育部工作要点》的实证研究,《教育研究》2012 年第 2 期。
周洪宇:《教育公平是和谐社会的基石》,安徽教育出版社,2007。
周洪宇等:《教育公平论》,人民教育出版社,2010 年版。
朱永生:话语分析五十年:回顾与展望,《外国语》2003 年第 3 期。